"共筑长城 文化抗战" 丛书

编委会主任
李良志 张宪文

编委（以姓氏笔画为序）

马　倩　马　博　王子泅　方清刚　田本相　史桂芳　史锡平
刘增杰　李良志　李肖然　李法桢　李新会　肖　红　吴美华
吴祖枝　张云鹏　张立新　张庆军　张自然　张明学　张国强
张宪文　陈林涛　阿　鹰　杨风华　雨　鹤　周大计　郑慧玲
姚　伟　袁凯强　高　丽　曹国华　韩新莉　裴匡一　薛建立

"共筑长城 文化抗战"丛书
主编 李良志 张宪文

抗战时评

主 编 李良志
副主编 裴匡一 史桂芳

河南大学出版社
HENAN UNIVERSITY PRESS

图书在版编目（CIP）数据

抗战时评 / 李良志主编 . —郑州：河南大学出版社，2018.4
ISBN 978-7-5649-3306-7

Ⅰ．①抗… Ⅱ．①李… Ⅲ．①时事评论－中国－ 1931-1945 －文集 Ⅳ．① D609.9-53

中国版本图书馆 CIP 数据核字（2018）第 088606 号

策　　划	方清刚　马　博
责任编辑	董庆超
责任校对	胡凤杰
封面设计	周伟伟

出　　版	河南大学出版社		
	地址：郑州市郑东新区商务外环中华大厦 2401 号		
	邮编：450046		
	电话：0371-86059701（营销部）		
	网址：www.hupress.com		
排　　版	郑州市今日文教印制有限公司		
印　　刷	河南瑞之光印刷股份有限公司		
版　　次	2018 年 9 月第 1 版	**印　　次**	2018 年 9 月第 1 次印刷
开　　本	787mm×1092mm　1/16	**印　　张**	17
字　　数	340 千字	**定　　价**	38.50 元

（本书如有印装质量问题，请与河南大学出版社营销部联系调换）

序

四年前，清刚希望我将十五年前主编出版的《抗战时评》一书重新修订，并希望我主编《抗战信札》一书，一并收入河南大学出版社策划的"共筑长城 文化抗战"丛书，同时希望我担任丛书主编。我那时已经做过癌症切除手术，全部个人藏书和资料捐献给了家乡的图书馆，而且早已辞却一切学术活动。但是，接到清刚的电话，我还是毫不犹豫地答应了。

我之所以愿意老骥伏枥，最主要还是因为抗战这个永恒的话题。

抗战胜利是近代以来中国抗击外敌入侵的第一次完全胜利，它彰显了中国共产党的中流砥柱作用，促成了中华民族的真正觉醒和伟大爆发，形成了载入史册、垂鉴百代的抗战精神，中华民族从此开始了真正的复兴。而在世界反法西斯战争的东方主战场上，中国的文化工作者上演了一幕幕荡气回肠的精彩活剧。文化抗战是中华全民抗战的一部分，是最能鼓舞抗战士气、凝聚抗战力量、揭露敌人罪行的利器和法宝，也是最能展示抗战精神的瑰丽画卷。中国抗日战争胜利的功劳簿上，有文化工作者浓墨重彩的一页。

抗战也是中国知识分子最淋漓尽致的才华展示和精神亮相。他们遭逢的艰苦磨难，他们的执着坚忍、鼓呼呐喊和奋斗捐躯，是胜利纪念碑上不可少缺的坚石，也是伟大的抗战史诗中不可忽略、不可忘却的一篇。

2004年，我和南京大学张宪文先生一道担任主编，与田本相、刘增杰、王少华、张庆军、史博公等专家学者合作，由河南大学出版社出版了包括《抗战诗歌》《抗战戏剧》《抗战电影》《抗战海报》《抗战照片》《抗战时评》等6部著作的"石头说话"丛书。看书名就知道，这是一部反映中国文化抗战的丛书，涵盖了抗战时期中国文化界和文艺界为坚持抗战直至胜利所做的彪炳日月的贡献。丛书以保存、介绍抗战文化史料入手，堪称中国文化抗战的历史活化石。这也正是"石头说话"丛书名的意义所在。屈指十余年过去，在河南大学出版社支持下，原来的《抗战诗歌》《抗战戏剧》《抗战电影》《抗战照片》《抗战时评》5部书经过修订，加上《抗战版画》《抗战漫画》《抗战歌曲》《抗战信札》，一共9部，历经艰难，作为"共筑长城　文化抗战"丛书就要出版了。每部书的主编都是各自领域的专家，每部书都有独特的视角和价值。

从"石头说话"丛书到"共筑长城　文化抗战"丛书，河南大学出版社经历了王刘纯、马小泉、张云鹏三任社长，刘小敏、张自然、杨风华、马博、董庆超、薛建立、马静、韩琳、范昕、翟淼淼、肖凤英等数十位编辑参与其中，作为百年历史名校及其出版社的责任担当与卓识，这是令我不仅感动，同时也钦佩不已的。

我之所以愿以耄耋之躯秉烛夜行，还因为方清刚。

十三年前，因为"石头说话"丛书，我和清刚成为忘年交。那时的他尽管已经年过而立，但眼神清澈而充满激情。他作为编辑，用雨衣包裹《抗战时评》书稿和校稿，然后在雨中骑行十余公里下班回家的情景，是我眼前一道有关出版的别致风景。后来，他潜心于家乡南阳的汉画像石收集与保护，来京时我还向他推荐了北京大学和人民大学的有关专家。那时，他已经过了不惑之年，眼神还是那样执着，充满激情。

很少有人知道，历时十四年的中国抗日战争，最后一战是在河南南阳结束的。遗憾的是，关于南阳会战，多年来一直没有一本正式出版物。作为一个南阳人，而且是有抗战情怀的南阳人，清刚策划《南阳会战——中国对日最后一战》一书，请我任编委会主任，我也欣然答应了。这是我与清刚又一次结缘。

后来，河南大学出版社的马博接力清刚，主持"共筑长城　文化抗战"丛书的编辑出版工作，并参与到书稿的具体通校之中，他的激情与认真，令我十分感动。

马博和河南大学出版社有意将"共筑长城　文化抗战"丛书继续做下去，我会是最坚定的支持者。我也希望更多的学者加入到这一盛事中来，希望更多的人研究抗战、了解抗战。我期待，而且我也相信，在纪念世界反法西斯战争和中国人民抗日战争胜利73周年之际，"共筑长城　文化抗战"丛书会生发更多茁壮的枝芽，绽放出更绚烂的花蕾。如果可能，我愿意继续参与到这部丛书的修订、充实和编撰工作中去。

马博希望我为"共筑长城　文化抗战"丛书作序，我没有推辞的理由。

是为序。

李良志
2017年7月7日于北京中国人民大学校外住宅时雨园

写在前面的话

时事评论，是时代的聚焦，它反映的是一定时期、一定社会的主要矛盾，或是当时广大人民所普遍关注、思考的问题。它的内容，或是政治方面的，或是经济、文化方面的，或是伦理道德方面的。历史是不断推移的，社会是不断变化的，但时评的战斗性、针对性，以及敏锐的思考、独特的视角、激扬的文字等特征，是不会变化的。时评，或者是宣传社会革命，催促历史前进；或是时代的呐喊，呼唤民族的觉醒；或是歌颂新生事物，抨击倒退、黑暗、反动、落后。宣扬真、善、美，鞭挞假、恶、丑，这是时评总的发展规律、趋势。追求真理，明辨是非，是时评总的目标和目的。因此时评，又是一面镜子，能从一个方面对时代、社会做出真实、客观反映，记录社会、历史的变迁。时评，具有强大的力量。最优秀的时评，可以一文而动天下，掀起社会的狂澜；也可以一文而定天下，决定历史的走向和国家的命运，如毛泽东在解放战争后期所写的《别了，司徒雷登》《将革命进行到底》等文。

抗日战争时期，是我国近代历史上一个极不平凡的时期。这个时期长达14年之久。在这个时期，日本帝国主义占领了我国半个国土，杀戮了3500万同胞；无数的妇女被强奸、凌辱；无数的城市、农村化为焦土；无数无辜人民，流离失所，丧失了他们可爱的家园，沦为难民，到处流浪、逃亡。这个时期，是一个极其苦难的时期。

但是，抗日战争时期，又是一个极其悲壮、值得我们讴歌的时期。在这个时期，中国共产党号召奋起反抗日本帝国主义，建立最广泛的抗日民族统一战线，国共第二次合作，实现了全民族抗日。经过艰苦的战斗，终于打败了日本帝国主义，取得了我国近代历史上第一次反侵略战争的完全胜利，获得了民族的解放。

抗日战争时期的时评，号召英勇杀敌，宁死不屈，对任何的妥协、投降、退让，都予以严厉谴责、批判；对涌现在正面战场、敌后战场的英烈，对每一次战斗的胜利，都予以热情歌颂；对日本侵略者的反人道、反人类的暴行、兽行，都予以无情的揭露，使之暴露在光天化日之下。当然，这个时期的时评，也对经济、文化方面的斗争、实况，作了真实的反映。当时的时评，是一切服从抗战，一切为了抗战，为了争取抗战的胜利。因此，这个时期的时评，是时代的号角，标志着我们民族的觉醒，拉开了我们民族伟大复兴的序幕。

抗日战争结束以来，时光已过去了七十余年，有关记述抗日战争历史的著作，种类繁多，光彩夺目，数不胜数；但是，以抗日战争的历史发展为脉络，以有关抗战时期的重大事件、重要人物、重要战役的时事评论为依据，来记述抗日战争史的著述，迄今鲜为人知，或者说尚未发现。本书对此作了初步尝试。由于作者的水平有限，以及时间的紧迫（从约稿到交稿半年时间），一定还有许多重要的时事评论我们没有找到，或者见到了由于未认识到它的价值，而未能收录。因此，这本书只能是一个习作而已。我们热切希望得到专家学者们的批评、指正。

李良志
2017 年 12 月于北京

目 录

序 ··· I
写在前面的话 ··· V

上 编

一 九一八事变 ··· 003
  三十年来误国卖国酿成今日巨患 ················ 004
  民国二十年国庆辞 ···································· 006
  "友邦惊诧"论 ··· 008
  傅将军到哪里去了 ···································· 009
  宁死不屈的准备应战 ································· 009
  好东西歌 ·· 010

二 一·二八事变 ··· 011
  上海战事之重要性 ···································· 012
  丧权辱国中的喜气洋溢 ······························ 014
  纪念"一·二八"四周年 ···························· 015

三 东北义勇军抗战 ··· 016
  国人应毁家援助义勇军 ······························ 017
  激昂悲壮的东北义勇军 ······························ 018
  读锦西义勇军绝命宣言有感 ······················· 019

四 伪满洲国成立 ·· 020
  日本决心承认伪国 ···································· 021
  "既成事实"与直接交涉 ···························· 022

五 长城抗战 ··· 025
  日军又在山海关寻衅 ································· 026
  喜峰口的英雄 ·· 028

苏维埃中央政府为国民党出卖平津宣言 ········· 029
六　如此抗战政府 ································· 032
　　盛极一时的妥协空气 ························· 033
　　由抵抗而失败了吗？ ························· 034
　　迎头经 ····································· 036
　　战略关系 ··································· 037
　　"有名无实"的反驳 ··························· 038
　　我所爱之国 ································· 039
七　中国共产党号召建立抗日民族统一战线 ··········· 040
　　我对于联合战线的认识 ······················· 041
　　纪念"九一八"和建立抗日联合政府 ············· 042
　　言论自由与联合战线 ························· 043
八　批"攘外必先安内"论 ··························· 045
　　文章与题目 ································· 046
　　颠倒的逻辑 ································· 047
　　消弭内战的唯一途径 ························· 047
　　由爱国救国说到误国卖国 ····················· 048
九　"以夷制夷"与"以华制华" ······················· 051
　　敌之所忌我之所利 ··························· 051
　　"以夷制夷" ································· 053
十　华北事变与冀察政务委员会 ····················· 055
　　华北万分危急了！ ··························· 057
　　华北危局与抗日战争 ························· 058
　　华北问题 ··································· 059
　　宋哲元的彷徨歧途 ··························· 061
十一　"一二·九"运动 ····························· 062
　　清华大学救国会告全国民众书 ················· 063
　　学生救亡运动 ······························· 064
　　为中国学生及教育界请令 ····················· 067
　　立即营救爱国无罪的被捕学生 ················· 067
十二　红军东征抗日 ······························· 070

  大家起来拥护抗日前锋 ………………………………………… 070

十三　两广事变 ……………………………………………………… 073
  全国各界救国会华南分会请蒋介石领导全国抗日 …………… 074
  西南事件所给与我们的教训 …………………………………… 075
  援助西南抗日 …………………………………………………… 077

十四　绥远抗战 ……………………………………………………… 079
  全国各界救国联合会为绥远问题宣言 ………………………… 080
  坚决反对日本侵占内蒙 ………………………………………… 081

十五　西安事变 ……………………………………………………… 083
  张学良："一二·一二"事件的原委 …………………………… 085
  全国新闻界发表对时局共同宣言 ……………………………… 087
  敬告西北与东北将士人民书 …………………………………… 089
  全国各界救国联合会紧急宣言 ………………………………… 090
  北平各大学校长蒋梦麟等致张学良电 ………………………… 092
  蒋介石，罪大恶极 ……………………………………………… 092
  西安事件应当和平解决 ………………………………………… 094
  中国发生事变 …………………………………………………… 095
  苏联《消息报》社论 …………………………………………… 097

十六　局部抗战时期的胡适 ………………………………………… 099
  出卖灵魂的秘诀 ………………………………………………… 101
  听到胡博士的高谈 ……………………………………………… 102
  我们决不放弃东北 ……………………………………………… 103

十七　七君子事件 …………………………………………………… 105
  为七领袖被捕事件宣言 ………………………………………… 106
  争取救国自由 …………………………………………………… 109
  共产党中央要求南京政府立即释放爱国领袖的宣言 ………… 110
  岂不为仇者所快吗？ …………………………………………… 112
  悲愤中的呼吁 …………………………………………………… 113

十八　国共关系的变化及抗日民族统一战线的形成 ……………… 114
  彻底解决国是的关键 …………………………………………… 115
  全国团结的重要表现 …………………………………………… 117

南京若与红军携手，救亡实力大有可观 ……………… 118
十九　国共关系的历史性变化 ………………………………… 120
  毛泽东在欢迎国民党考察团晚会上的欢迎词 …………… 121
  祭黄帝文 …………………………………………………… 122
二十　卢沟桥事变 ……………………………………………… 124
  对于卢沟桥事件之严正表示 ……………………………… 125
  告抗战全体将士书 ………………………………………… 127
  毛泽东在"八一"抗战动员运动大会上的演讲词 ……… 129
  全国奋起抵御日寇之新进攻 ……………………………… 130
  快快斩断屈服妥协的道路 ………………………………… 132
  我们为什么抗战 …………………………………………… 133

下　编

一　关于抗战前途 ……………………………………………… 139
  抗战的前途 ………………………………………………… 140
  抗战以后 …………………………………………………… 142
  蒋介石答外国记者问 ……………………………………… 143
  地大物博　人口众多 ……………………………………… 145
  坚持持久战 ………………………………………………… 146
二　抗战初期正面战场国民党军队的防御作战 ……………… 148
  慰勉南口将士 ……………………………………………… 149
  民族人格之表现 …………………………………………… 150
  庆祝台儿庄胜利 …………………………………………… 151
三　国共两党宣誓共同御侮 …………………………………… 153
  国共统一运动感言 ………………………………………… 154
四　八路军出师华北抗日前线 ………………………………… 156
  庆祝红军大胜利 …………………………………………… 157
五　日军妄图以狂轰滥炸、血腥杀戮摧毁中国人民的抵抗意志 … 158
  敌机惨杀无辜民众 ………………………………………… 159
  敌机轰炸文化机关 ………………………………………… 160

抗议寇机暴行 ·················· 161
　　太行山的血债 ·················· 162
六　震惊中外的南京大屠杀 ············ 165
　　一个美国人口中的日军在南京之暴行 ······ 166
　　《明妮·魏特琳日记》节选 ············ 168
　　《东史郎日记》节选 ··············· 169
　　《拉贝日记》节选 ················ 170
七　海外侨胞积极支援祖国抗战 ·········· 175
　　在抗战中的侨胞 ················· 176
八　献金运动 ······················ 178
　　献金 ························· 179
九　汪精卫集团叛国投敌 ·············· 181
　　汪精卫叛国 ···················· 182
十　国共两党联合中的斗争，局部武装对抗 ·· 184
　　抗议无法无天之罪行 ·············· 186
十一　八路军坚持华北抗战 ············ 188
　　在困难的前面站立起来！ ··········· 189
十二　东北人民的抗日斗争 ············ 191
　　发扬东北军民英勇奋斗的精神 ········ 192
十三　百团大战 ···················· 194
　　瞻望北方胜利 ··················· 195
十四　1941年太平洋战争爆发前的国际局势与中国抗战 ···· 197
　　为远东慕尼黑质问国民党 ··········· 198
十五　中国民主政团同盟的建立 ········· 201
　　中国民主政团同盟主席张澜致蒋介石书 ·· 202
十六　中国战区的成立与中国军队入缅作战 ·· 204
　　不杀敌不生还 ··················· 206
　　必须收复缅甸 ··················· 207
　　祝密支那的胜利 ················· 208
十七　太平洋战争爆发后的正面战场 ····· 210
　　长沙会战 ····················· 211

辛苦了　鄂西的英勇将士们! ……………… 211
　　响亮的号召 …………………………………… 213
十八　日寇在抗日根据地及大后方的野蛮暴行 …… 214
　　反对敌寇并村政策 …………………………… 215
　　是索还血债的时候了 ………………………… 216
　　中国人民的控诉 ……………………………… 217
　　沦陷区的饥荒 ………………………………… 218
　　关于日寇的卑性兽行 ………………………… 219
十九　中国军民的反扫荡、反清乡、反蚕食斗争 … 221
　　灵寿之役 ……………………………………… 222
　　论日寇春季攻势 ……………………………… 223
　　敌后人民英雄颂 ……………………………… 225
二十　敌后军民克服困难的斗争 …………………… 227
　　一个极其重要的政策 ………………………… 228
二十一　联合国的创建 ……………………………… 231
　　联合国家的历史使命 ………………………… 232
　　祝联合国大会开幕 …………………………… 233
二十二　美英等废除在华不平等条约 ……………… 236
　　美英废止在华治外法权 ……………………… 237
　　争取历史创造的主动 ………………………… 238
二十三　中国共产党第七次全国代表大会 ………… 240
　　《中国人民胜利的指南》节选 ……………… 241
二十四　日本无条件投降 …………………………… 244
　　中美英三国对日公告 ………………………… 245
　　论无条件投降 ………………………………… 247
　　日本投降了 …………………………………… 248
二十五　审判日本战犯 ……………………………… 251
　　彻底惩罚战争罪犯 …………………………… 252
　　再论处置日本 ………………………………… 254

后记 ……………………………………………………… 256

上 编

一 九一八事变[①]

日本要灭亡中国，蓄谋已久。早在1927年，日本田中内阁召开东方会议，就制定了"欲称霸世界，必先占领中国，欲占领中国，必先占领满蒙，视满蒙为日本之'生命线'"的政策。为了第一步侵占满蒙、侵占东北三省，日本在经济上大力经营"满铁"；思想上鼓吹侵略有理，在东北建立"王道乐土"；军事上，则连续制造了皇姑屯事件、万宝山事件、中村事件。南京国民政府和东北当局的步步退让，使日本帝国主义的侵略气焰越来越盛，胃口越来越大。

1931年9月18日夜，日本驻中国的关东军，自己炸毁了沈阳近郊柳条湖南满铁路的一段路轨，然后贼喊捉贼，诬陷是中国人所为，以此为借口，炮轰中国东北军驻地北大营，抢占沈阳城，并对东北全境发动武装进攻，这就是震惊中外的九一八事变。

事变发生后，蒋介石的态度是："此刻必须上下一致，先以公理对强权，以和平对野蛮，忍痛含愤取逆来顺受态度，以待国际公理之判断。"东北驻军统帅张学良将军，以为这不过是日本的"挑衅"，对日军行动判断错误，于是下达了"对日军绝对不准抵抗，缴械任其缴械，占营房任其占营房"的不抵抗命令。由于执行不抵抗政策，至19日清晨，沈阳全城被日军轻而易举地占领了。

日军在占领沈阳城的同时，还占领了长青、营口、安东等大小20余座城市。至9月25日，日军又夺取了吉林省会吉林和通辽等10多个城市。11月19日，日军攻占黑龙江省会齐齐哈尔。1932年1月3日，日军转而向南，攻占了连接关内外的军事重镇锦州。1932年2月15日，北满最大的城市哈尔滨也陷落了。至此，3000万同胞稼耕生息、遍地森林煤矿大豆高粱、土地面积3倍于日本的美丽、富饶、辽阔的东北三省，沦为日本帝国主义的殖民地，人民饱受掠夺、烧杀、奸淫和流离失所之苦。

日军在破碎的枕木、军帽、枪支等假证据前留影

日本报纸对九一八事变的歪曲报道

---

① 对于历史事件(如九一八事变、七七事变、一·二八事变等)是否加引号，编辑处理的原则是："保持原貌"，全书并不统一。

三十年来误国卖国酿成今日巨患

——《晨报》社论

　　日本占据我东北各地，且有进窥关内之势，意图吞并中国，不言而喻。近三十年来，日处心积虑，欲攫我东北，以实现其大陆帝国之妄想。日俄战争后，日在东北之势力，始得条约之根据。彼时清廷昏聩，不识时势，忍辱屈服，贻祸至今。当时日使小村寿太郎乘日俄媾和谈判胜利之余威，自美来华，要挟中国承认各种条件。夫日俄之战，我本中立。胜负谁属，我无责任。俄败，以其所取诸我者，转赠日本，在我本有拒绝理由。若以国力未充，无法抵抗，亦只能以俄所取得者，转而许日而已。不幸我国无远大政治家，而小村乃并俄所未得之权利，亦挟以迫我，我竟忍辱承认，缔结所谓中日《满洲善后条约》及附约十三款。而附约中所允许之重要新权利，一开辟东北三省之辽阳、新民屯、铁岭、法库门、长春、吉林、哈尔滨、齐齐哈尔、海拉尔、瑷珲等十一处为商埠，名义上为各国谋利益，事实上专为日本开放，于是日本乃得为大规模之移民。二取得陆路通商之最惠待遇。三安东铁路为日俄战争时，日本所建筑之军用铁路，而为中韩铁路连贯之要线，俄无此权，而亦许之。此为前人谋国不忠，而酿成今日大患者一也。

　　日本获此权利后，即于翌年五月设立南满洲铁道株式会社，同年七月设立关东都督府（后改为关东军司令部及关东州民政署），着着经营南满，因此与我所争持之问题，日益增多。如采伐鸭绿江森林问题、抚顺炭坑问题、新（民府）法（库门）铁路问题、营口支线问题、安奉路问题、新奉吉长两路问题，皆其荦荦大者。日本自侵入南满以后，借开放之名，行垄断之策，而南满之商业经济，蒸蒸日上，于是我国有建筑新（民府）法（库门）铁路之议，而日竟以该路与南满路并行为口实，屡提抗议。卒于光绪三十三年（1907年）三月，由那桐、瞿鸿机、唐绍仪与林权助订约，借用日款，始无异议。营口支线本为俄国建筑南满铁路时所建造，以便运输材料，约于该路完成后，即行撤去。及日继承俄权利，我即要求依约撤卸，而日不许。吉长铁路为贯通吉林、长春间之重要线路，日本屡次要挟我国由南满会社借款建筑，嗣与新（民府）法（库门）铁路同时解决。光绪三十四年（1908年）十月，日本又与邮传部缔结两路借款续约，于是两路大权完全由日人掌握。此亦为前人谋国不忠，而酿成今日大患者二也。

　　安奉铁路本为运兵之用，路轨甚狭。日取得经营权后，更欲改筑宽轨，以应其经济上之需要。但我国以该路若由狭轨变成宽轨，运输力量更大，且轨道宽度与朝鲜路轨相同，一旦有事，日可用其国内车辆长驱直入，与我国防大有危险，屡次拒绝，日终未得逞。延至宣统元年（1909年），日乘国内政局动摇不定之际，又提前议。当时邮传部未敢反驳，竟允派员会勘路基，再定办法。幸东三省总督锡良颇知保持国权，力持不可，主张让步程度，只能许其依旧路改良，不得扩张轨道，尤不得更改路线，且要求日本撤退该路之守备兵与警察。乃日本悍然提出最后通牒，谓："至此日本不能得中国之协力，惟有本条约上之权利，取自由行动。"同时命南满铁路即日开始改筑安奉路工事。我当局突遭严重压迫，束手无策，忍辱订约。而日本更乘此时机，胁迫解决悬案，当局无法拒绝，俯首听命，遂立《间岛协约》。其中最首要者，厥为我国允许将吉长铁路延长至延吉南边界与朝鲜会宁铁路相联络，其一切办法，与吉长铁路同。但何时开办，则由两国酌量情形，再行商议。今日本所挟以迫我承认吉会铁路者，盖以此根据。此又为前人谋国不忠，而酿成今日大患者三也。

自宣统迄民国三年（1914 年），日在南满势力，益形根深蒂固。而我积弱莫起，欧美各国又咸在欧战漩涡之中，无暇东顾，日虎视眈眈，欲图为进一步之希求。袁世凯正称帝自雄，更授日以可乘之机，于是《二十一条》要求，遂于民国四年（1915 年）一月十八日，由驻华日使日置益直接面交袁氏。《二十一条》要求内容，当为国人所深悉。其中除关系山东条款不论外，最重要之点有五：一延长旅大租借期限及南满安奉两路期限；二允许日鲜人有土地租借权、所有权及居住往来经商之自由权；三伸张日本势力于东部内蒙古；四日本欲侵入我国之中央政治，故要求聘用各种顾问；五要求我国将必要地方之警察，归中日两国合办。此种要求，皆帝国主义者并吞他人国家之工具，殷鉴不远，朝鲜即其一例。当时政府亦知事关国家存亡，未可轻易接受，逐条陈述意见，或示让步，或即拒绝。而日乃广播强硬空气，极力压迫。嗣复故作让步之意，将其中所预留为议价之条件，略事修改，仍坚持其主要问题，不肯放松。自二月开议，迄四月止，双方各提修正案若干次，而日始终不让，我政府不得已于五月一日提出最后修正案，谓此实为中国最后之答覆（复）[①]。日突于五月七日致最后通牒，限于五月九日午后六时止，为满足之答覆（复），否则将执必要之手段。当时有人勾结日本，私通声气，故外交谈判毫无结果。迨接受最后通牒，惊惶无措，全部屈服。今日日人所谓满蒙悬案，多与此约有关。盖土地商租权问题，为我东北存亡关头。此项协约虽告成立，而十六年来，东北当局始终未与商订实行办法，故日人恨之入骨。皇姑屯惨案因此而来，今兹事变，亦因此而生。此又为前人谋国不忠，而酿成今日大患者四也。

日本既得满足其欲望之后，又欲操纵中央政府，以遂其蚕食中国全国之野心。民国六年（1917 年）以后，扶持亲日派政府，使其掌握政权，互相勾结，卖买国权。段祺瑞秉政，

---

① 本书所收录的抗战时评皆为名人甚至高层领导之作，为尽可能保持原貌，对疑似的错字、别字、漏字等加括号纠误。

日为后台老板。如吉长铁路借款六百五十万元，泰平公司军械借款一千万元，无线电借款五百三十余万元，有线电借款二千万元，吉会铁路预备借款一千万元，泰平公司二次军械借款二千三百六十余万元，吉黑两省金矿森林借款三千万元，满蒙四路预备借款二千万元（即开原海龙至吉林，长春至洮南，洮南至热河，及洮南热河间一地点至某海港等四路），济顺高徐两路预备借款二千万元，参战借款二千万元等，皆于当时先后成立，经过期间，不及一年。总其借款数目，不下二亿三千万元。其大部分，皆世所称为西原借款者。一方尽量拍卖，不顾国家利害；一方尽量廉价收买，不惜金钱运动。所谓满蒙五铁路问题，即基于此。此又前人谋国不忠，而酿成今日大患者五也。

自受此重重束缚之后，我东北已陷于包围压迫之下，纵有智者亦苦无法解脱。况我内乱相寻，祸变迭生。东北远处关外，孤立无援。在赤白帝国主义者夹攻之中，维持现状，已属不易，又安能有自救之余裕？然最近七年以来，东北当局深知寇已深入，空言无补，非切实从经济上求自立之道不可。于是建筑铁路，开辟商埠，擘画经营，不遗余力。数年成绩，斐然可观。如打通沈海、洮昂、洮索各路，皆予南满铁路以相当打击。金价暴涨所受影响尤为重大。昨年开辟葫芦岛之议成，更为日本所深忌。

移民垦荒，成效亦著。国人在东北之经济势力，完全改观。日人最近报告东北情形，无一不重视此点。一旦预定之铁路线全部告成，而葫芦岛开港，复得成功，则不独南满铁路将等虚设，大连名港亦将颓废。我不必排斥日之势力，而日之势力可以自然消灭。日目睹如此局势，当然不安。彼军部所以主张强硬论者，原因在此。夫东北为我国防要地，藩篱一撤，屏障全无。人既图我，我若甘心让人则已，否则不能不亟谋自卫之道。国家生存，乃绝对的必要。任何危难，皆当努力克服。东北当局于恶战苦斗之中，略树未来自立之基，因此为日所不容，卒受其惨（残）酷之蹂躏。此非一隅存亡问题，乃全国安危问题、民族生死问题。二十年来，中央政府若能挣扎抵抗，何致贻今日之巨患？民国七、八年之间（1918—1919年），亲日之徒，不廉价拍卖，亦何致授日人以可藉之口实？抚今追昔，又安能不令人切痛恨于谋事之不臧哉？

（原载1931年9月22日《晨报》）

民国二十年国庆辞

——天津《大公报》社论

在近代史上空前严重之国难中，迎我第二十度之国庆纪念。本社同人，与我全国同胞，同具深甚之悲痛，以追怀先烈，警惕未来，敢贡愚诚，以期共勉。

人生成败关头，在能否善处逆境，民族亦然。中国民族今后之成败，全视今日我全国同胞是否丧失勇气，是否能精诚团结以征服环境。吾人回首二十年来之民国，深痛夫今日之严重国难，皆过去不努力之所致。夫二十年之岁月，不为短矣。不观夫欧战受创之各国，不十年而恢复，而充实！不观夫苏联，五年之间，建成国防工业！二十年来之中国，一言蔽之，虚度而已。且不止虚度也，消耗实甚焉。单论近年之事，自十八年（1929年）以后之中原内战，精锐训练之兵，死伤合计，不下五十万人。金钱之耗费，不下六七万万。又如今年剿匪之战，匪亦民耳，观其顽强抵拒，何尝非民族元气之一部？然赤化暴动，致劳天下之兵。半年来有形无形之损失，若在人口微小之民族，即此已亡国而有余矣。聚中国民族勇敢精英之部分，数年以来，以种种形式，拼命演自残之愚剧。一旦外患突来，国危民奴，而已失之国力，已不可复，此诚痛定思痛，虽椎心泣血而无及者也。当今国庆良辰，以清算过去二十年之历史，无疑可以证明革命建设之失败。今日大难临头，为全国同胞大彻大悟之最后机会！须知过去之种种观念错误，自今而往应澈底反省，整个改造！盖自华府会议以来，国人囿于国际一时的和平空气，对国家民族之地位，每忽略其危险之真相。此次日本陷我辽吉，举近世史上未见未闻之摧残蹂躏，加诸洪水大灾之中国，以拥有四万万人口之国家，而危辱至此，惊破全国同胞之酣梦生涯，暴露国家民族之实在地位，创巨痛深，足资警省。中国过去之烂熟的文明，及近年浅薄浮嚣之欧化，其最大弱点，为易使有权力有智识者腐化；而一般社会习于散漫自了之生活，极难团结一致。是则今日非常之国难，正所以唤醒中国国民，事实上迫之不得不团结努力以求生存！试观两旬以来，凡中国版图以内，任何区域、任何职业之人民，无不受空前未有之震动，顿时对国家前途得到一致的深切之认识。其所表现于外者，则不待指导训练，而俱能守秩序、重规律，虽在忧患悲愤之中，绝无一处发生越轨失常之行动，以增加国家之困难！此种精神，诚民国二十年来所未见也。吾人追念过去之失败，痛惜近岁之自残，咎责所归，今姑不论；惟尚有足以互慰者，则证明民族的勇气并未丧失！今后所需者，惟团结努力，征服环境！政治上之制度纲领，与夫社会生活之各方面，皆须澈底改造，以应救国自存之急需！至于今日之变局，无论其扩大至何范围、牺牲至何程度，果唤起民众，一致努力，终必得最后之伸雪！所最畏者，今后之岁月仍虚度，而所引为不幸中之幸者，环境之危迫，从此断不容虚度也！全国国民，决心挽回二十年来之失败，立志发愤，完成革命，大兴中国！是则今日之国庆仍自可庆！本社同人谨随全国同胞之后以呼曰：中华民国万岁！中华民国万岁！中华民国万岁！

（原载1931年10月10日天津《大公报》）

"友邦惊诧"论

鲁　迅

　　只要略有知觉的人就都知道：这回学生的请愿，是因为日本占据了辽吉，南京政府束手无策，单会去哀求国联，而国联却正和日本是一伙。读书呀，读书呀，不错，学生是应该读书的，但一面也要大人老爷们不至于葬送土地，这才能够安心读书。报上不是说过，东北大学逃散，冯庸大学逃散，日本兵看见学生模样的就枪毙吗？放下书包来请愿，真是已经可怜之至。不道国民党政府却在十二月十八日通电各地军政当局文里，又加上他们"捣毁机关，阻断交通，殴伤中委，拦劫汽车，攒击路人及公务人员，私逮刑讯，社会秩序，悉被破坏"的罪名，而且指出结果，说是"友邦人士，莫名惊诧，长此以往，国将不国"了！

　　好个"友邦人士"！日本帝国主义的兵队强占了辽吉，炮轰机关，他们不惊诧；阻断铁路，追炸客车，捕禁官吏，枪毙人民，他们不惊诧；中国国民党治下的连年内战，空前水灾，卖儿救穷，砍头示众，秘密杀戮，电刑逼供，他们也不惊诧。在学生的请愿中有一点纷扰，他们就惊诧了！好个国民党政府的"友邦人士"！是些什么东西！即使所举的罪状是真的罢，但这些事情，是无论哪一个"友邦"也都有的，他们的维持他们的"秩序"的监狱，就撕掉了他们的"文明"的面具。摆什么"惊诧"的臭脸孔呢？

　　可是"友邦人士"一惊诧，我们的国府就怕了，"长此以往，国将不国"了，好像失了东三省，党国倒愈（更）像一个国，失了东三省谁也不响，党国倒愈（更）像一个国，失了东三省只有几个学生上几篇"呈文"，党国倒愈（更）像一个国，可以博得"友邦人士"的夸奖，永远"国"下去一样。

　　几句电文，说得明白极了：怎样的党国，怎样的"友邦"。"友邦"要我们人民身受宰割，寂然无声，略有"越轨"，便加屠戮；党国是要我们遵从这"友邦人士"的希望，否则，他就要"通电各地军政当局"，"即予紧急处置，不得于事后借口无法劝阻，敷衍塞责"了！

　　因为"友邦人士"是知道的：日兵"无法劝阻"，学生们怎会"无法劝阻"？每月一千八百万的军费、四百万的政费，作什么用的呀，"军政当局"呀？

　　写此文后刚一天，就见二十一日《申报》登载南京专电云：

　　"考试院部员张以宽，盛传前日为学生架去重伤。兹据张自述，当时因车夫误会，为群众引至中大，旋出校回寓，并无受伤之事。至行政院某秘书被拉到中大，亦当时出来，更无失踪之事。"而"教育消息"栏内，又记本埠一小部分学校赴南京请愿学生死伤的确数，则云：

　　"中公死二人，伤三十人，复旦伤二人，复旦附中伤十人，东亚失踪一人（系女性），上中失踪一人，伤三人，文生氏死一人，伤五人……"可见学生并未如国府通电所说，将"社会秩序，破坏无余"，而国府则不但依然能够镇压，而且依然能够诬陷、杀戮。"友邦人士"，从此可以不必"惊诧莫名"，只请放心来瓜分就是了。

（原载1931年12月25日《十字街头》第2期，署名明瑟。后由作者编入《二心集》）

傅将军到哪里去了

陶行知

民国十六年（1927年）十一月二十八日我对全体同志①演讲涿州守将傅作义。今日在日记中，翻得如下之记录：傅作义以数千人死守涿州，迄今四十余天，奉军数万人，竟撼他不动。他不但是革命军人之表率，也是全国国民之模范。他有位老师，名叫于国翰，现在奉军里面任职，来信劝他投降，他回信说："记得老师讲义中并无投降之一课。"我愿全体同志牢记此语：晓庄生活表上没有投降教学课！……我们要有艺术的生，艺术的死。涿州之守，已达到艺术之境界。

我深愿救兵赶去解围，为中华民国留此一位良将，好在世界战场上与帝国主义者算账。傅军是当得起我们的《不投降歌》了！我们大家起来唱这首歌吧，心里向涿州的勇士致敬着：

军人救国不要命。不要命，不要命，只有断头将军，没有投降将军。

军人救国不要命。不要命，不要命，只有断头兵丁，没有投降兵丁。

东三省之守将，人人是傅作义，则东三省必不亡。中华民国之守将，人人是傅作义，则中华民国必不亡。东三省之傅作义安在？中华民国之傅作义安在？

（原载1931年9月26日《申报·自由谈》）

宁死不屈的准备应战

邹韬奋

沈阳兵工厂原存有步枪八万支、机关枪四千架，飞机厂可用飞机有二百架，此外弹药粮秣迫击炮各厂设备至少在一万万圆以上。而张学良预闻日军将来侵夺土地以前，准备之

---

① 全体同志指晓庄师范全体师生。

方是叫各当局先把军器弹药存入库内，所下命令是"日本人爱什么就给他什么"！各高级军官的临危准备是化装逃走，像所谓东北边防军总参谋长荣臻是化装一仆役模样，趁日军开城行人拥挤之时，持菜篮做出城买菜模样，混出逃到北平去谒见那位"日本人爱什么就给他什么"的中华民国陆海空军副司令！这是"未死先屈的准备不战"。我们现所需要的不是这种无耻举动，而是宁死不屈的准备应战。

暴日之谋我已二三十年，而我国只耗精神财力于内战，国防可谓无丝毫准备，至今日而始言准备应战，实在是一件极痛心的事情。但国难至此而尚不作应战的准备，更为全世界上最无耻的民族。以我国目前军备之远不如人，谓为可由开战而胜，我苦于说不出理由，并且虽听见不少人举出的理由，也都不能认为可靠。然我犹主张宁死不屈的准备应战者，以为不战而死，不如战而死，全国死战偕亡，胜于忾忾睨睨做亡国奴；况且真能全国死战抗敌，或许于一部分之牺牲外，尚得死里求生。同时我国在外交方面应极力打破孤立的局面，观察全局，联络中山先生所谓"以平等待我之民族"，在互利而不辱国的条件之下，向前奋斗。

（原载1931年10月17日《生活》周刊第6卷第43期，署名韬奋）

好东西歌

鲁　迅

南边整天开大会①，北边忽地起烽烟②。北人逃难南人嚷，请愿打电闹连天。还有你骂我来我骂你，说得自己蜜样甜。文的笑道岳飞假，武的却云秦桧奸。相骂声中失土地，相骂声中捐铜钱。失了土地捐过钱，喊声骂声也寂然。文的牙齿痛，武的上温泉，后来知道谁也不是岳飞或秦桧，声明误解释前嫌，大家都是好东西，终于聚首一堂来吸雪茄烟。

（原载1931年12月11日《十字街头》第1期，署名阿二。后编入《集外集拾遗》）

---

① 指1931年11月14日在南京开幕的国民党第四次代表大会。
② 指1931年11月22日日本侵略军进攻锦州。烽烟，即战火。

二 一·二八事变

上海一·二八抗战时，驻江湾的中国第十九路军奋起抗战

上海，是我国经济文化的中心、国际贸易的主要港口。日本视上海为与列强争夺中国权益的新基地。日本一旦占领上海，不仅可以转移国际舆论对其吞并东北、成立伪满洲国的注视和谴责，还可以压制中国人民的反日风暴。1932年1月18日，日僧5人，在日本驻上海武官田中隆吉少佐的唆使下，向沪东三友实业社的抗日团体进行挑衅，遭到该厂抗日群众的还击，3个和尚被殴受伤，其中1人因重伤死于医院。上海的日本驻军和领事借此策划扩大事态，一面组织暴徒放火焚烧和捣毁三友实业社，组织游行示威，沿途破坏华人商店，破坏来往车辆，向上海当局提出无理要求；一面迅速调兵遣将，增加在上海的兵力。1月28日，上海的日本驻军认为时机已经成熟，向驻守闸北的我第十九路军发起进攻，一场新的侵略战争爆发了。第十九路军爱国将领蒋光鼐、蔡廷锴，第五军将领张治中等，违反国民党当局的意志，率部奋起抵抗。蒋、蔡在《告淞沪民众书》中誓言："宁为玉碎而荣死，不为瓦全而偷生。"我军以步枪、手榴弹，对阵敌之航空母舰、飞机、大炮、战车，血战月余，杀伤敌军万余人，敌军三易其帅，骄气大挫。但当时的蒋介石并无抗战到底的决心，他指示第十九路军"保持十余日的胜利，及早结束，避免再战为主"。3月1日，日军开始全线总攻击，2日占领淞沪。在强敌面前，蒋介石接受英国的调停。经过谈判，于5月5日签订《上海停战协定》，根据此协定，上海实际已成为一不设防、不驻军、不准有抗日组织及活动，

由列强共管之城市。中国人民再次蒙受丧权辱国之耻，对政府的谴责、抗议，当然是不绝于耳。

第十九路军总指挥蒋光鼐（中）、军长蔡廷锴（右）和淞沪警备司令部司令戴戟（左）合影

上海战事之重要性

——天津《大公报》社论

日本不顾英美法之抗议与劝告，悍然于海军陆战队进犯上海受挫后，又复派遣陆军，希图再逞。前昨两日，海陆会攻吴淞，重告失败，人心称快。今后数日内战斗情形，益堪注目。我军捍卫国土，慷慨奋发，一周以来，在沪沉著（着）应战，已足以振作国民之精神，唤起国际之重视。今虽敌方实力增加，迄未能动摇我军之抵抗力，尤足为中国吐气。此虽一隅之战事，而关系东北全部之运命，与世界和平之局面者，实极重大，统观全局，窃有不能已于言者。

按日本自九一八以来，在东北之军事行动，实采得寸进尺、逐步加紧之态度。方事之始，公告世界，一则曰纯出自卫，二则曰尽速撤兵，立言可谓审慎。其后因时推进，势愈凶横，吉林之外，而齐齐哈尔，而锦州，而哈尔滨，铁骑所及，遍于三省，所占地域之广，两倍于日本，又适为法德二国领土之和焉！今野心方炽，志在久占，一面进行伪政权之创造，一面则挑战于东南以冀问题扩大，移转中外视线，使我先其所急，无暇顾及东北之领土主权，且使远东利害关系之主要诸国，实逼处此，只能亟求保全长江商务，而默认其在东北之自由行动。此际中国军队，如在沪败挫，则日本将利用各国之调停，放松东南之交涉，而引致东北问题于极有利之解决，使中国在势不能不屈服、各国在理不能多干涉，此日本起上海无名之师、掩护其东北侵略行为之深意也。由此观察，上海诸将士，数日来抗日守土，直接保全东南，间接维持东北，其功诚不可谓小。今日本亦知在东南使用武力不可以久，因又欲诱致各国，划开上海、天津、广州等处，禁止中国驻军，以便其随时自由派兵，实施压迫。此种干涉内政之动议，出自日本外务省之舌人，自非中国所能承认，而况藉此订明东三省不许驻兵，是不啻明认日本有权可以自由侵犯我国领土。彼不撤兵而反迫我为不驻兵之协定，更非公道所宜有。故今日之事，舍以实力与日本决战于淞沪，以赤血保障公道外，实无他路可走。顷据沪电：英国方面，为保全上海商场计，昨又提议调停，并无结果。本来我方认定上海战事为东北问题之延长，故单独解决上海事件，在我国立场为不可能，英方调停，不克有成，理也！亦势也！抑中日问题，为世界问题之一部，任何人不能否认。日本自来轻视中国，任意欺凌，决不稍存顾忌，惟对关涉各国之事，则甚为慎重。东北问题初起，英美哗然，美尤露骨。日本近日极力和缓英国，希图遮断英美联合之局。月前日本各报，甚至宣传日英同盟复活之可能性，谓为政友会田中内阁以来之宿愿。且从而为之证明，谓：美国曾邀英国共同作战，对日经济绝交；英国拒之，具征日英友谊。及此次上海事件发生，直接打击英国利益，英美一致，势不可掩。日本于此，犹谓系出美国主动，并指中国在国联提议援用盟约第十五条，亦受美国影响。大角海军大臣前日为派兵赴沪事，向路透社记者谈话，完全为求英国谅解，辞卑而意深，其欲拆散英美协调，如见腑肝然。更观美国情形，则十二月二十七日华盛顿政府突将美国关于满洲问题之公文全部发表，仅对日照会，已有六十五页之多，据传内中言辞，颇为严重。民间及上下议院议员，对日更多激昂之言论。美国亚细亚舰队派舰赴华，内有轻巡洋舰、航空母舰，尤征对远东局势之重视。要之，美国公私方面，对日感情兴奋，不可为讳，其最后态度，则至今似尚在不可测度之中。前者英美劝告五点，中国表示全部接受，日本则几于完全拒绝。以理言之，劝告者势不能就此作罢，今主动之英美两国，迄在沉默，亦是一极可注意之现象也。

夫中国立场，为自卫的、防守的，不特无意正式与日本宣战，尤不愿见世界和平之局，因中国而破裂，此在中国方面，已迭有表示。然而，中日相持，演进至此，在势惟依国际有力之干涉，乃有和平解决之希望。中国之奋勇自卫，实即唤起同情、打破外交僵局之必要手段。故吾人认定上海战事，直接影响东北外交，间接影响世界大局者，理由在此。现在日军海陆空进犯淞沪，国际最后情形，尚不可知。凡我国民，在此千钧一发之时，益不可不奋起为守军之后援，其法：（第一）督促政府，多派援军，优予接济，使守土各军再接再厉，不屈不挠。（第二）牺牲一隅，所全者大，国民宜鼓励上部各界，忍痛抗战，勿轻听外人调停，漫言妥协，以致东北无救，前功尽弃。（第三）监督政府，坚持正义，力挽国权，非得有力之保证、有利之条件，不能开始为东北问题之交涉。方今世界舆论动员，日本已感于众怒难犯，专欲难成，我方如再忍痛持久，使彼在东南连受重创，在东北则步步荆棘，军阀渐晓然于侵略之不易，商人愈痛感夫市场之毁灭，然后和平商洽，乃有曙光，收回失地，方可着手。时不可失,愿我政府与国民坚决处之也!

(原载 1932 年 2 月 9 日天津《大公报》)

丧权辱国中的喜气洋溢

邹韬奋

据报载当张似旭(代郭泰祺)、冈崎(日公使馆秘书)、白克明(英使秘书)等三氏携归重光在医院中签过字的《停战协定》到英领署后,举座欢然。英使即首举香槟祝中日两国和平之实现,全场喜气洋溢。我方情报司长张似旭氏亦起立致谢,谓"此次停战谈判,因诸君不倦的努力,及热忱的合作,得达成功之域"。罗外长亦不以关于此次《协定》"外间颇有非议者"为然,谓"日方最初要求驻兵范围,甚为广阔,迭经争议,乃缩小暂驻地点……交涉经过,实已智穷力竭",亦颇露踌躇满志之意。汪蒋慰郭氏电,亦有"认为力持大体,不辱使命"语,亦认为可告无罪于国民。除活该牺牲的民众外,在官场方面大有丧权辱国中喜气洋溢之概,外人喜气洋溢不足怪,日人喜气洋溢更不足怪,至于我国始终高唱决不签丧权辱国条约的官吏亦喜气洋溢,这是最可痛心的一个现象!

关于此次《停战协定》的内容,翼公先生在本期已有一文作分析的研究,其为丧权辱国的条约,实为百喙莫辞的事实。据日方所传,除《协定》正文外,会议录中尚有三项谅解:一为取缔抗日条件,二为十九路军换防,三为浦东及苏州河南华军不驻兵条件。又据五月五日上海《每日新闻夕刊》(日人报纸)所载,出席此次会议之日方军事代表田代参谋长向该报记者亦有相类的谈话。凡此可疑之点,姑置不论,就《协定》本文而言,以本国国土而承诺敌军作(做)无限期的驻扎,以在本国国土内的本国军队而承诺须受敌军限制其行动,仅就此两点说来,无论如何巧为曲辩,何以免于丧权辱国的罪名?日军之允完全撤退,谓须俟所谓"常态"之"恢复",而如何始为"常态"之"恢复",须完全由彼自主。故自从中日两方代表签字《协定》之后,日军从事建筑营房,准备长期驻扎,反趋积极!关于我军行动,虽有我方代表临时声明"并不含有任何限制",但试问在《协定》本文明明载着在"常态恢复"与"未经决定办法"以前,我军必须留驻现在地位。所谓"常态恢复"及"决定办法"究在何时,"办法"之内容必须如何始能得日方满意?如此而犹谓为"并不含有任何限制",除自己骗自己外,究作何解?

以平常无时不在撒烂污中的政府,有此《协定》,固犹恃十九路军一时死抗的余威,观日军当局再三忧虑南市浦东有驻军,其胆寒可想,但《协定》内容之仍不免于丧权辱国,则为铁一般的事实。全国上下必知此之为可耻,而后始有雪耻的时候。

(原载1932年5月14日《生活》周刊第7卷第19期,署名韬奋)

纪念"一·二八"四周年

李公朴

当前,我们对于"一·二八"的记忆,更是新鲜!

"一·二八"本来是中国民族斗争一幅最成熟的艺术品,可惜的是它被断送在少数人的手里,被断送在不抵抗的误国策略下,不能使这件伟大的作品更好地完成,成为中国民族解放胜利的起点。

但是,"一·二八"的记忆,并未在大众的脑中洗淡。客观事实给予不抵抗者的残酷的暴露,更使这一段光辉的争斗的事迹,活跃在亿万人的脑里,一天天认识了这一段斗争的价值,一天天认清了"一·二八"一隅的抗战就是中国整个民族唯一应走的道路!

这一段争斗的价值,到现在更加了一个国际的保证,那就是阿比西尼亚斗争的胜利。阿比西尼亚所完成的作品,自然高过"一·二八",前者是成功的作品,后者是被人阻止它的完成的一幅轮廓画。然而,这轮廓画得正确,有了阿比西尼亚的胜利,更显出它的伟大了。

在这第四周年的今朝,中国大众打开这一幅未完成的杰作,作何感想呢?

全国学生大众已走出了课堂,发出了抗战的吼声,在全国各大城市显出了民族斗争的新姿态,并且由城市而"进军"农村了。他们以民族阵线的宣传者、组织者自任,在发展民族斗争,以民族斗争来纪念"一·二八"!

全国一切不愿意做亡国奴、做汉奸的大众,也发出甘愿牺牲一切政见、党派、信仰,团结御侮。他们一致的(地)要求统一分散的力量,组织自卫战争,挽救危亡,以更严肃的斗争纪念"一·二八"!

中国大众都要求以自己的手,完成这一幅未完成的创作!

只有少数汉奸、自私自利者、怯懦者、昏睡者,对着这一幅画面,在颤栗,在徘徊,在那里犹疑不定。

全国大众们!冲破当前的沉寂罢!推倒少数汉奸,说服少数自私自利者、怯懦者,开导少数昏睡者罢!利用当前的新形势,利用每一个人的热情、能力,集中一切的力量,打开民族自卫战争的局面,完成"一·二八"最后的胜利罢!只有创造了这一个转变历史的轮子,才是今年中国大众对"一·二八"先烈致了最大的敬礼,尽了自己的职责。

(原载1936年1月25日《读书生活》第3卷第6期)

三 东北义勇军抗战

《新闻报》上刊载的称颂马占山的广告画

东北三省的沦陷与蒋介石的不抵抗政策，激起了全国人民的愤怒，处于最前线的东北人民，更是义愤填膺，于是纷纷拿起武器，走上抗日战场。

最先举起抗日大旗的是当时黑龙江省代理主席马占山将军，他率部2万余人于1931年11月4日至19日，举行了著名的江桥抗战和三间房抗战，几度重挫日军，威声大振。江桥抗战失败后，又有黄显声、李杜、丁超、冯占海、赵毅等在锦州、哈尔滨与日伪军作战，不同程度地打击了日军。

东北义勇军的抗日，更是英勇悲壮。"九一八"事变后，东北各民族各阶层人民，一部分东北军爱国官兵、民间的山林队等，纷纷自发组织起各色抗日武装。他们无统一领导，互不相属，各自为战，名称不一，如东北民众自卫义勇军、民众救国军、抗日义勇军、民众自卫军、山林反日游击队等等。他们的成分多为农民，也有一部分军警官兵、工人、商人、知识分子，还有绿林豪杰、地主武装。他们的武器有洋枪，也有大刀、长矛、土炮。其势如燎原烈火，人数一时多达30余万，著名领袖有邓铁梅、苗可秀、王德林、苏炳文、李海青等。黄显声、丁超、李杜、冯占海、马占山，后来也加入到义勇军之中，特别是我党向义勇军派去大批干部，使队伍更加强大。义勇军战斗在白山黑水，深山老林、青纱帐里都是他们理想的战场。在恶劣的环境中，义勇军纷纷出击，组织规模不同的战斗，沉重地打击敌人。据不完全统计，从1931年11月1日至12月20日，义勇军仅袭击铁道附近的日军，就达1529次之多。日关东军参谋长三宅，在1932年4月回东京途中哀叹：讨伐东北义勇军"实为极难之事"！在安奉线虽对他们进行了62次讨伐，"结果收效甚微"。

国人应毁家援助义勇军

——《晨报》社论

今日吾人所赖以抵抗暴敌侵略者，厥唯在敌人重围中，恶战苦斗之数十万义勇军自卫军。然此数十万热血男儿，既无周密组织，又无充分供给，以身为炮，以肉为弹，一遭敌军猛烈惨（残）酷之炮火，便不得不后退，以待机会。且对方作战方法，亦甚巧妙。彼必择势力较为雄厚者，予以重大打击，而后实行个（各）个击破之战略，徐图铲除我义勇将士之根基。故当马占山将军再起海伦之日，彼集其全力，四路包围，置诸封锁状态而后已。东边唐聚五将军所领导之义勇军，声势亦颇浩大，近传彼方又将集中攻击，冀可使其不易发展。苏炳文将军振臂一呼，满洲里一带立易汉旗，而彼则选派大军，昼夜兼进，力谋消灭。且日军于承认伪组织之翌日，其参谋部决定增派军队，大举进攻。是我义勇军若无整个计划及统一行为，则作战之难，可想而知。在夏秋之时，利用高粱之天然屏蔽，或可使彼方减少利用新锐战具之机会。今届冬季，树木皆枯，广漠平原，一望无际。屏蔽既失，作战更难。况严冬结冰，坦克车装甲车之类，畅行无阻，则我之制敌，益无胜算。若非有切实计划，则忠勇民众将尽为暴敌刀下鬼矣！

唯在现状之下，欲谈切实计划，殊非易事。第一交通不便，联络甚难。既无邮电可资利用，又无船车可以通行。往返传达，动需月日。贻误事（时）机，莫此为甚。第二义勇军散处各地，本无统制机关，人自为战，无从策应。例如辽西与辽东，便不能有一致动作，北满与南满亦难有互助办法。彼处集中之势，我居分散之地。统一指挥，本不可能。第三人以国家为后盾，我赖个人之奋斗。自动抗敌，胜败原非所计。单独作战，牺牲自所不免。局势所迫，无可如何。此三种原因虽为我义勇军最不利而又最不易解决之点，然吾人亦不能不于极端困难之中，打开一条血路。为今之计，就可能范围内，宜速求补救办法。第一应使联络上较为灵便，俾各地义勇军作战，至少于可能的最短期间内，彼此能明了最近情况。而后于救援策应之道，始有系统动作。第二应统一指挥机关，使其进退有一定意与计划，不致各自为战，每多为敌所乘，徒作无谓牺牲。欲使全东北义勇军悉置于一个指挥机关之下，势属不可能。然就地势，划分若干指挥机关，其事或不甚难。从前虽有军区之别，但事实上恐已成为虚文。此非因各部不易统一，乃因联络上困难所致。故第一点如能办到，则第二点当较容易。第三枪械军需之接济，应有较敏捷及较充裕之供给办法。微闻时届冬令，而肉搏血战之义勇军将士，尚服单衣。吾人安居关内，能不动心！倘关内同胞不求切实办法，是无异坐视吾为民族争人格为国家争生存之义士陷于死地。为今之计，一方应广集接济之基金，一方应速筹接济之方法。

上述三点，骤观之，似仍为一种空论，然吾人所以必欲提此讨论者，盖默察大势，关内同胞对于关外义士，似已不大关怀。吾人甚愿此为妄断，但事实所表现者，或恐难逃此论。值此时机，唤起注意，当非无益。吾人对于具体办法，虽不无相当意见，但兹事决非公开讨论所能有济。要在使国人深刻认识义勇军动作，与东北能否收复有重大关系。吾人纵明知收复东北，决非义勇军所能单独成就，然吾人相信义勇军行动，可为促成收复东北之一大因素，使世界认识伪国与东北民众真正意思，不能两立。而在日军军事占领之下，东北民众决不与并存。事实最为雄辩，无论日本如何反宣传，而此数十万义勇军存在之事实，任何人不得否认，亦不得忽视。日欲统治东北，至少须先将我三千万民众杀得鸡犬不留，而后始有几微希望；即使吾三千万民众尽为日军之枪下鬼，而吾关内无量数之民众亦将继起而追随我先烈英灵之后，与敌作殊死战。且东北一日在混战状态之中，则日本决不能泰然榨取东北以自肥，则其取东北也，不亦徒劳哉？故今日关内同胞应毁家救助义勇军，为收复东北、保卫国家之第一义。在义勇军奋斗之下，吾人始能继续其他抵抗办法。呜呼国人，时至今日，尚有踌躇顾恋之余地哉！

（原载1932年10月13日《晨报》）

激昂悲壮的东北义勇军

邹韬奋

东北当局所宣传之"我军曾与激战"云云，却也是事实，不过此"军"是东北民众自己组织的义勇军，自动抗敌，非怯懦无耻的"军人"所能掠美而已。自去年十二月二十九日盘山失陷起，东北义勇军即奋勇抗敌，直至于今，再接再厉，百折不挠。截至记者执笔草此文时，东北义勇军诸义士于冰天雪窟肉搏血战中力争中华民族的人格与生机者已达三星期之久，尚在继续作万死一生的挣扎。此种前仆后继视死如归感天地泣鬼神的牺牲与奋斗，实足唤起垂死的民族精神，振作麻木的国民意志，并表示民众武力和军阀的私人武力实有天渊之别。

全国军阀官僚们但知争夺私利，谁顾国难？我们实在可以说不必对他们再望这个、望那个，只有国民自己想法造成实力来救国自救，才能寻出一条生路。像东北义勇军便是民众实力的一种表现。东北民众能效爱尔兰新芬党以野战法对付英国的办法，便可使暴日疲于奔命，穷于应付，永远不得安枕。我国只须（需）能勉持一年半载，暴敌必束手待毙。故愿否任东北沦亡，其权实在我国民之手。血战义士，效命疆场，后方同胞，更应竭其心力，予以实际的援助。除对敌之外，我们应同时用手枪炸弹对付卖国汉奸，送其狗命，双方并进，为效必大。

（原载1932年1月23日《生活》周刊第7卷第3期，署名韬奋）

读锦西义勇军绝命宣言有感

陶行知

山海关十日电称，锦西义勇军第六、七、八等大队与东北军前线下级军官合发《绝命宣言》，由红螺山专人送到榆关。该宣言末一段说：

……我军在锦西四周乱山之中，已与日人入于肉搏时期。以彼炮火之烈，以我死伤之众，皆倍蓰于打虎营、沟线诸役，而杀敌之多，亦为前此所未有。明知日军后援今已络绎合围，然我义勇军及我军残败部队，但有一线希望，决不置锦州于脑后。所望中央政府速决和战之计，各派首领，早息意气之争，如是我东北四千子弟即使于一二日内悉数就义，亦当含笑九泉，无所悔恨……

读了这篇东北四千义士血染的宣言，再不捐弃私见，共赴国难，那真是没有心肝的人了。

这四千人可以不死。如果要死的话，便是死于临阵退兵之荣臻，便是死于不抵抗之张学良，便是死于口说合作不赴国难之中央政府。他们是去殉国了，这便是他们最后之质问：

  今天说合作，

  昨天说合作。

  到底不合作，

  东北缺一角！

  东北缺一角，

  合作不合作？

  哥哥说统一，

  弟弟说统一。

  再要不统一，

  江山去半壁！

  江山去半壁，

  统一不统一？

（原载1932年1月15日《申报·自由谈》）

四 伪满洲国成立

日本关东军司令官与溥仪合影

　　日本不会以对东北的军事占领为满足,从政治上把东北从祖国分裂出去,才是它的目的。1931年9月22日,日本关东军参谋部制定的《满蒙问题解决方案》规定:要建立由日本支持,领土包括东北及蒙古,以宣统皇帝为元首的傀儡政权。从此揭开了建立伪满洲国的黑幕。

　　1931年11月8日,日本把1924年被逐出清皇宫、居住在天津日租界的末代皇帝溥仪,偷运到东北。与此同时,从1931年9月至1932年1月,日本相继建立了吉林、辽宁、黑龙江三省的伪政权。1932年2月16日,日本召开东北三省的伪省长参加的"建国会议",商讨一切"建国"事宜。17日,成立以张景惠为委员长的"东北行政委员会"。18日,宣布东北独立,与南京国民政府脱离关系。25日,日本关东军高级参谋板垣征四郎向伪东北行政委员会提出"建国"方案,规定:国名,满洲国;元首称号,执政;国旗,红蓝白黑满地黄五色旗;年号,大同;首都,长春,改称"新京"。1932年3月1日,"满洲国"政府发表《建国宣言》,宣布"满洲国"成立。9日,溥仪在长春粉墨登场,出任"执政",以后改称"皇帝",改年号为"康德"。9月15日,日本正式宣布承认伪满洲国;同日,在长春签订《日满议定书》,规定了日本在东北享有之各种特权。日本天皇随即任命武藤信义大将接任关东军司令官，兼驻"满洲国"全权大使，实际是伪满洲国的太上皇。

"满洲国"是彻头彻尾、地地道道的傀儡政权，是中国近代史上的怪胎和毒瘤，它同中国历史上的一切汉奸政权一样，遗臭万年。

日本决心承认伪国

——天津《大公报》社论

迩来综合日本公私消息，该国对于一手制造之所谓"满洲国"，已决心承认。果尔，宣布之日，即为日本对中华全体民族正式绝缘之时。日本有俗谚："如果服毒，应并其碗而吞之。"此正华谚"一不做，二不休"之意。承认"满洲国"，正可作如是观！

夫中国人脑海中，只知九一八以后，东三省迄被日本武力占领，根本不认有"满洲国"之存在。故"日本承认满洲国"云云，在中国国民视之，不特为无意识，更毋宁一种罪恶。盖此非法律上私生子之认识问题，乃是私生子与生母结婚之问题。虚伪作恶，至于此极，直令人感觉人类之堕落为可悲耳！

方九一八事变起，日本伪造华军毁路之说，以文饰其无端启衅、强占沈阳之暴行。其后军事行动，蔓延日广，惟一藉口，仅为保侨与护权，信誓旦旦，仍称撤兵。辽宁地方维持会设立之初，袁金凯（铠）等公式布告，声明："既非另组政府，亦非宣言独立。"及日军势力益盛，驱袁用臧，成立省府，于是而攻锦之事乃亟。锦州既陷，哈埠随之，日本武力，席卷三省，于是所谓"满洲国"之傀儡，乃应命而出，趋跄进退，一如卖艺之猢狲。日本志得意满之余，尽食前言。对国际则否认历次之国联决议案，谓将与满洲国直接谈判，不与国联相干；对中国则根本否认其为东北交涉之对手人，谓满洲国之事，已与中国无与。夫日本原以军事行动，硬造成非法状态，更对此非法状态，强认为合法行为。其计诚黠，其术诚巧，抑知司马昭之心，路人皆见！中国固尝屡经否认，美国亦曾正式声明；其他各国，孰不知"满洲国"即为"本庄国"之变名？今日日本纵令承认其私生之子，竟与结婚，以为"亲善之极，融为一体"之先声，其如世界不受骗何？其如中国全体民族不承认日本夺去我三千万之父兄子弟诸姑姊妹何？

彼日本所藉以宣传于世者，不外谓"民族自决主义"，造成"满洲国"。夫使事实果是如此，问题自当别论，无如我四万万人中之三千万同胞，同种族，同语言，同文化，同习俗，同思想，固绝对无与中央分离、独立建国之意念，又岂特无此意念；且于日阀强制割裂，大军高压之下，犹不惜拼生命，示反抗，以求保存中华民国主权于白山黑水之间。此等爱国志士，合三省地方，现在何止百万之众？其心存宗国，志切同仇，伺机以动者，更不知有若千万人焉！此而曰"民族自决"，则反日、抗日、排日，乃真为其自决主义之内容！独立云乎哉？建国云乎哉？凡事悖于人心，违反事理之自然性者，断不能成功。日本欲吞并东三省，则吞并之可耳；矫揉造作，适形其伪，益彰其丑，吾人所谓"为人类之堕落悲"，其言诚痛，事实确是如此。日本果竟逞情直行，发挥"服毒连碗吞"之岛国根性，则中国国民，实逼处此，惟有自其正式对我全体民族绝缘之日起，澈底觉悟，誓与周旋。而今而后，对日只有抗争，永禁妥协，盖形势至此，无可转圜，与其名存实去，固不如名实俱去，将来犹可加利收回，此国民所应猛下决心者也。

彼日本巧言如簧，用以欺骗世界者，又曰："苏俄势力，浸将东进，中国绝无自卫之力，日本苟不扶植满洲国，延长国防线，则终无以制苏俄，而世界资本主义国家，将同受其祸。"斯言也，亦似是而实非。盖苏俄是否欲有事于远东，本在不可知之数，纵曰有之，而不以中国居日俄之缓冲，乃以日本手造之满洲国，用日本武力当之，是对俄直挑战而速祸也！往岁西比利亚出兵，固取国际行动，日本更与中国有共同协定，其结果何如？由此可见利用满洲国，缓冲日与俄，其事根本不可信；而利用各国忌俄心理，以便其合并满洲，独占利权，则事实昭著，如见腑肝。谓各国将受日本之欺，吾未之敢信，而远东大局因日本扶植伪国，封锁门户，更易恶化，则吾人可为预言。然则，维持中国之东北主权，方可保全东方和平；今反其道而行，事实上今日盗掠种种权利利益以去，则岂止日俄将起正面冲突而已哉？此又爱好和平诸友邦所应深思熟虑者也。

要之，吾人以为日本决心承认伪国，即是决心与中国四万万民众结永久仇雠。推演至此，中国纵欲委曲求全，已终无可走之途径，计惟有沉着应付，内外布置，期以普法战争后之法国自勉耳。纵览历史，国运循环，强弱盛衰，权操自我，愿国人永远勿忘东北，则关外三千万父兄子弟、诸姑姊妹终有相与欢聚之日。今后和平绝望，只余斗争，努力前驱，毋用戚戚，吾人敢以悲壮之决心，与我四万万同胞共勉之！

（原载1932年7月12日天津《大公报》）

"既成事实"与直接交涉

——《晨报》社论

我驻日蒋使于十日访问日本荒木陆相，诘问今后中日亲善之道，并表示现时日本颇有主张从速承认伪国者，倘舍此以外，若有解决良法，则中国当不惜竭力从事云云。此为日本新联社所传大旨如是，究竟是否蒋使原意，无从悬揣。而荒木答复，则谓"欲解决东亚大局，殊有不拘泥过去事实，开展胸襟，以处时局之必要。盖满洲国成立，已属半年前过去事实。现时若仍囿于已成过去之事实，反难洞观大局。不如另采其他方法，以谋今后解决"。吾人于此简单问答，可以发见中日两方当局心理。第一，蒋使访问荒木表示意见，当然系南京政府训令。既为政府所指示者，何其软弱至是？夫日之承认伪国，已达最后瞬间。阁议既已正式通过，枢府亦正开始审查。所谓基本条约一经枢府可决，日皇批准，任何国联决案皆难推翻，况一中国驻使之诘问！惟荒木既已表示此乃过去事实，无考虑余地，则蒋使不论效力如何，理应据约辩驳，使彼亦知中国虽弱，决非一闻强硬之恫吓，便尔屈服。奈何蒋使于告别之际，竟允"十分考虑后，再行晤谈"！"十分考虑"，无异默认荒木所言，亦有相当理由，此岂一国使节对外国当局者所宜出此？伪国为日本傀儡，夫谁不知？日本唆使中国叛徒独立，显系破坏中国领土完整，而我蒋使未能据理力争，其影响于外人观念，必深且大。如此应付，大失国家体统。吾人但愿新联社所言，出诸讹传，否则欲哭无泪矣！第二，日本明知其行动，违反条约，故自九一八以来，力谋造成"既成事实"，用为抵抗条约之武器。建立伪国，承认伪国，皆不过在形式上完成其所谓"既成事实"，以吞并东北耳。然自三月间叛逆宣布伪组织以来，日尚未以"既成事实"正式告世界。有之，其自蒋使荒木谈话始。荒木劝我国对于"既成事实"，不必拘泥。如欲更新中日亲善之道，可采其他方法。荒木之言，可以代表军部，而军部即为今日日本政治之原动力。是日本之欲以"既成事实"四字，打破一切条约，已赤裸裸表示。夫承认伪国，无异日本宣言永远敌对中国。不特中日亲善成为历史的名词，且恐引起莫大惨祸。吾人于此可知日本何以必于国联调查团报告书到达日内瓦之前，承认伪国；又可知日本于承认伪国之后，必具莫大决心矣。此次临时议会，某议员曾以兹事质问内田，内田答谓"帝国政府已具有五十三对一之决心"。所谓五十三对一者，即国联大会时五十四国列席，日本不惜以一国反抗五十三国也。昨年十一月国联理事会会议，日本以一对十三，反对决议案，至今日人尚自赞不已。吾人在此局势之下，尚能与谈亲善耶？

荒木所谓宜采其他方法，以谋中日亲善，惜未闻其具体方案。但据南中所传有吉新使所携来之方案，则大要如下：一、承认伪国，中日两国对伪国相约不加干涉。二、中国政府得在满洲保有相当经济利权，如关税之类，由中国与伪国共同分配。三、伪国应允中日两国移民东北，并由伪国发还九一八事件以后东北要人在满之私产。是荒木所谓其他办法，当不外是。盖有吉新使所携方案，即日本政府所决定者，而荒木为阁员之一，且为左右内阁政策之动力，则认为荒木方案，亦非过言。如此方案，无异使中国出卖东北。中国之不能承认叛逆独立，犹日本之不承认北海道或冲绳县独立，同一理由。今若以此为中日亲善之前提，是何异既批其颊，复令其叩头谢罪乎？至谓中日两国相约不干涉伪国，未免欺人太甚。长春乃东京支店，大权皆在日本掌握。谓日本不干涉伪国，等于谓日本不干涉日本政府，宁非天下之大滑稽？均分关税，亦何异盗劫人物，以一部交还事主，令事主告警察曰："此为吾所赠与者，请勿以盗视之！"交还东北要人私产，更无价值，无待反驳。有吉新使所携方案信如是，则非图中日亲善，乃促中日敌对而已。内田自负颇强，而世亦以老外交家称之，惟观其步骤，有类自掘坟墓，而有吉方案，质同儿戏。有吉此来既自夸"赤手空拳而去，必携礼物而归"，则必用种种方法，以打动我政府心弦，自在意中。而所谓增进中日亲善方法，取缔排斥日货，亦必为题中应有之文。或许抄袭民六至民十三之旧文，亦未可知。要在我政府抱定决心，勿为所惑是耳。

日本于瞬将承认伪国之际，又极力捏造调查团报告书结论，淆惑观听。不曰有利于日本，便曰调查团认为东北绝对不能恢复九一八以前原状。甚且杜撰结论内容，播之内外。详见外电，无待赘述。据吾人所知，报告书内容，绝对秘密。日本参议员吉田等百方刺探，卒未得知。国联秘书处深恐世人误中日本宣传作用，特加正式否认，其言之最可重视者，曰："黎顿报告起草结论时，极为秘密。即日内瓦方面，亦未悉其结论之性质。东京方面有意义之臆测，与黎顿在东京向内田作调解交涉失败一事不合。"只此寥寥数语，可将日本所散布之疑云，扫荡无余矣。由此又可窥见日本卑劣宣传作用，无微不至。伪宣传终不能掩蔽真事实，此日本所应觉悟者也。

（原载 1932 年 9 月 12 日《晨报》）

五 长城抗战

中国第二十九军在长城罗文峪布防

从占领东北到占领华北,是日本帝国主义侵华的既定国策;占领热河,是日本夺取华北的首要步骤。日本在制造伪满洲的同时,即大造热河是满洲国国土的舆论,并任命汤玉麟为热河省政府主席。至此,进攻关内,已是箭在弦上。

1933年1月1日,日本驻山海关部队,循以往之贼喊捉贼惯技,指使其宪兵向自己的守备队掷手榴弹、鸣枪,诬中国军队进攻日军,向中方提出中国军队撤出山海关南门的无理要求,遭中方拒绝后,向山海关中国守军发起进攻。

中国守军东北军何柱国旅,奋起反抗,但不敌占优势之日军。1月3日,山海关和临榆县城失守。

2月23日,日伪军10万之众,开始进攻热河;3月4日,热河省会承德沦陷;9日,热河全境被日军占领。日军随即将战火引向长城各口。此时蒋介石的方针是一面抵抗,一面交涉。他惟恐北平沦陷,将北平故宫古物,急忙装箱南运。热河战事紧急时,他却在江西指挥30万大军,向苏区红军发起第4次围攻。接替辞职下野的张学良任北平军分会委员长的何应钦,一面在长城布防,一面也随时准备妥协。

3月9日,长城抗战全面展开,中国守军王以哲部、万福麟部、何柱国部、商震部、宋哲元部、徐延瑶部等,在古北口、喜峰口、罗文峪、冷口、界岭口、义院口等长城要隘,与日军激战,英勇悲壮。如喜峰口之役,第二十九军组织著名的大刀队,与敌短兵相接,白刃格斗,夺回喜峰口。长城抗战的形势,也一度处于相持状态。

但日军装备精良,我军从整体上难以阻挡其进攻。3月27日,日军主力越过长城,向滦东地区进攻,4月17日全部占领滦东地区。从4月20日起,敌我在南天门地区激战,5月8日,日军下达进攻关内的命令。5月9日至22日日军相继占领京东的抚宁、迁安、丰润、遵化、滦县、玉田、平谷、蓟县、三河。24日，日军逼近通县、顺义，对北平构成三面包围之势。

此时，日本帝国主义惟恐太损害英美列强的利益，一时对占领平津有所顾忌，遂提出与中方举行谈判。国民政府全部接受了日方提出的条件，于5月31日签署了丧权辱国的《塘沽协定》。按照这个协定，国民政府已在事实上承认日本占领东三省和热河省的"合法"性，并把冀东、察北的大片国土拱手让给日本，使华北门户洞开。

英勇的长城抗战，极大地激荡着中国人民的爱国热情，人们歌颂长城抗战的英烈们，谴责蒋介石政府的无能、胆怯和执意反共。

日军又在山海关寻衅

——天津《大公报》社论

日军终必攻热与夫攻热之必牵动平津，数日以来，吾人申论，何止十次。今距去年十二月八日炮击榆关，不满一月，又以元旦之夕，在山海关寻衅！吾人固言日阀好战成性，侵略发狂，只问其准备已否充分，更何恤公法之违反，又何顾国联之干涉，即其国家本身之利害、侨华商民之苦痛，复何尝有些须（许）置念？吾人又恒言：日阀主旨在于中日同毁同尽。今观一月中间，榆关两次挑战，足知彼军自将北满义军各个击破以后，已认为统一满洲、肃清反抗，不成问题，遂欲举榆关之烽火，用为进扰平津之先声，遥作攻热之应援，牵制华军之自卫，此皆预定步骤，时时可以发难。故昨日榆关警报，绝对在吾人意料之中，不值惊诧，所当问者，吾国上下今后果如何应付而已？

按山海关地面，自九一八以还，日本人久认为"六不管"所在。良以在该地有权力而均不能充分行使者，计有第九旅，临榆县政府，临榆公安局，日本驻屯军，日本宪兵队，"满洲国国境警察"，等等，早已不成其为中国统治区域。何柱国氏驻军其间，职司警备，然而政府无整个的方针，地方处复杂的环境，周旋应付，视决死疆场，尤为困难。日本于此，亦初非有所顾忌，只以南满北满，驰逐方殷，无暇兼及，姑予委蛇，冀成瓯脱，今热河进攻，方略已定，榆关寻衅，遂趋积极。上月八日，日铁甲车突到石河，开炮三十八发之多，石河桥梁几被炸毁，其藉辞曰：城内华军助义勇军对之射击也。此次铁甲车进犯，闻有八辆，石河桥梁，传已被炸，其为蓄意挑衅，事极显然，且闻三数日前，驻平日方要人，已向我当局要求撤退某处驻军，而其军部更公然声言，将对我华北军事当局警告，课其个人责任。由此判断，彼欲挑战，则任何口实，胥可硬造，即如昨晚日方宣传，前晚之事，系因日本宪兵部发现炸弹而引起。其实驻榆华军，忍耐避事，历有证明，负责当局，几至负谤获谴，何至对日军有挑衅之举。矧山海关久为日韩浪人莠民丛集之地，预伏炸弹，乘机寻事，更为习见。而一日上午，日本宪兵，即已通知日侨，仓皇迁避，更为准备大举军事行动之表示，其堪重视，又在历次尝试挑战之上，事机已迫，无可苟免。吾人故曰：所当问者，吾国上下今后果如何应付而已？

不特此也，日本陆相荒木贞夫于元旦之日发表一文，申述感想，中有言曰："乾坤一新，无限之希望与高远之理想齐耀之昭和八年癸酉之岁，于兹肇始。恰好支干之酉配以月次，则为五月，乃草木生成最畅茂之期也。酉，以方位，则当西方，正指顾大陆也，且西之一字，寓有'万物成就时也'之意，意义深远（意指大陆政策必能完成之意——记者按），昭和八年之前程，征象皇国之飞跃之一灵兆，已炳然闪烁矣。由此观之，今年正恢弘皇谟之瑞兆辉耀时也。"国人读此，当作何感想？又驻津日本司令官中村中将昨亦有"告同胞"一文，中有一节，论及各国，尤堪注意，其大意曰："试问世界任何国家，对于帝国之正义之国是，孰能否定之耶？但今日列国之间，尚多不谅解帝国之真意，徒局促于偏狭之自己姑息，眼界为妖云所迷眩，盲目的（地）曲解帝国之行动。其中亦有已了解帝国之精神，不过为自图利害打算，反使大局受甚大损失，如此狂妄，实属可哀。即口头上高唱世界和平，实际与和平相背驰而行，甚至加以破坏，又或为保持自己势力，牺牲自国民之福祉，使之陷于死灭而不顾惜。又或图一时之安逸，而忘国家之永久溃灭，言之令人喷饭，帝国为一扫此等误谬，纠正此等错误，彻底的（地）惩膺对于和平之暴敌，使之绝灭，以求真之世界和平及人类幸福，实为目前当务之急。吾人抱定此旨，无论如何艰难，有如何障碍，必击破突进，以发挥此强固之信念及努力也。"国人读此，更当作何感想？夫日军进逼之事实如彼，日本负责军人发表之抱负如此。试问我国上下，尤其华北军民，立在背水之阵，岂复尚有丝毫苟安旦夕之希望、精神弛懈之余地？吾人请正告我有血气有知觉之华北军人曰：抵抗到底，一雪"不抵抗"之耻！更请正告我爱国家民族之华北民众曰：忍耐奋斗，为国家民族争人格，为吾子若孙留生路！义利认明，身心泰然，岂特彼军榆关挑衅不足畏，纵令战事扩大延长，要不过贯彻中日同毁同尽之主义，相与偕亡而已，复何惧哉？

（原载1933年1月3日天津《大公报》）

喜峰口的英雄

——天津《盖世报》社论

  法国人忘不了凡尔登（Verdun）的英雄。中国人永世万代亦不应忘记喜峰口的英雄。一九一六年的时候，德国兴登堡将军已经战败了俄罗斯的军队，塞尔维亚国的武力亦算是消灭了。这时候的欧战，可算东线无战事。德国军事计划，将东线兵力全部配置西线。德国在西线的人力及军实，这时候真是不计其数。德国的统将在这方面是皇太子维廉。大约是一九一六年的春天，德军开始他们的凡尔登总攻击。德国人的目的是冲破凡尔登，直抵巴黎。这次法国的守将是柏端，他的命令是："他们不准过去！"从二月打到七月，德国死伤的士兵在三十万左右。结果，德国人毕竟没有过去。从此以后，德国人佩服柏端大将，德国人亦佩服凡尔登的一班法国守土将士。如今法国人谁又忘得了凡尔登的英雄？

  做凡尔登的英雄容易，做喜峰口的英雄难。今日日本的陆军，不在当年德意志陆军之下。中国今日的陆军，用什么去和法兰西的陆军比拟？一九一六年德国人攻凡尔登，飞机坦克车还是新兴萌芽的武器。今日日本进攻喜峰口，飞机坦克车是通常的器械。法国守凡尔登的一班英雄，他们所用的器械，纵不在德意志之上，与德意志的器械亦可相提并论。我们喜峰口的英雄，是光着脚，露着头，使着中国古代的大刀。最不可忘记的，是去接替败退了的防线。敌人已登了高山，取了大岭，占据了好的地势。我们的英雄，用跑步赶上前去上阵。这绝非凡尔登英雄们所梦想得到的环境。

  我们的英雄赶上喜峰口去的时候，所得的命令是什么，我们不知道。大概不是"他们不准过去"，因为敌人已过了喜峰口了。他们的命令，大概是"砍上前去"。一声"砍"起，我们的英雄，抢回了山，夺回了岭，收回了喜峰口，俘虏了几千个日本人，收到了几千支日本枪，捉住了许多辆日本坦克车，抬回来许多架日本过山炮。这个故事，岂不比凡尔登的故事还威武，还壮烈，还光荣，还灿烂？中国人永世万代应不忘喜峰口的英雄。

  宋哲元将军领导的一班英雄，在喜峰口那几次战事，在今日中国有绝大的意义。日本兵七日之内，占据了六十万方里的土地。由开鲁而赤峰，由北票而凌源，最后以一百二十余人占据承德，中国人不只武力上打了个大败仗，全国四万万人精神上亦打了个大败仗。中国人不只失了领土，中国人实在抛了脸面，失了人格。喜峰口这几次胜仗，我们叨这班英雄们的光，又抬得起头来了。十九路军淞沪一仗，使世界认识了中国人；喜峰口的几仗，使我们中国人还可做人。

  热河弃守以后，华北军事前最高长官张学良辞职休养，飞到沪上，他公开告诉我们说："科学时代，勇敢没有用了。"喜峰口的一班英雄，背着刀，站在夺获的大炮坦克车旁边，以事实证明给张副委员长，科学时代，勇气依然有用处；科学时代，勇气大有用处。有科学的器械而无勇气，可打败仗；有勇气而无科学的器械，可打胜仗，毕竟人的质较器械的质要紧。求中国的不灭亡、中国人质的改善，比科学的进步更要紧。喜峰口一班英雄供给我们这个证据，功德无量。

喜峰口这几次胜仗，还有一个很大的意义。在此以前，许多领袖们，文的领袖们，武的领袖们，都要我们相信，中国目前要想反攻日本、收复失地，是件绝对不可能的事。喜峰口一班英雄，又证明这个不可能实为可能。宋哲元将军的军队可打胜仗。国中其余几百万兵，其余几百个军长师长，倘都像喜峰口一班英雄们一样尽忠救国，他们都可打胜仗。喜峰口几次胜仗，又证明收复失地，不是能不能做的问题，是肯不肯做的问题；不是有没有科学器械的问题，是有没有忠勇的问题。后世史家，论断今日国事，谁功谁罪，又有一个确切可靠的参考材料。

喜峰口几次胜仗，有这样重大的意义。中国人的确不要忘了喜峰口的英雄。不过今日只限于不忘，是不够的。凡尔登的战事，从二月打到七月，整整过了五个月。喜峰口的战事迁延到什么时候，我们还不知道。我们敬佩喜峰口一班英雄，因此我们谨以至诚，代他们呼吁两事：（一）国民对喜峰口的慰劳救济，应积极进行。因热战失败，国民各后援团体，稍有气馁的现象。我们此日应受喜峰口英雄们的感动，重兴振作，对慰劳救济工作，加倍努力。（二）政府对喜峰口的增兵添援，亦应切实进行，蒋委员长既已一再宣言对外抵抗到底，则前方军事，自有整个计划。此点固不用我们多事过虑，借箸代筹。惟在运输交通不便利的国家，应援稍有疏忽，军事即成延误。不幸使疲劳之师，孤军当敌，敌人对喜峰口军队，得徐图报复，此则非偿功报德之道。凡此二点，愿国民与政府急起图之。

（原载1933年3月19日天津《益世报》）

苏维埃中央政府为国民党出卖平津宣言

（1933年5月30日）

全国的民众们！

满洲、热河、上海在以蒋介石为罪魁的国民党南京政府的手下断送之后，现在平津与察哈尔又被这些帝国主义的走狗出卖了。以撤退平津一切武装队伍，让出平津给日本帝国主义为"和平谈判"的先决条件，已经由国民党南京政府完全实现了。所谓"和平谈判"的内容是：（一）华军撤退至平津以南，划长城以南为缓冲地带（即所谓"中立区域"）。

(二)华方承认"满洲国"与"蒙古国"。(三)制止义勇军的一切活动及反满洲国力量的发展,相机解除义勇军及一切抗日军队的武装。(四)华方保证停止一切反日运动。

"和平谈判"已经成功。在北京城内日帝国主义的代表们,中国卖国的能手黄郛、何应钦之流以及英帝国主义的调停人蓝溥生,正在他们的欢宴中庆祝他们的胜利。在北京城外,在满洲、热河,在察哈尔,在平津一带,日本帝国主义者正在继续着用他们的大炮飞机轰炸与屠杀抗日的义勇军、革命的士兵与千千万万和平的居民,来造成日本帝国主义统治下殖民地奴隶们的"和平与秩序"。

全中国的民众们!满蒙与平津是为地主资产阶级的国民党最后出卖了。这就是国民党的"长期抵抗"的内容,这就是国民党"一面抵抗,一面交涉"的实质,这就是国民党中央的"已定方针"。万恶的以蒋介石为罪魁的国民党,这样无耻的(地)、这样大胆的(地)把数千万方里、数千万人口的整个满蒙与平津奉送给了日本帝国主义。而且还在准备以西藏、西康、新疆等广大的区域酬劳英帝国主义者调停的功绩!

全中国的民众们!我们是中国民族的主人翁,我们绝对不容许日本帝国主义与一切帝国主义侵掠我们的一寸土地,不容许帝国主义的走狗国民党这样无耻的(地)大胆的(地)出卖中国!我们必须一致团结起来,武装起来,扩大民族革命战争,以四万万民众的力量,来打倒帝国主义与帝国主义的走狗国民党军阀,首先是蒋介石为罪魁的国民党南京政府。只有全中国民众的血的战斗,才能收复我们已失的土地,取得中国民族的独立解放与领土的完整!

中华苏维埃共和国中央政府与革命军事委员会曾经一再向进攻全中国苏维埃区域的武装部队提议在下列三个条件之下,订立作战的战斗协定,来反对日本帝国主义的侵掠。(一)立即停止进攻苏维埃区域。(二)立即保证民众的民主权利。(三)立即武装民众,创立武装的义勇军,以保卫中国及争取中国的独立统一与领土的完整。

但是国民党对于苏维埃政府这一号召的回答,是对于日本帝国主义新的投降与出卖,强迫东北抗日的士兵向后撤退,解除东北义勇军的武装,压迫全中国民众一切反日反帝的运动,组织新的力量,向我们苏维埃区域进攻,并且增派大批的飞机来轰炸苏维埃区域内的劳苦民众与和平居民。

现在每一个工人、每一个农民、每一个士兵、每一个学生以及每一个革命者都会亲眼看到谁是卖国贼,谁是帝国主义的走狗!不打倒国民党,中国只有灭亡,中国民族将永远沦为帝国主义的奴隶!

中华苏维埃共和国中央政府号召全中国的民众、东北义勇军、东北抗日的士兵、全中国革命的学生、知识分子、自由职业家,以及一切革命者一致团结起来,武装起来,不顾帝国主义巡捕与国民党军警的一切压迫与屠杀,为反对日本帝国主义侵略中国,为反对国民党政府出卖中国,为争取中国民族的解放而战斗。中华苏维埃共和国中央政府正在完全粉碎帝国主义与国民党对于苏维埃区域的四次围攻的血战中,建立广大的革命根据地,创立一百万铁的工农红军,准备会师长江同日本与一切帝国主义直接作战。中华苏维埃共和国中央政府与他的工农红军在长期的反帝国主义与反国民党的战斗中,已经证明给全中国的民众看,只有他是反帝国主义反国民党的民众自己的政权,只有他能够领导全中国民众去打倒日本帝国主义与一切帝国主义,打倒出卖中国的蒋介石的国民党南京政府以及一切国民党的卖国军阀。

全中国的民众们!团结起来,武装起来,同中华苏维埃共和国中央政府在一起,扩大民族革命战争,为收复东北失地,为保卫中国,为争取中国民族的彻底解放而斗争。

中华苏维埃共和国临时政府主　席　毛泽东

副主席　项　英　张国焘

五月三十日

(原载 1933 年 6 月 4 日《红色中华》)

六 如此抗战政府

1936年3月鲁迅在住所门前
（1933—1934年，鲁迅以各种笔名在《申报·自由谈》上发表了一百三十多篇批评国民党政府的不抵抗主义及种种丑恶的社会现象的文章）

邹韬奋为抗日救国主编报刊

东北三省和长城内外大好河山的迅速沦陷，固然与日本帝国主义的强大、周密准备、不宣而战、突然袭击等有直接关系，但其根本原因，还是蒋介石国民政府的绝对不抵抗主义。我们且看历史的真面目吧！

在东北，当时我军的兵力8倍于敌，如果组织坚决抵抗，东北绝不可能在短短的4个月中沦陷，但蒋介石当时根本不想抵抗。1931年8月16日，中村事件之后，蒋介石给张学良发出铣电："无论日本军队此后如何在东北寻衅，我方应予不抵抗，力避冲突。吾兄勿逞一时之愤，置国家民族于不顾，希转饬遵照执行。"他要求张学良做中国的甘地，只奉行"不合作"的斗争方针。9月12日，蒋介石在石家庄会晤张学良，说："最近获得可靠情报，日军在东北马上要动手，我们的力量不足，不能打，我考虑只有请国际联盟主持正义，和平解决。"9月18日，事变刚一爆发，南京军委会给东北军发来电报："关东军在南满附属地自动演习，届时望吾军固守阵地，切勿妄动，以免误会，切切此令。"当时的张学良将军及其腐败将领,是切实执行了蒋的方针的。

"一·二八"事变,上海守军的英勇抵抗,实际是违令起来战斗。事变前夕,蒋介石对抗日的估计是:"若与日战,五日即可亡国。"日军攻打闸北,他下令对日"一面预备交涉,一面积极抵抗"。1月30日,国民政府宣称为了"长期抵抗",首都由南京迁往洛阳,并发表宣言,一面说要"自卫","决不以尺土寸地授人",一面又说要"运用外交方法,要求各国履行其条约上的责任",急忙训令我驻国联首席代表颜惠庆请求国联召开特别会议,对上海战事进行调处,并力劝英美出面斡旋。更为可恨的是军政部长何应钦的所作所为:当十九路军健儿力挫敌军,日军易帅之时,他致电蒋光鼐、蔡廷锴等,要他们"趁此收手,避免再与决战",其停战条件是"双方各自撤退至相当地点"。十九路军仍坚决抵抗,国民政府又以拒绝支援相逼,上海抗战一月来,除张治中第五军的两个师前往参战外,十九路军未得军政部一枪一弹的补给;欠发十九路军军饷达8个月之久、600万元之巨,十九路军依靠国内的捐献坚持战斗。江湾、庙行激战后,十九路军再次要求增援,蒋介石等仍按兵不动,有意拖延。至2月27日,才有第四十七师上官云相的两个营开到黄渡,两个团守镇江,一个团守南京,拒不去上海支援。正当此时,蒋介石却以装备精良的60个师,在江西进行"剿共"战争。

面对如此对内强硬、对外软弱的反动政府,为了挽救危亡,国内舆论、专家学者,当然会口诛笔伐,对国民政府进行无情揭露和斗争。

盛极一时的妥协空气

邹韬奋

最近报上登过一篇《三老宣言》,看了末了的署名,才知道"三老"者是马相伯、章太炎和沈信卿三位老先生。这"宣言"里有这几句话:"若阳示抵抗以息人言,阴作妥协以受敌饵,则吾人直无异于……默认日本之行动,是即为自甘宰割,自甘灭亡。"以七八十岁、八九十岁的老先生,也急得像热锅上蚂蚁似的(地)喷出这样的"迹近反动"的话(此处的"反动"似可解作反着日本动,那末"正动"就只有顺着日本动!)。此外因当此"天王圣明,臣罪当诛"的时代,"阿斗"们对于此事只得腹诽私议和皇皇(惶惶)然焦灼愤懑的情绪之弥满(漫),更可想见了。

在民众受着"指导"高呼"航空救国",忙得汗流浃背的当儿,"口外全线平静无事",而"日方空气对华暂(这个"暂"字很可注意)弃武力政策"的新闻大标题亦赫然现在我们的眼前。

这是当然的，因为在我们方面在事实上至多是"就地抵抗"，"地"已失了，既无可"就"，"抵抗"当然是"皮之不存，毛将焉附"了！在日本方面，既一步一步很顺利地把"就地抵抗"中的"地"拿去，"暂"为休息一下再来，当然也是无上妙计。最近来中国"将往访老友王儒堂"的芳泽，也说"满洲问题已告一段落，中日应速和解"，这话也有他的见地，因为他们打定了主意要把中国干掉，每"告一段落"即可"应速和解"一次，这样"一段落""一段落"的(地)干下去，"和解"到最后"段落"，便无"和解"之必要了！昨天有位朋友新从北平来，据说日人正在热河积极建造铁路和汽车路，把重要各地点的交通连（联）络灵活之后，可迅速地调动军队作战。到了那个时候，恐怕"中日应速和解"的机会更多了！我们大可等着！

驻华日使有吉明最近回日，曾拟定此后对华外交的意见书，他主张对华暂抱冷静，理由是："我（指日本）对华军事行动，正宜因热河已得，而暂（这个"暂"字也很可注意）告一段落，只守而不攻，而藉以缓和中国各省军事领袖对我之态度，则内部之争斗，亦必又见勃发，其时我再乘机而进，则目下一切不能解决的问题，亦必迎刃而解。"他又主张"运用政治手腕"，理由是："现中国当局亦颇多主张以和平态度来解决中日争端者，第以我国（指日本，下同）之军事行动未能中止，且又鉴于国人之不谅，以致终不敢贸然向我提出此项主张。如我国政府，将武力外交一变而为政治外交者，则前途胜利，当可操左券。"有吉明的话好像说得十分有把握似的，他虽号称是个"中国通"，我们当然不希望他猜得准，但要证明他猜得不准，还须看未来的事实。

（原载1933年4月8日《生活》周刊第8卷第14期，署名韬奋）

由抵抗而失败了吗？

邹韬奋

对日帝国主义侵略的抵抗，从政府当局口上的屡次宣言听来，未尝不光明正大，尤其响亮的是"长期抵抗"，"一面抵抗、一面交涉"等等的妙语。现在经过了仅仅二十个月的短时间，奉送了半个中国，日本正在事实上已稳占了东三省、热河及察哈尔，并要求黄河以北为非战区，划平津为政治区域，"双方在自然趋势之下，造成休战状态"，中国不是由抵抗而失败了吗？

不！自九一八以来，除少数并未奉命而人自为战的孤军外，中国在事实上并未抵抗，失败则有之，说是中国由抵抗而失败，实厚冤了中华民族！我们不愿说空话，尽有公开的事实做铁证。自九一八国难发生以后，抗战最激烈的要算马占山部下和十九路军，但马占山在决定抗战的前一日,还得到张学良的不抵抗的命令;十九路军在战机岌岌的前一日,还得到调防的命令。这都是报上公开过的事实(关于十九路军的事,翁照垣所著《淞沪血战回忆录》有详实的记载)。山海关之役,安德馨营长所率的全营殉难,是在不准开枪还击的命令下自动血战的;孙殿英军在赤峰的激战,是由朱子桥氏于战事临危时用个人名义跪着哀求他去的!这也都是报上公开过的事实。

最近我国当局即在口头上也很坦白的(地)有所表示。黄郛氏最近以驻平政务整理委员会委员长名义到平,声明"总不违中央意旨",一方面宣言"不妥协或求和",一方面宣言"谋一双方所共谅解之和平办法",措辞奥妙,固令人陷入五里雾中,但有句很显明而直截了当的话,那就是"和外剿共始为救时救党上策"。此处所谓"和外"什么意思,在这种情况下的"和外"是什么政策,这比"不妥协或求和"而又能"谅解"的话,明确得多了!

在事实上有更显明的"和外"表示,据《大陆报》本月十九日北平电讯,各公共团体及报馆均奉到命令,以后对日不准用"敌"字,对"满洲国"不准用"逆"字,这大概也是"和外"的苦衷吧!

据《大美晚报》本月二十日所载西南政委会致电国联及驻华九国公约签约国政府代表及苏联驻华大使,谓"西南政委会现悉左右日本政策之日本参谋本部代表已与南京军事委员会代表从事交涉解决满洲及热河之争端……其条件为:(甲)日本政府深知不能要求中国国民政府承认'满洲国',但希望中国政府能在交涉开始时即阻止能扰乱'事实上的满洲国'的安宁之一切活动;(乙)中国政府应完全担保不以抵制日货为国家政策之方法;(丙)如上列各条能予同意,则日本政府自动取消一切不平等条约……以维亚洲门罗主义之共同目的。还有一个也在交涉中的第四条件为日本政府承认给予中国政府以经济、财政、军事上及各种援助,以剿灭中国之赤匪……"西南政委会为政府的附属机关,其委员为政府的附属官吏,不应造谣,如所言果确,好像一桩买卖正在讨价放价之中,"卖"是不成问题的了!日军的不断威胁,大概是要揭(拓)更便宜的便宜货吧!在京的中央执行委员会为此事特电粤忠告,责为"轻信谣言",而自辩理由则为"连日华北战事危急,各军将士奋勇抵御"。但我们阿斗们只问事实,依各报所公开的事实,只见"连日我军撤退","奉令向后转移",甚至在战事电讯里还说"我军行军神速,故无损失",表示逃得快而不胜欣幸之意!(以上引语均见各报公开的电讯)行政院长汪精卫氏不久以前在沪发表谈话,说"我们只要问抵抗的尽力与不尽力",这一句话似乎就不很易回答的了!(写至此,见晚报赫然载着黄郛、何应钦已联电武藤请求停战!)

中华民族的出路须在坚决反帝的行动中求得——是行动,不是靠标语,也不是靠冠冕堂皇的谈话或通电。现在的政府在事实上能否领导广大民众在这方面作积极的斗争,自有事实证明，但民族的反帝运动是终要起来的，现在的失败并非由抵抗而失败，我们用不着失望。

（原载 1933 年 5 月 27 日《生活》周刊第 8 卷第 21 期，署名韬奋）

迎头经

鲁　迅

中国现代圣经——迎头经曰："我们……要迎头赶上去，不要向后跟着。"

传曰：追赶总只有向后跟着，普通是无所谓迎头追赶的。然而圣经决不会错，更不会不通，何况这个年头一切都是反常的呢。所以赶上偏偏说迎头，向后跟着，那就说不行！

现在通行的说法是"日军所至，抵抗随之"，至于收复失地与否，那么，当然"既非军事专家，详细计画，不得而知"。不错呀，"日军所至，抵抗随之"，这不是迎头赶上是什么！日军一到，迎头而"赶"：日军到沈阳，迎头赶上北平；日军到闸北，迎头赶上真茹；日军到山海关，迎头赶上塘沽；日军到承德，迎头赶上古北口……以前有过行都洛阳，现在有了陪都西安，将来还有"汉族发源地"昆仑山——西方极乐世界。至于收复失地云云，则虽非军事专家亦得而知焉，于经有之曰"不要向后跟着"也。证之已往的上海战事，每到日军退守租界的时候，就要"严饬所部切勿越界一步"。这样，所谓迎头赶上和勿向后跟，都是不但见于经典而且证诸实验的真理了。（右传之一章）。

传又曰：迎头赶和勿后跟，还有第二种的微言大义——报载热河实况曰："义军皆极勇敢，认扰乱及杀戮日军为兴奋之事……唯张作相接收义军之消息发表后，张作相既不亲往抚慰，热汤又停止供给义军汽油，运输中断，义军大都失望，甚至有认替张作相立功为无谓者。""日军既至凌源，其时张作相已不在，吾人闻讯出走，热汤扣车运物已成目击之事实，证以日军从未派飞机至承德轰炸……可知承德实为妥协之放弃。"（张慧冲君在上海东北难民救济会席上所谈）虽然据张慧冲君所说，"享名最盛之义军领袖，其忠勇之精神，未能悉如吾人之意想"，然而义军的兵士的确是极勇敢的小百姓。正因为这些小百姓不懂得圣经，所以也不知道迎头式的策略。于是小百姓自己，就自然要碰见迎头的抵抗了。热汤放弃承德之后，北平军委分会下令"固守古北口，如义军有欲入口者，即开枪迎击之"。这是说，我的"抵抗"只是随日军之所至，你要换个样子去抵抗，我就抵抗你；何况我的退后是预先约好了的，你既不肯妥协，那就只有"不要你向后跟着"而要把你"迎头赶上"梁山了。（右传之二章）。

诗云:"惶惶"大军,迎头而奔;"嗫嗫"小民,勿向后跟!赋也。

三月十四日

三月十四日这篇文章被检查员所指摘,经过改正,这才能在十九日的报上登出来了。

原文是这样的——

第三段"现在通行的说法"至"当然既",原文为"民国廿二年春×三月某日,当局谈话曰:'日军所至,抵抗随之……至收复失地及反攻承德,须视军事进展如何而定,余。'"又"不得而知"下有注云(《申报》三月十二日第三张)。

第五段"报载热河……"上有"民国廿二年春×三月"九字。

三月十九夜记

(原载1933年3月19日《申报·自由谈》,署名何家干)

战略关系

鲁 迅

首都《救国日报》上有句名言:

"浸使为战略关系,须暂时放弃北平,以便引敌深入……应严厉责成张学良,以武力制止反对运动,虽流血亦所不辞。"(见《上海日报》二月九日转载)

虽流血亦所不辞!勇敢哉战略大家也!

血的确流过不少,正在流的更不少,将要流的还不知道有多多少少。这都是反对运动者的血。为着什么?为着战略关系。

战略家在去年上海打仗的时候,曾经说:"为战略关系,退守第二道防线。"这样就退兵;过了两天又说,为战略关系,"如日军不向我军射击,则我军不得开枪,着士兵一体遵照",这样就停战。此后,"第二道防线"消失,上海和议开始,谈判,签字,完结。那时候,大概为着战略关系也曾经见过血。这是军机大事,小民不得而知,——至于亲自流过血的虽然知道,他们又已经没有了舌头。究竟那时候的敌人为什么没有"被诱深入"?

现在我们知道了,那次敌人所以没有"被诱深入"者,决(绝)不是当时战略家的手段太不高明,也不是完全由于反对运动者的血流得"太少",而另外还有个原因:原来英国从中调停——暗地里和日本有了谅解,说是日本呀,你们的军队暂时退出上海,我们英国更进一步来帮你的忙,使满洲国不至于被国联否认,——这就是现在国联的什么什么草案,什么什么委员的态度。这其实是说,你不要在这里深入,——这里是有赃大家分,——你先到北方去深入再说。深入还是要深入，不过地点暂时不同。

因此，"诱敌深入北平"的战略目前就需要了。流血自然又要多流几次。

其实，现在一切准备停当，行都陪都色色俱全，文化古物和大学生，也已经各自乔迁。无论是黄面孔、白面孔，新大陆、旧大陆的敌人，无论这些敌人要深入到什么地方，都请深入罢。至于怕有什么反对运动，那我们的战略家："虽流血亦所不辞！"放心，放心。

二月九日

（原载 1933 年 2 月 13 日《申报·自由谈》，署名何家干）

"有名无实"的反驳

鲁　迅

新近的《战区见闻记》有这么一段记载：

"记者适遇一排长，甫由前线调防于此，彼云，我军前在石门寨、海阳镇、秦皇岛、牛头关、柳江等处所做阵地及掩蔽部……花洋三四十万元，木材重价尚不在内……艰难缔造，原期死守，不期冷口失陷，一令传出，即行后退，血汗金钱所合并成立之阵地，多未重用，弃若敝屣，至堪痛心；不抵抗将军下台，上峰易人，我士兵莫不额手相庆……结果心与愿背。不幸生为中国人！尤不幸生为有名无实之抗日军人！"（五月十七日《申报》特约通信）

这排长的天真，正好证明未经"教训"的愚劣人民，不足与言政治。第一，他以为不抵抗将军下台，"不抵抗"就一定跟着下台了。这是不懂逻辑：将军是一个人，而不抵抗是一种主义，人可以下台，主义却可以仍旧留在台上的。第二，他以为花了三四十万大洋建筑了防御工程，就一定要死守的了（总算还好，他没有想到进攻）。这是不懂策略：防御工程原是建筑给老百姓看看的，并不是教你死守的阵地，真正的策略却是"诱敌深入"。第三，他虽然奉令后退，却敢于"痛心"。这是不懂哲学：他的心非得治一治不可！第四，他"额手称庆"，实在高兴得太快了。这是不懂命理：中国人生成是苦命的。如此痴呆的排长，难怪他连叫两个"不幸"，居然自己承认"是有名无实之抗日军人"。其实究竟是谁"有名无实"他是始终没有懂得的。

至于比排长更下等的小兵，那不用说，他们只会"打开天窗说亮话，咱们弟兄，处于今日局势，若非对外，鲜有不哗变者"（同上通讯）。这还成话么？古人说："无敌国外患者，国恒亡。"以前我总不大懂得这是什么意义：既然连敌国都没有了，我们的国还会亡给谁呢？现在照这兵士的话就明白了，国是可以亡给"哗变者"的。

结论：要不亡国，必须多找些"敌国外患"来，更必须多多"教训"那些痛心的愚劣人民，使他们变成"有名有实"。

五月十八日

（本文作于1933年，选自《鲁迅全集》，人民文学出版社1973年版）

我所爱之国

沈钧儒

（1935年10月6日）

一九三五年废历重九日，杭州归车中作。时为《新生》案件宣判之第五日。

（一）

我欲入山兮虎豹多，

我欲入海兮波涛深。

呜呼嘻兮！

我所爱之国兮，

你到那（哪）里去了？

我要去追寻。

（二）

国之为物兮，

听之无声，

扣之无形，

不属于一人之身兮，

而系于万民之心。

呜呼嘻兮！

我所爱之国兮，

求此心于何从兮，

我泪淋浪其难禁。

（选自沈钧儒《寥寥集》，生活·读书·新知三联书店1978年版）

七　中国共产党号召建立抗日民族统一战线

瓦窑堡会议旧址

"九一八"事变后，中国共产党坚决捍卫祖国和人民的利益，发表了一系列号召立即奋起抗战的宣言和决议。9月20日，发表了《中国共产党为日本帝国主义强暴占领东三省事件宣言》。

30日，中共中央发表了《中国共产党关于日本帝国主义强占东三省第二次宣言》。1932年"一·二八"事变后，中共中央和工农民主政府接连发表了《中央关于一·二八事变的决议》、《中华苏维埃共和国临时中央政府宣布对日战争宣言》、《中华苏维埃共和国临时中央政府为对日宣战告全世界无产阶级及被压迫民族通电》等。这些宣言和决议，首先揭露日本帝国主义侵占东北的阴谋，是"早已预定的计划"，其目的是掠夺中国，进而把中国变为它的殖民地；批判蒋介石国民政府的"逆来顺受"、"镇静外交"；明确指出，国际联盟不过是帝国主义压迫弱小民族的工具，根本不能主持什么"公道"、"正义"；惟一的救国办法，是全国人民自己武装起来，与日本帝国主义作拼死斗争。

从1933年起，为揭破蒋介石的"红军扰乱后方"、"抗日必先剿共"等恶意宣传，中国共产党高举"停止内战、团结御侮"的旗帜，号召建立抗日民族统一战线。在这个斗争中，中国共产党逐步克服了"左"的关门主义，最后完善了党的政治路线和策略路线。1933年1月，中共驻共产国际代表团，首先向国内送来了在三个条件下，愿同全国各军队共同抗日的著名宣言。1934年4月，中共驻共产国际代表团又拟定了《中国人民对日作战基本纲领》。这个纲领，后来以宋庆龄、何香凝等的名义公开发表，改题为《中华人民对日作战基本纲领》。1935年7月，共产国际在莫斯科召开七大，出席会议的中央代表团，在斯大林的帮助下，拟定了著名的《为抗日救国告全体同胞书》（简称《八一宣言》），这个文件于1935年10月1日首先在巴黎出版的《救国报》（后改为《救国时报》）公开发表。当时中央正在长征途中，共产国际七大一闭幕，中共驻共产国际代表团立即派张浩、阎红彦、刘长胜等从不同途径回国，传达《八一宣言》的精神。他们于1935年11月下旬相继抵达陕北瓦窑堡，与刚抵达陕北的党中央会合。中共中央在这个文件的指导下，于1935年12月召开了著名的瓦窑堡会议，制定了党的建立抗日民族统一战线总策略。

我对于联合战线的认识

陶行知

中国已经到了生死关头，只有抵抗，才能救国；要想抵抗，必须发动整个民族的人力、财力、智力、物力，叫他们一起联合起来才能保证胜利。

联合战线不是一块空招牌。我们要在战斗上联，才是真的联。联而不战和战而不联，都不能克服我们的敌人。

联合战线要认清日本帝国主义是我们当前最大的敌人。我们要针对着这个大敌人作战。我们为着要和这个大敌人拼命作战，才需要联合战线。

道同志合的人，是早已联起来了，不大用的（得）着联合战线的口号。这个口号的作用是要叫素有仇恨或政见不同的集团，彼此宽容，拿笔杆枪杆对付一个共同的大敌人。这种宽容是民族生存的救生圈。

现在可以与日本帝国主义拼命的战斗力是有三个大集团：一是中央政府直辖的军队，二是西南的军队，三是红军。这些年来，这三种力量是互相抵消了。倘使这三种集团战斗力联合起来一致对外，再加上开放民众救国的力量，是必定能够粉碎敌人的侵略政策。联合战线是要转变内战自杀的力量而为抗日救国的力量。

有些人不知不觉的（地）是有包办救国的意思。他们把战场上的门关了起来。联合战线是要把战场的门打开，使得不愿做亡国奴的人，都能得到机会与民族的大敌人作战。

有些人是把这大开门主义误解了。他们好（有）一比是叫我们把家门打开，使得大家可以一起同居。这真是使不得。我相信我们整个民族都情愿在民族的战场上共同作战，但是要勉强一个个的人都同居起来，那是谁也不情愿的。联合战线可以把全村的人号召去打强盗，但不能叫全村的人住在一个屋子里结起婚来。

联合战线的目的是要减少敌人的数目,把它减之又减,减到一个大敌人;要增加我们的队伍,要加之又加,加到全国四万万五千万人都变成民族解放的斗士。

我们好比是一只大海船,开在大海中心。平常一帆顺风的时候,彼此吵吵嘴打打架,是不算什么。但当海盗来的时候,必定要立刻停止一切纷争,共同来把海盗肃清再说。联合战线是中国救亡惟一的政策。

一切不愿做亡国奴的,要丢掉私怨联合起来争取民族的生命。

(原载1936年8月1日《生活教育》第3卷第11期)

纪念"九一八"和建立抗日联合政府

泊 生

转瞬间又是"九一八"周年纪念了。自五年前的"九一八"那天夜晚起到现在,我们的国土,差不多由四百卅余万平方哩(疑为里)缩小剩下到三百卅余万平方哩;我们的人口,差不多由四万(万万)六千万剩下三万(万万)五千万。回想起来,谁不毛发悚然?哪一个能不痛心疾首?除了极少数的汉奸卖国求荣及在娇妻、魔爪之前自称民族英雄者外,谁不想起来救国?

现在再不是空谈的时候了,我们第一防线绥东正在敌人的大举进攻之下,华南要隘福建亦在敌人的控制之下,全国都在敌人的要挟之下。只此以往,福建、华北如全部被敌人掠夺去了,尽管你的堪察加国防建筑如何巩固也会不攻自破,要想收复失地也就比登天更要难了。华北能否确保?华北能否收复?对我全民族是有决定意义的。

我们际此生死存亡之秋,怎样去纪念"九一八"?这是一个实际问题。我们当前的任务,首须要求当局立即停止一切内战,无论是"剿"或"讨伐",我们都必须请求当局停止;如请求不成,我们应以人民的力量争取其实现。

第二个最主要的任务,要加紧团结一切不愿当亡国奴的人民,无论他是工农士兵,无论他是何党何派或侨胞,我们都应当把他们团结起来,组织起来,还要给他们以训练和教养。还有中国境内的一切被压迫民族,以及以平等待我们的真正友邦,我们都须和他们一致联络起来。必须要这样,方可以战胜敌人万重的侵略,突破我们所身受的万重压迫。必须要这样做去,方可建立起多数人的统一战线,成立起来多数人的抗日政府和军队。

有了这多数人的抗日政府(少数的汉奸应当除外,别具野心不愿参加者,也请滚开),方可救灾治水,安定民生;废除苛捐杂税,整理财政金融,发展工农商业;加薪加响(饷),

改良工农兵学各界生活；实行民主自由，释放一切政治犯；实行免费教育，安置失业青年；实行中国境内多民族一律平等政策；动员全国军队收复失地。

有了多数人拥护并参加的抗日军队，才会实行抗敌命令，执行多数人的意志，驱逐敌人出境，收复东北，以雪"九一八"国耻。

我们向着这条统一战线，为确立这抗日的政府和军政的工作而努力，就是纪念"九一八"的重大任务。而为了这一任务之完成，请求并推动当局立即停止一切内战，抵抗敌人的侵略，更是我们纪念"九一八"的当前的责任。

（原载1936年9月13日《救亡情报》第18期）

言论自由与联合战线

邹韬奋

民族联合战线是不论党派，不论信仰，不论职业，不论阶级，共同联合起来对付我们民族的最大敌人，抢救垂危的中华民国。在这个抗日救国联合战线的大目标下，各人要就各方面的工作分头干去，使这个大目标融合到各方面的工作。由这样的各方面的工作配合起来，结成整个民族的一致对外的力量，达到当前这个阶段的历史使命。

我是在言论界努力，所以想把言论自由与联合战线这个问题提出来谈谈。

民族联合战线是要结合整个民族的力量来抗日救国，所以凡是不愿做亡国奴的人都应该加入，所以必须有广大的民众救国运动，在广大的民众救国运动里面，我们必须争取救国言论的自由权，这是谁也不能否认的。这里所谓言论自由，就一般的意义说，只是指民众对于政府当局要求的。这种要求在民众救国运动方面是有绝对的必要，那是不消说的。

但是关于言论，还有一方面也是我们所不可忽略的，那就是在民众里面，彼此也要互相尊重彼此的言论自由权。这句话需要相当的解释。

联合战线的唯一大目标是在抗日，这是最须（需）认清的一点。任何言论，当然不能破坏联合战线，因为破坏了联合战线，就是破坏了抗日的神圣任务。但是除不妨害这个唯一的大目标外，关于任何言论，都应给人有自由发表的权利，不该加以谩骂，加以中伤，甚至加以陷害。例如在民族联合战线的大目标下，我们只应该把救国的力量团结起来，不该拥护这一派去打倒那一派（打倒汉奸当然是例外），倘若有反对这种倾向的言论，便有人骂他是汉奸理论，这便是箝（钳）制他人的言论自由。我以为这种言论应让他有发表的自由，而有意见不同的，也应该对他作平心静气的研究，而不该以一概抹煞的态度，遽以汉奸相视。

又例如联合战线是不论党派的，不论信仰的，有些人在联合战线的旗帜下，仍不忘其宗派的方式与特殊的理论，凡是不合于他所拘守的宗派方式或特殊理论，他便不加考虑，横加诬蔑，必欲使他没有发言的余地才觉痛快。殊不知他的这种箝（钳）制他人言论自由的态度，在客观上实等于破坏联合战线，间接即为真正的汉奸卖国贼张目。这不是很可痛心的现象吗？

所以在民族联合战线的大目标下，民众不但要对政府当局要求开放言论自由，同时，即（使）在民众里面，也须在不妨碍抗日的前提之下，尊重彼此的言论自由。因为我们不要忘却联合战线是重在"联合"各方面，不是要使各方面反而对立起来。

（原载 1936 年 8 月 1 日《生活教育》第 3 卷第 11 期，署名韬奋）

八 批"攘外必先安内"论

蒋介石"攘外必先安内"政策的亲笔注脚

蒋介石在"九一八"事变中不抵抗,在"一·二八"事变和长城抗战中消极抵抗,草草收兵,匆忙订立丧权辱国的协定,有一个根本的指导思想,这就是:巩固其反动统治,是压倒一切的、最优先的任务。为此,他提出了背离时代、臭名远扬的"攘外必行安内"论。下面,我们摘录他的部分言行。

1931年6月5日,蒋介石在南京立法院发表演说,"今日中国唯一之敌人为赤匪","中央现在决以全力扑灭"。随后又发表《告全国将士书》,说"赤匪"是中国"最大祸患","中正秉命党国,督率军旅","誓集全国之力,弭此民族巨患"。

7月23日,蒋公开发表《告全国同胞书》,宣称:"惟攘外应先安内,去腐乃能防蠹……故不先消灭共匪……则不能御侮,不先削平粤逆①,完成国家之统一,则不能攘外。"

8月22日,蒋介石在南京宣称:"中国亡于帝国主义,我们虽然当亡国奴,尚可苟延残喘,若亡于共产党则纵肯为奴隶亦不可得。"

11月30日,蒋介石参加顾维钧就任国民政府外交部长的宣誓典礼,发表演说:"攘外必先安内,统一方能御侮,未有国不能统一而能取胜于外者。故今日之对外,无论用军事方式解决或用外交方式解决,皆非先求国内统一,不能为功。"

---

① 1931年5月28日,陈济棠、汪精卫、孙科、李宗仁等在广州成立国民政府,反对蒋介石专制独裁,与南京对立。

1932年6月9日，蒋介石在庐山召开"剿共"会议，部署对苏区的第四次"剿匪"，他说："我们这次'剿匪'戡乱，就是抗日御侮的初步。"接着，12月14日，他又在一次内政会议上说："攘外必须安内，是古来立国的一个信条。"

　　1933年4月10日，他在南昌部署对苏区的第五次"围剿"时又宣称："抗日必先剿匪，征诸历代兴亡，安内始能攘外。在匪未肃清前绝对不能言抗日，违者即予最严厉处罚。"

　　蒋介石在日本帝国主义大军压境、亡国灭种的危急关头，放着敌人不打，一心要消灭异己，全国同胞，无不痛心疾首，怒不可遏。何香凝向他赠罗裙一条，赋诗一首："枉自称男儿，甘受敌人气，不战送山河，万世同羞耻。吾侪妇女们，愿往沙场死，将为巾帼裳，换你征衣去。"1935年12月26日，曾参加辛亥革命的老将军续范亭，在南京孙中山陵祭奠后剖腹自戕，留下《哭陵》诗一首："谒陵我心悲，哭陵我无泪；瞻拜总理陵，寸寸肝肠碎。战死无将军，可耻此为最！觍颜事仇敌，瓦全安足贵？"舆论界向蒋介石提出："希望以对外的'镇静'工夫来对内，以对内'强硬'态度对外；以对外'涵养工夫'来对内，以对内的'勇猛精神'来对外。"著名科学家丁文江，也拿起笔来著文《假如我是蒋介石》，呼唤蒋介石停止内战，团结一切抗日力量共同御侮。鲁迅、邹韬奋的锋利杂文，更是无情地指向"攘外必先安内"的反动政策。

文章与题目

鲁　迅

　　一个题目，做来做去，文章是要做完的，如果再要出新花样，那就使人会觉得不是人话。然而只要一步一步的（地）做下去，每天又有帮闲的敲边鼓，给人们听惯了，就不但做得出，而且也行得通。

　　譬如近来最主要的题目，是"安内与攘外"罢，做的（得）也着实不少了。有说安内必先攘外的，有说安内同时攘外的，有说不攘外无以安内的，有说攘外即所以安内的，有说安内即所以攘外的，有说安内急于攘外的。

　　做到这里，文章似乎已经无可翻腾了，看起来，大约总可以算是做到了绝顶。

　　所以再要出新花样，就使人会觉得不是人话，用现在最流行的谥法来说，就是大有"汉奸"的嫌疑。为什么呢？就因为新花样的文章，只剩了"安内而不必攘外"、"不如迎外以安内"、"外就是内，本无可攘"这三种了。

　　这三种意思，做起文章来，虽然实在希奇，但事实却有的，而且不必远征晋宋，只要看看明朝就够。满洲人早在窥伺了,国内却是草菅民命,杀戮清流,做了第一种。李自成进北京了,阔人们不甘给奴子做皇帝,索性请"大清兵"来打掉他,做了第二种。至于第三种,我没有看过《清史》,不得而知,但据老例,则应说是爱新觉罗氏之先,原是轩辕黄帝第几子之苗裔,遁(唏)于朔方,厚泽深仁,遂有天下,总而言之,咱们原是一家子云。

后来的史论家,自然是力斥其非的,就是现在的名人,也正痛恨流寇。但这是后来和现在的话,当时可不然,鹰犬塞涂(途),干儿当道,魏忠贤不是活着就配享了孔庙么?他们那种办法,那时都有人来说得头头是道的。

前清末年,满人出死力以镇压革命,有"宁赠友邦,不给家奴"的口号,汉人一知道,更恨得切齿。其实汉人何尝不如此?吴三桂之请清兵入关,便是一想到自身的利害,即"人同此心"的实例了……

四月二十九日

附记:原题是《安内与攘外》

五月五日

(原载1933年5月5日《申报·自由谈》,署名何家干。后收入《伪自由书》)

颠倒的逻辑

陶行知

中国的国事是弄颠倒了。这国事的颠倒是由于逻辑之颠倒。蒋君介石说:"攘外必先安内。"孙君哲生说:"救国必先救党。"

我的见解恰恰与蒋、孙二君相反:"安内必先御外,救党必先救国。"蒋、孙二君看见这种说法,也或者要说我是把真理弄颠倒了。这个我也不必强辩,让事实自己去证明吧。

(原载1932年1月8日《申报·自由谈》)

消弭内战的唯一途径

邹韬奋

(上略)说起内战,尤其是我们全国民众所反对的。这理由原很简单明了:当我们的民族敌人对我们作这样残酷侵略的时候,我们必须用整个的民族力量和侵略者作殊死战,抢救濒于死亡线的国家,避免全国人民沦为亡国奴的惨祸;倘若在这样危急存亡的时候,再有内战的发生，使抗敌的国力减少一分，即是使侵略者的暴力增加一分；我们一向就因为国难的严重，主张停止一切内战，原因就在这里。

但是全国民众反对内战，不是盲目反对，是有着很重要的目标，这目标便是要一致对外；再讲得具体些，便是要一致发动对着民族敌人抗战。我们所以反对内战，是要避免消耗国力于对内；所以反对消耗国力于对内，是要集中国力来一致对外。而且所谓对外，不是对外作无限止的屈服投降，是要对外作殊死战，用铁血来抢救垂亡的国家，来解放被压迫被蹂躏的民族。明白了我们所以要反对内战的根本理由，便知道消弭内战的唯一途径是发动民族解放抗战的一致对外行动。在这样一致对外的行动之下，任何为私人私党争权利的内战，都必然地要为全国民众所唾弃，因此都必然地无法支持下去。倘若我们只是在口头上表示不愿有内战，只是怕内战，只是叹息痛恨于内战，而不从这个根本的途径上消弭内战，那在事实上仍然是无用的。

内战要消耗整个的国力，这是不错的，这当然是我们所要反对的。但同时我们不要忘却，我们的民族敌人得寸进尺的（地）激进侵略，今天一大块国土，明天又一大块国土，继续不断地毫不费力地拿去；一方面增加他们的作战资源和走狗汉奸，一方面也是消耗我们整个国力的毒计。在这样的形势之下，即无内战，国家也是天天在掘着自己的坟墓，天天往着死路上跑。我们反对纵任我们民族的敌人继续毁伤我们的民族生命，和反对内战之削弱对外抗战的力量，是出于同一的目的。但是我们要明白，外敌的侵略不是哀求所能阻止，本国的内战也不是空言所能消弭。消弭内战的唯一途径，是一致对我们的民族敌人抗战。

（原载1936年6月13日香港《生活时报》第7号，未署名）

由爱国救国说到误国卖国

章乃器

爱国，是不可少地要拿事实来证明的。古今中外的卖国官僚，没有一个不是高高的（地）抬出"爱国"的招牌，实行他们的"卖国"勾当。从秦桧到吴三桂、李完用，以至满清官僚、北洋军阀和伪满汉奸，在他们的"皇皇文告"中，恐怕没有一个人不自命爱国。然而，他们到底是爱国还是卖国？历史上已经给我们以无可磨灭的答复了。倘使我们只听信他们好听的鬼话，而不注意到他们所做的事实是爱国还是卖国，我们便要受了无以自解的欺骗，而上了无以自赎的大当！

屠杀前进青年，摧毁民族元气，和轻易断送国家主权和领土的人，即使满口自命爱国，事实自然已经证明他是卖国。只许自己爱国而不许大众爱国的人，即使满口自命爱国，显然也是卖国的人。爱国的人必然是要很热烈的（地）找取伴侣，必然是要使大众一致加入爱国集团的。只有卖国的人，才怕别人爱国，才怕大众爱国。爱国是不许任何人独占的，而且是不可能由少数人把持的。

爱国的人要以行动来救国，这是毫无疑义的。倘使自己没有救国的行动，甚至没有切实的救国主张，甚至刚刚相反的，而有卖国的行动和亡国的主张，而还要整天地高谈"救亡图存"，那和伪满汉奸比较起来，还有什么区别呢？倘使一面高谈"培养民力"，而一面不惜用内战的手段来消耗民力，用屠杀来消灭优秀分子，不问他自命如何救国，事实上已经证明他是促国家的灭亡。

倘使真个要救国，我们要不能牺牲一个优秀分子，更不能伤害一个勇敢的青年，更万万不能压迫任何的民众救国运动。要优秀、勇敢的觉悟分子起来组织民众、领导民众，然后国家才可能得救。倘使只凭少数人的专横，卖国是够的，而救国是万万不够的。

然而，存心卖国的人，自己不能组织民众、领导民众，却不许别人组织民众、领导民众。别人组织民众、领导民众，他就要说是要使当局为难，是捣乱，是有背景，是有野心。

如果一个当局是救国的当局，民众自己组织起来做救国运动，便只有给当局以极大的援助。他可以运用民气，运用人民的组织力量，以取到外交上的胜利，甚至取到抗敌的胜利。如果他整天地惧怕民众，惧怕民众的组织，那末，他即使不是敌人的傀儡，也必定已经是敌人的俘虏了。

救国运动既然是一种运动，自然便不是坐待做亡国奴的"镇静无为"。倘使说救国运动是一种捣乱，过去的革命便都是捣乱，而过去的革命人物便都是捣乱人物。这样，有一部分人便自己否定了自己的历史，或者出卖自己的历史了！

说救国运动是有背景的人，他自己的背景必然卖国。站在民族利益的立场，我们只要问那个运动是不是救国运动，而用不着问它有没有背景。拿出红帽子来消灭救国运动，是官僚惯用的手段。一面接见汉奸自治运动中的代表，容许汉奸队伍的假造民意冒充民众；而一面拒见学生救国运动的请愿代表，屠杀学生救国运动的群众的，是毫无疑义的卖国贼，是真正戴着救国面具而有卖国背景的卖国贼。倘使这种卖国贼要说别人的救国运动有背景，他的用心就自然是不可问了。

过去外交上的妥洽路线，是便于敌人完成"以华灭华"的策略，是便于他们自己做敌人的刽子手，已经在事实上着得证明了。所谓"准备"、"补充"……一套的骗人鬼话，目下所得的结果是怎样呢？"准备"是准备好了十足十全的亡国条件，是准备好了十足十全的卖国出路。"补充"的结果毁灭了工商业，断送了货币权，耗净了金融力量，是补充完满一个国民经济的总破产。过去且不必谈，只要我们能在两个月以前下了抗敌的决心，宋哲元的八万大军还是我们的力量。而现在呢，不但不是我们的力量，而且已经成了敌人的力量。在古北口奋勇杀敌的大刀队，现在是代敌人杀戮爱国青年了！你们能有本领在两个月中间补充这八万人的力量吗？

中国的出路，只有不惜牺牲的阿比西尼亚式的出路。五百万人口的阿比西尼亚尚且能和意大利一拼，四亿五千万人口的中国为什么不能和敌人决一死战呢？如果还有人再倡那"武器万能"的汉奸理论，那不但是抹煞历史上弱国复兴和眼前意阿战争的事实，而且是忘记了自己的历史，甚至出卖了自己的历史。如果武器真是万能，同盟会如何能推翻有比较高度武器的满清政府？国民革命军更如何能消灭有比较高度武器的北洋军阀？北洋军阀幕下的官僚更何必卖身投靠做三朝元老？

中国对帝国主义的战争，初期要丧师失地，也许是不可免的。但是，失地恐怕也不会超过妥洽外交下的限度吧？而且在抗争的情形之下，因为人民参加斗争阵线，失了土地也不至于失去人心。妥洽政策下的出卖，才会在失去土地之外再出卖了人民。不守土地、不要人民的政权，怎能使人心归向它呢？

在外交路线的错误未有（被）事实证明时，我们可以很原谅地说：他们是冥顽不灵，是不识国际形势和时代环境，因而至于误国。在妥洽外交路线已经得着事实的充分证明的今日，在事实证明妥洽只有灭亡、抗战才有生路的今日，倘使依然还有人想走错路——想走亡国的错路，那我们就不能不说他是甘心卖国了！

甘心卖国的人，不但为民众所共弃，而且为国法所不容。请你们留意到你们的历史，不要身败名裂，作（做）千秋万古的罪人！

（原载1936年1月1日《知识》第3号）

九　"以夷制夷"与"以华制华"

"九一八"事变后，面对日本帝国主义气势汹汹的侵略，不少深感无力对付日本的中国人，寄厚望于国际列强，希望他们能主持公道，制止日本对中国的侵略。帝国主义之间存在着深刻矛盾，这是客观的，对此我们不能拒绝利用，但一心指望西方列强来制约日本，就肯定要吃亏。蒋介石在"九一八"事变后一心指望国联主持公道，日本以退出国联、"利益均沾"等手段，软硬兼施，迫使英美等站在日本一边，于是有李顿调查报告的出笼。蒋介石的"以夷制夷"，变成了日本的"以夷制华"；与此同时，日本更是大搞"以华制华"，如建立伪满洲国、收买汉奸败类、广招伪军进攻东北义勇军、挑动蒋介石大打内战进攻红军等等。一时间，国内舆论纷纷，告诫放弃"以夷制夷"者有之，惊呼和剖析日本"以夷制华"、"以华制华"者，更是人们议论的中心。

敌之所忌我之所利

——《救国时报》社论

"敌之所忌，我之所利"，这是中国古兵家之名言。这一原则，不只可以适用于今日的战阵，而且推运于一般的政治斗争，亦是不易的真理。日本帝国主义把握了这一真理，故无时无刻不在运用一切策略与方法以乘我之弱，毁我之长，以达到其亡我灭我之目的。用不着详细分析日寇多年来所采取侵略中国的一切阴谋巧计，只就最近发露的日本驻平武官松村的秘密报告，已是为论断之根据。我们至今未能读到这秘密报告的全文，单就电讯所传之简略内容，亦已显示日寇谋我之策划和日寇对我所忌惮的究竟何在。这一秘（密）报告中说：

"中国的官僚与军队首领仅知探求个人利益而无爱国观念，我们就可以利用这样情形，仅用言谈，不用战争，来实现我们的目的。我们可以挑拨各派军阀及各派工商业者之间的冲突，同样，我们可以利用我们所影响的中国官僚来压迫真正有爱国热情的人民，特别是他们的下级阶级。"

"必须用中国人来监督中国人，可以利用各地方派别来建立许多自治政府。"

这样简短的一段话，已经把日寇"以华灭华"的毒计，暴露得毛发毕显。日寇深知我国军队首领中及我国工商业者中有各种派别的存在，于是就用一切方法来挑拨各派别间之利害冲突，以打破我国人民之团结一致，以挑起我国各派之内战，以使我国的军队自相残杀、自相消灭。日寇深知我国的官吏和军队首领中有一部分只知个人利益而无国家观念（松村的报告是概括中国的一切官吏和军队首领而言，这是对于我国的侮蔑，当然不是事实，可是每个中国的官吏与军官，看到松村的话以后，都应当反躬自省一下），于是就采用收买、威胁、利用的手段，驱使他们来镇压广大人民的爱国运动。总而言之，日寇所忌惮的就是我国的全国团结，而日寇所利的就是我们的分裂、内战和政府对人民爱国运动的压迫。只要稍一回省这几年来的事实，真令人生无限的悲痛，日寇是很顺利的（地）实现了他这些阴谋鬼（诡）计，而我国的各方当局都是有不少的人自觉的（地）和不自觉的（地）堕入日寇的阴谋当中，做了日寇灭亡我国的工具。对于那些只知个人私利而无国家观念的自觉的日寇奸细，如政学系、安福系中的一部分官僚政客之流，我们只有号召全国人民一致起来驱逐这些国民公敌、无耻汉奸；至于不自觉的（地）中了日寇奸计的人，则我们希望他了解"敌之所忌，我之所利"的真理而发挥爱国天良，诚心悔过，以谋全国一致的团结，以抵御日寇之进攻，以挽救国家民族的危亡。

松村秘密报告中继续指出：

"中国红军具有高度的战斗精神和战斗能力，能够担负巨大困难的任务。如果其他反日势力与中国红军联合共同抵御我们，就要造成我们前进上巨大的困难，我们的经济和军事力量将尽耗于对中国的长期战争。因此我们必须用军力威胁中国的当局，而避免与红军作战，因为与红军的战争，将引起中国人民的反日怒潮。"

"日本应当坚决掌握住中国的北方与东北，特别藉此来断绝中国与苏联的联系。树立了在中国北方与东北的统治以后，然后逐步的（地）夺取中国的中部、东部和南部。但是必须运用方法达到不战而胜，因为如果中国实行坚决抗战，就会使国内一切反日力量团结起来，使国际关系复杂化，那就使我们难有胜利的把握。"

这就完全表现了日寇所忌惮的是有强大战斗精神和战斗能力的我国红军，是其他反日力量与红军的联合，是一切反日力量的团结来进行对日的抗战。这就证明了我国共产党所提倡的，实行国共和一切其他党派的合作以建立国防政府，实行由红军与南京军及其他一切军队之联合以建立抗日联军来进行对日抗战，是惟一足以战胜日寇、挽救危亡的道路。全国人民一致要求南京停止"剿共"内战，实行国共合作，是把握了这一救亡的正确道路。我们所不了解的是，何以南京至今尚无这样坚强的决心，虽然经过中共与红军无数次的要求和申明，愿意与南京及一切派别和军队联合，共同抗日，而南京在实际上仍是继续增兵"剿共"。最近胡宗南、关麟征等部队在广西问题解决以后，又调至甘肃"剿共"，便是很明显的事实。吾人决不相信在南京中毫无爱国明哲之士，这样亡国犯罪政策必为南京中一部分亲日派官僚的主张。可是我们要忠告南京中的有爱国天良的诸君，你们如果继续容忍这些亲日派进行祸国殃民的政策，则国家民族的命运将陷于不堪设想的危殆，南京国民党亦不免成为覆巢之卵,为国家民族计,为国民党前途计,都应当与全国人民一致进行坚决的斗争,反对亲日汉奸,根本改变南京政府的政策以挽救危如累卵之局面。

对于我国在国际关系上,松村报告中指出要"断绝中国与苏联的联系",最后又指出"要防止中、英、美、苏联四国的妥协"。这就说明中国与苏联的联合,中、英、美、苏联四国的妥协是日寇所深忌的。南京目前在对国际关系上,已开始脱离日寇的挟持,开始谋得英、美等国的援助。目前国际事变更明显的(地)证明了苏联是最坚决反对军事侵略国和拥护被压迫民族利益的国家(如在反对法西斯干涉西班牙事件中只有苏联仗义执言,如在国际联盟上苏联积极援助阿比西尼亚代表),所以中国必须进一步采取与苏联友好的政策,必须在外交上进行中、英、美、苏联在太平洋上集体安全的协定。这一外交政策的成功,是我们战胜日本侵略的主要保证之一。

总之,敌人之所忌,我之所利。日寇所忌的是我国的团结,我们所利的也就是全国一致抗日的团结;日寇所忌的是我国红军,是一切反日力量与红军的联合,我们所利的就是国共合作,南京军及其他一切军队与抗日红军的合作;日寇所忌的是全国人民的反日运动,我们所利的就是发展全国人民的反日运动;日寇所忌的是中国与苏联的亲善、中、英、美、苏四国的妥协,我们所利的就是联合国际上一切主张正义和与日寇冲突的国家;日寇所忌的是我们的抗战,而我们求生的惟一出路就是抗战。目前救国方针,尽在于此,全国人民应当本着这一方针奋斗到底。

(原载1936年10月20日《救国时报》)

"以夷制夷"

鲁 迅

我还记得,当去年中国有许多人,一味哭诉国联的时候,日本的报纸上往往加以讥笑,说这是中国祖传的"以夷制夷"的老手段。粗粗一看,也仿佛有些像的,但是,其实不然。那时的中国的许多人,的确将国联看作"青天大老爷",心里何尝还有一点儿"夷"字的影子。

倒相反,"青天大老爷"们却常常用着"以华制华"的方法。

例如罢,他们所深恶的反帝国主义的"犯人",他们自己倒是不做恶人的,只是松松爽爽的(地)送给华人,叫你自己去杀去。他们所痛恨的腹地的"共匪",他们自己是并不明白表示意见的,只将飞机炸弹卖给华人,叫你自己去炸去。对付下等华人的有黄帝子孙的巡捕和西崽,对付智(知)识阶级的有高等华人的学者和博士。

我们自夸了许多日子的"大刀队",好像是无法制伏的了,然而四月十五日的《××报》上,有一个用头号字印《我斩敌二百》的题目。粗粗一看,是要令人觉得胜利的,但我们再来看一看本文罢——

"(本报今日北平电)昨日喜峰口右翼,仍在滦阳城以东各地,演争夺战。敌出现大刀队千名,系新开到者,与我大刀队对抗。其刀特长,敌使用不灵活。我军挥刀砍抹,敌招架不及,连刀带臂,被我砍落者纵横满地,我军伤亡亦达二百余……"

那么,这其实是"敌斩我军二百"了,中国的文字,真是像"国步"一样,正在一天一天的(地)艰难起来。但我要指出来的却并不在此。

我要指出来的是"大刀队"乃中国人自夸已久的特长,日本人虽有击剑,大刀却非素习。现在可是"出现"了,这不必迟疑,就可决定是满洲的军队。满洲从明末以来,每年即有大量直隶山东人迁居,数代之后,成为土著,则虽是满洲军队,而大多数实为华人,也决无疑义。现在已经各用了特长的大刀,在滦东相杀起来,一面是"连刀带臂,纵横满地",一面是"伤亡亦达二百余",开演了极显著的"以华制华"的一幕了。

至于中国的所谓手段,由我看来,有是也应该说有的,但决非"以夷制夷",倒是想"以夷制华"。然而"夷"又哪有这么愚笨呢,却先来一套"以华制华"给你看。

这例子常见于中国的历史上,后来的史官为新朝作颂,称此辈的行为曰:"为王前驱!"

近来的战报是极可诧异的,如同日同报记冷口失守云:"十日以后,冷口方面之战,非常激烈,华军……顽强抵抗,故继续未曾有之大激战。"但由宫崎部队以十余兵士,作(做)成人梯,前仆后继,"卒越过长城,因此宫崎部队牺牲二十三名之多云"。越过一个险要,而日军只死了二十三人,但已云"之多",又称为"未曾有之大激战",也未免有些费解。所以大刀队之战,也许并不如我所猜测。但既经写出,就姑且留下以备一说罢。

三三年四月十日

(原载1933年4月21日《申报·自由谈》,署名何家干)

十　华北事变与冀察政务委员会

1935年11月，伪"冀东防共自治委员会"成立，汉奸殷汝耕（右）站在"长官席"上

华北五省（冀、察、绥、晋、鲁）幅员辽阔，人口7620万，在军事、政治、经济上具有重要的战略地位。日本帝国主义把中国东北看成是它的"生命线"，把华北看成是它侵略全中国和征服世界的"圣战基地"。1933年5月《塘沽协定》签订后，绥、察北、冀东广大地区已划为"非武装区"，对华北最大城市北平，已构成三面包围之势。日本帝国主义的下一步侵略，就是占领华北，建立第二个"满洲国"。在这个过程中，日本采取了不断挑衅、收买汉奸、扶持傀儡政府等卑鄙手段。

1935年5月29日，日本借口中国当局援助了东北义勇军孙永勤部，破坏了《塘沽协定》，又借口亲日分子《国权报》社长胡恩溥、《振报》社长白逾桓二人在天津日租界被暗杀，是中国的排外行动，是向日本挑衅，于是，日本华北驻屯军参谋长酒井隆和日本驻北平公使馆武官辅佐高桥，趁机挑起事端，向北平军分会代理委员何应钦等提出抗议和无理要求：一、日军有权再次越过长城，并把平、津也包括在停战区内；二、杜绝一切排外活动，否则日军将采取一切"自卫"行动；三、河北省主席于学忠下野，省政府由天津迁至保定，天津市长、公安局长应予更换，撤退国民党河北省党部、蓝衣社以及平、津驻军；四、惩办杀害亲日分子的凶手并赔偿。

5月31日至6月5日，何应钦与驻日大使蒋作宾同日方多次交涉，对日方所提条件讨价还价，但日方态度强硬：一方面限期答复；一方面向山海关、天津增兵，一部日军由古北口开出,一中队飞机集结锦州,两艘驱逐舰从旅顺口驶往大沽口。在此情况下,南京决定让步,允诺了日方的全部要求。但日方得寸进尺,又提出四点要求:一、取消河北省的一切国民党党部;二、驻平、津地区的于学忠第五十一军撤退,全部离开河北;三、中央军必须离开河北省境;四、禁止全国的一切排外、排日行为。与此同时,日军又以飞机、装甲军等在天津、河北省府门前示威;驻古北口、山海关的日军也摆出向平、津进攻的姿态。

南京对此又进一步妥协。6月10日,何应钦承诺接受全部要求。随即,日本华北驻屯军司令官梅津美治郎拟定并签署了致何应钦的《备忘录》,全部重复了5月底以来日方对中方所提之无理要求。7月6日,何应钦致函梅津,全部同意了梅津所提各项。梅津签署的《备忘录》与何应钦签署的复函,史称《何梅协定》,这是继《塘沽协定》后的又一丧权辱国协定。

在河北事件交涉的同时,日本又策划了"张北事件"。6月5日,4名日特务机关人员,潜入察哈尔张北县偷绘地图,被二十九军赵登禹部拘留,察省主席宋哲元恐又惹起事端,下令释放,但日方仍向中方提出严重抗议和交涉。中方又做出妥协,免除了宋哲元察省主席的职务。6月27日,关东军特务头子土肥原贤二与代理察省主席秦德纯,签订《秦土协定》,保证日本人今后在察省之自由行动,取消察省的国民党组织,建立察东"非武装区",二十九军从察省撤退。

日军相继控制冀、察两省之后,进一步策划华北五省"自治"。

1935年6月下旬,日军导演了汉奸白坚武率铁甲队进攻北平的"丰台事件",但阴谋未遂。

10月上旬,又唆使汉奸武宜亭等在香河暴动,占领县城,宣布"自治",被河北省主席高震镇压。

11月24日,在日军唆使与保卫下,滦榆区行政督察专员殷汝耕,在通县发表《自治宣言》,宣布"脱离中央","自治独立"。25日,成立"冀东防共自治委员会",后改称"冀东防共自治政府"。

这时,日本已公开要求实行华北五省"自治",南京政府顶不住日本的压力,被迫提出了"华北自治办法",企图建立一个形式上半独立,但实际听命于南京的华北政权。但日方回应:"华北自治,须排除南京政府之一切干涉……南京政府若强加干涉,则日方将随时随地行其所认为适当之实力。"12月5日,南京被迫成立"冀察政务委员会",由宋哲元任委员长兼冀察绥靖公署主任及河北省主席,委员会辖冀、察两省和平、津两市。17名委员中,7人是日方推荐或认可的亲日分子,另有一大批汉奸分子在委员会下属机构任要职。

"冀察政务委员会",是南京与日本妥协的产物,它与"冀东防共自治政府"并存,标志华北五省已实际被日本控制,标志民族危机的进一步加深。

华北万分危急了！

定 一

日本帝国主义独占中国的宣言(见红中①一八一期)，是帝国主义进一步瓜分中国的号炮。

自从日本发出这个宣言以来，显然的，各帝国主义之间很快的(地)就得到进一步瓜分中国的谅解。各帝国主义，首先是英美帝国主义，在呼喊一阵"维持九国公约"之后，已经得到日本方面"中国门户开放"的允许，而默不作声了。帝国主义瓜分和共管中国的总机关——四十四个外国银行的银行团，已在上海动作起来。瓜分中国的新的秘密条约已经订好，现在是已经动手实行的时候了。

据塔斯社四月二十八日消息：日本外相广田已向南京政府驻日大使蒋作宾提出秘密协定，要南京政府承认满洲国，承认日本在华北的尤其在北平周围特殊的利益，不得日本允许不得借外债，政府经济复兴事业由日本来帮助，陆海空军外国顾问全用日本人。

换句话说，日本法西斯帝的军事集团是想一手独占中国，首先是占据华北！因为他的走狗国民党的无用，他想公开的(地)来做"进攻中国反帝和土地革命的敢死队"(共产国际十三次全会决议)了！

不论事情怎么样，总之日本的公开占领华北，已是眼前的危险！华北的千百万工农劳苦群众立即就要跟着满洲的四千万弟兄，做日本帝国主义的直接的奴隶了！

绝不是偶然的事。法西斯帝头子蒋介石恰恰在这个时候把东北军完全从华北调到鄂豫皖苏区进攻红军，把原在鄂豫皖的反动武装调来进攻中央苏区。

绝不是偶然的事。恰恰在这个时候，蒋介石指挥他的六路白军，从各个战线上向中央苏区猛烈突进。

这些事实最明显的(地)说明了，法西斯帝国民党比出卖满洲时更有计划有准备的(地)出卖了华北！它更进一步的(地)表示愿意死心塌地做帝国主义瓜分中国的清道夫！

只有革命战争的胜利，才能阻止帝国主义急速瓜分中国！只有澈底粉碎五次"围剿"，消灭法西斯帝国民党，我们才能直接与帝国主义作战，把帝国主义赶出中国去！

保卫苏区的战争，尤其是夺回赤色广昌的战争，就是反对日本帝国主义占领华北、反对各帝国主义进一步瓜分中国的民族革命战争！

殖民地化的死亡的道路和苏维埃中国的光明道路现在是这样紧迫的(地)清楚的(地)

---

① 红中，即《红色中华》。

摆在我们面前！现在是决定胜利或死亡的紧急关头！

每一个反对帝国主义的工人农民，武装上前线去！每一个不愿意做帝国主义奴隶的工人农民，武装上前线去！

（原载 1934 年 5 月 4 日《红色中华》）

华北危局与抗日战争

李公朴

日本兵一列车又一列车，不停地向塘沽、天津、北平等处开来，然后又是一列车一列车的（地）驶到华北各地去。

日军部因这次增兵的数目太大，为避免各方的注意，所以完全抽调各师团的精锐而编成的，并且按战时编制，每师团均附有化学部队、飞机队、重炮队、坦克车队及铁甲车队等。军队所到的地方，就擅自建筑营房，架设电话，并建军用飞机场。

驻兵的地点，除北平、天津、塘沽、通州、古北口、喜峰口及冷口等处外，大部分是分驻在平汉、津浦、北宁、平绥等铁路的总汇，紧扼着华北的喉头！

两三万的日本兵在华北简直是走入"无人之境"呵！他们是根据那（哪）一方的允诺开到华北来呢？

走私的货物，更形猖獗。日鲜浪人公然武装保护走私，这种公开强运货物、不纳捐税、不受干涉的行为，实在是直接向中国的海关挑衅，间接向中国的政府示威。最近日方表示华北关税要解送中央，所以该地海关对于缉私工作就不肯出力了，这些话完全暴露了日方的野心：它袒护走私的目的，原是要威胁冀察当局实行关税独立，依照冀东办法，重订对日特惠关税呵！这是日本掠夺整个华北市场、摧毁中国民族工业的一种阴谋。

其他方面，我们所听到的是华北删改课本，把一切有反日思想的和一切关于日本侵略我们的历史记载全删去了！

最近，日本又增加"对华文化事业费"四百万元，拟定在天津、青岛设立"自然科学研究所"，提高农业生产力，使华北成为日本平日最需要之皮毛、棉花等原料的供给地，战时又成为日本的粮仓，华北便永远沦为日本帝国主义的附庸了。

华北究竟是怎样一个世界呵？

华北竟是谁的华北呵？

我们政府对于华北走私及日本增兵华北的对策又是提出抗议，中国多次提出过抗议，但那（哪）一次抗议曾有过效果呢？

我们对于华北现在的危局就表示失望了吗？不！华北还没有死，华北还有救！我们在另一方面也听到和看到许多人心激昂、坚决救亡的动态。

目前华北学生的救亡运动，虽有当局严重的压迫，但学生们在实践中已获得极宝贵的教训，在组织上比从前更严密了。他们现在竭力避免表面的虚张声势，而注重实际上的工作。听说学生代表聚会，有时在深夜举行，长达六小时之久。全体精神疲倦的时候，就起立运动一会儿，再继续讨论。这种艰苦奋斗的精神，实在是造成未来光明的火炬。

近来我们常常接到华北兵士，尤其是二十九军里的兵士的来信。他们说，他们对于日本的侵略也很清楚，他们天天想"打"，而长官没有命令，老是欺骗他们。不过"战素"在全体弟兄的心上播散着，他们相信不久就会爆发的。

同时，我们又听到华北的小学生对于删改课本的反抗的精神。这些都在表示华北的人心没有死，华北是有救的，大家应该来救救这快要被人扼死的华北！

我们知道，抵制私运的日货，不过是民众最易实行的一种消极方法。我们更要以全国民众的力量，进一步根本制止私运，肃清私运！

我们对于日本增兵华北，除在纸上抗议外，要另行采取更有效的办法，叫日军退出华北。我们要华北所驻日军不能超过《庚子条约》所定八百名。

我们对于日本侵略华北主权的一切行为，一概不承认，我们要确定华北是中国的华北！

我们要援助并扩大华北人民及学生们的救亡运动！

我们要救华北，我们要救华北，我们更要救东北！

我们要了解，救华北、救东北，也就是拯救整个的中国！

全国不愿做亡国奴的人们来参加这个救华北、救东北、救整个中国的伟大的运动吧！

（原载 1936 年 6 月 28 日《救亡情报》）

华北问题

邹韬奋

（1935 年 11 月 30 日）

最近吸引全国注意的事情要算是所谓华北"自治"运动和无耻小丑殷汝耕的傀儡活剧，在背后牵线的是什么，已是公开的秘密，没有人不知道的，用不着什么分析；但是因为这消息的传播，便引起什么华北问题。好像大家所焦急的就只不过是华北问题，所要求解决的也只不过是华北问题；好像只要华北问题解决了，严重的局面便消释，中国便没有什么严重的问题了。这种见解最容易模糊中国大众对于中国整个民族生死问题严重性的正确的认识。我们要大声疾呼，敬告全中国的大众，我们当前的最严重的问题，是全民族争生存的问题；表面上看去似乎有些像是局部问题，实际上所谓局部的问题，便是这全民族争生存的整个问题的一个部分，孤立着是解决不了的，离开全局问题是解决不了的。严格说起来，无所谓东北问题、华北问题，就是整个中国的生死问题。这一点倘若不彻底地弄个明白，无异把自己的眼睛掩闭着，对全局的现实熟视无睹，结果是一个"局部"又一个"局部"地被宰割掉，一直往着死路上跑，不想到动员全民族大众的集体斗争的力量，共同起来为着整个民族的存亡作殊死战。

从前闹过什么东北问题，好像东北问题就不过是东北的问题，和全中国是不相干的；等到东北"奉送"以后，好像因为既经被人"赏收"之后，东北便没有问题了！当时很少人注意到东北的沦亡只不过是整个中国沦亡的开端，实在和整个民族生死问题有着密切的关系，却存着苟安的心理，以为东北虽"奉送"，其他部分还可以苟存。乃至处于领导社会地位的胡适之先生，当华北危机最初发动，所谓《塘沽协定》成立的时候，他自认为"辩护的人"，认为除东北外，有了这个苟安的"协定"，"至少也应该使他们不得在东四省以外多占一尺一寸的土地"（这当然不是仅注意于胡先生个人，不过举作例子以代表当时好些人的见解）。现在铁一般的事实，已证明当时这种见解的错误了。现在闹着华北问题，倘若仍旧存着从前对于东北问题一样的态度，不坚决地看作这是整个中国生死存亡的问题，而仅认为是华北的局部问题，那除非是听任华北做东北第二，全中国做华北第二，绝对得不到其他的结果。

由敌人牵着鼻子走的所谓"自治"，固然是我们所绝对不能容忍的，但即使"自治"暂时停顿了，华北问题就算解决了吗？中国的军队不能在中国国土内调动，中国的官吏人民得任人随意逮捕，即使没有什么"自治"的勾当，是否仍可视为中国的完整的国土？侵略方式多着哩，有经济提携、文化合作等等的美名，有名无实的解决，在实际上还是没有解决，对于整个中国的生存还是有着无穷的祸患，这也是我们所应当严重注意而不要被欺骗的。

（原载1936年11月4日《大众生活》第1卷第3期，未署名）

宋哲元的彷徨歧途

邹韬奋

冀察政务委员会已是华北日本军人卵翼下的一个畸形的傀儡政权，这是无可否认的事实，但在我们的民族敌人看来，还觉得不够，还要逼迫宋哲元宣布独立，还要驱逐他所统率的二十九军。最近由天津传来的消息，说日方因威胁宋部二十九军未收效，乃转换手段，唆使石友三、白坚武各汉奸，设法乘机绑架在津居住的宋哲元的老母，以要挟宋军退出冀境。宋氏得到这种报告后，以母子情切，于日前匆促赴津省视，为预防不测计，并加派卫兵保护，以免发生意外，并打算把家眷带到北平去躲避起来。

这可以说是想入非非，无孔不入的了。由这样的奇异的消息，我们可以想见我们的民族敌人，是怎样地时时刻刻在那里用尽方法，来压迫宋哲元走上十足的汉奸的道路。宋氏现在很显然地是还在歧途上彷徨着。我们知道宋氏是冯玉祥氏的忠实信徒，不久以前冯氏还再三对他的朋友表示宋氏是决不会投降日本做汉奸的。宋氏曾在喜峰口之战，奋勇杀敌，他所统率的健儿死去八九千人，原来做过民族英雄，二十九军是有过抗敌的光荣历史的。我们诚然不能说宋氏是像无耻达于极点的殷汝耕之流，甘心做汉奸，但是日军一怒而天津市长滚蛋，日军再怒而平津各样的救国团体被强迫解散，事事不得不伺日军的颜色，事事不得不仰日军的鼻息，最近且在津和田代及殷汝耕开会议，诸如此类的事实，都足以证明宋氏是在一步一步走近汉奸的路径了。有人说，从好的方面看去，宋氏所处的境遇的困难，艰危支撑的苦心，也是很可怜悯的。我们以为现在全中国只有两个阵线，一个是抗敌救国的阵线，一个是民族敌人和汉奸卖国贼的阵线，无论什么境遇，加入民族敌人和汉奸卖国贼的阵线，总是无可宽恕的。

可是宋氏除一步一步走上汉奸的道路之外，唯一的另一途径是领导着二十九军对民族敌人作殊死战。这第二个途径在宋氏是不能无顾虑的，因为倘若他不得到整个中国的力量共同发动抗战的大军，只是他作孤军的独战，在他是不敢也不愿贸然干起来的。不敢贸然干起来，便只得回到第一条路，再一步一步走上汉奸的道路！

宋哲元是还在歧途上彷徨着。我深信在发动了整个民族大抗战的时候，宋哲元和二十九军一定可成为一支强有力的抗战军队。但是在目前他却不得不在歧途上彷徨着。造成这种不幸现象的原因，主要的还是我们未发动整个民族的抗战。

（原载1936年6月25日香港《生活日报》第19号，未署名）

十一 "一二·九"运动

1935年12月10日北平学生为抗日救国再次举行游行

华北事变后，民族危机空前严重，全国人民痛感亡国之灾迫近眉睫，热血沸腾的广大青年学生，更是忍无可忍，奋不顾身地起来斗争。在这个斗争中，北平、天津的学生，走在前列。这时，共产党的《八一宣言》已传到北平，共产党的周围已集结了广大群众并成为群众的领袖。

1935年11月18日，党领导的北平市学生联合会成立。12月6日，何应钦等要成立华北"自治"机构的消息传出，学联立即召开代表大会，通过《北平学生联合会成立宣言》和《北平各校通电》，指出："华北已经到了万分危急的生死存亡的关头……统治者为了保持他们的特殊地位，不惜把全华北的土地、人民和财产全部送给日本。但是……华北是中华民国的华北，是华北民众的华北，不是南京政府的私有财产！我们不能忍受对华北土地人民的出卖！"宣言号召全市大中小学生，一齐起来进行抗争！12月8日，学联在燕京大学召开各校代表会议，决定于第二天即"冀察政务委员会"成立之日，组织游行请愿，以阻止其成立。

12月9日，东北大学、清华大学、燕京大学、(北京)师范大学、中国大学、北京大学和部分中学的学生数千人，在中共北平临时工委李常青、彭涛、周小舟的指挥下，从不同路途涌向北平街头。学生运动领袖姚依林、郭明秋、黄敬、宋黎等走在队伍的最前列。这天，天寒地冻，朔风凛冽，滴水成冰。学生们飞舞旗帜，一路高呼"打倒日本帝国主义"、"日本侵略者滚出中国去"、"反对成立冀察政务委员会"、"反对秘密外交",奋勇前进。以何应钦为首的北平反动当局,竟以学生为敌,对他们进行残酷镇压。游行队伍在城内城外,在东西长安街、王府井、新华门等地,均遭到军警的阻挡,大刀、棍棒、皮鞭、枪刺、水龙,一齐朝赤手空拳的学生头上、身上打去,30余人被捕,数百人伤痕累累、血迹斑斑。北平顿成恐怖世界。

学生们并不屈服,在北平学联的领导下,12月10日起,北平各校学生宣布总罢课。12月14日,北平的报纸又刊出国民党当局决定于12月16日成立"冀察政务委员会"的消息,学联立即决定于16日再次举行大规模的示威游行。

12月16日,北平部分大中学校学生突破军警阻拦,会集到天桥广场,召开市民大会,与会者达3万余人。会上通过了"不承认冀察政务委员会"、"反对华北任何傀儡组织"、"收复东北失地"等决议。会后,举行大规模示威游行,在宣武门等地,游行队伍再次遭到反动军警的血腥镇压,学生被捕数十人,受伤者300余人。慑于人民爱国运动的强大压力,国民党当局被迫宣布冀察政务委员会延期成立。

北平的"一二·九"爱国学生运动,唤醒了全国人民,各地民众纷纷行动起来响应。从12月11日开始,天津、保定、太原、西安、济南、杭州、上海、武汉、宜昌、重庆、广州、南宁等大中城市,先后爆发了学生的抗日集会和示威游行。各地的工人,在全国总工会的号召下,也纷纷举行罢工,抗议国民党政府对日妥协、对内镇压的反动政策,支援学生的斗争。特别是在文化教育界,各种群众的救国组织纷纷成立。伟大的"一二·九"爱国学生运动的爆发和发展,标志抗日救亡运动的高潮已经到来。

清华大学救国会告全国民众书

亲爱的全国同胞:

华北自古是中原之地,现在,眼见华北的主权,也要继东三省热河之后而断送了!

这是明明白白的事实,目前我们"友邦"所要求于我们的,更要比《二十一条》厉害百倍;而举国上下,对此却不见动静。回看一下十六年前伟大的"五四"运动,我们真惭愧:在危机日见严重的关头,不能为时代负起应负的使命,轻信了领导着现社会的一些名流、学者、要人们的甜言蜜语,误认为学生的本份(分)仅在死读书,迷信着当国者的"自有办法",几年以来,只被安排在"读经"、"尊孔"、"礼义廉耻"的空气下摸索,痴待着"民族复兴"的"奇迹"!现在,一切幻想,都给铁的事实粉碎了!"安心读书"吗?华北之大,已经安放不得一张平静的书桌了!

亲爱的全国同胞父老，急迫的华北丧钟声响，惊醒了若干名流学者的迷梦，也更坚决地使我们认清了我们唯一的出路。最近胡适之先生曾慨然说，他"过去为'九一八'的不抵抗辩护，为'一·二八'的《上海协定》辩护，为热河失陷后的《塘沽协定》辩护，现在却再不能为华北的自治政府辩护了"。他已觉悟了过去主张"委曲求全"的完全错误，相信唯一的道路，只有抵抗。因此胡先生是希望负有守土之责的华北长官能尽力抵抗，不要屈服妥洽。亲爱的同胞，我们却还要比胡先生更进一步说：武力抵抗，不但是依赖负有守土之责的长官，尤其希望全体民众，也都能一致奋起，统一步伐，组织起来，实行武装自卫。事实告诉我们：在目前反帝自卫的斗争中，民众的地位是更为重要，民众的力量是更为伟大，也只有民众自己，更为忠诚而可靠。看吧，曾煊赫一时的民族英雄、抗日将军，都可化为"神龙"了；唯有山海关外，英勇的民众自己组成的义勇军，始终不屈不挠，在用鲜血写着中国民族的光荣斗争史。

亲爱的全国同胞，中国民族的危机，已到最后五分钟。我们，窒息在古文化城里上着"最后一课"的青年，实已切身感受到难堪的亡国惨痛。疮痛的经验教训了我们：在目前，"安心读书"只是一帖安眠药，我们决再不盲（茫）然地服下这剂毒药；为了民族，我们愿意暂时丢开书本，尽力之所及，为国家民族做一点实际工作。我们要高振血喉，向全国民众大声疾呼：中国是全国民众的中国，全国民众，人人都应负起保卫中国民族的责任！起来吧，水深火热中的关东同胞和登俎就割的华北大众，我们已是被遗弃了的无依无靠的难民，只有抗争是我们死里逃生的唯一出路。我们的目标是同一的：自己起来保卫自己的民族。我们的胸怀是光明的：要以血肉头颅换取我们的自由。起来吧，亡国前夕的全国同胞！中国没有几个华北和东北，是经不起几回"退让"和"屈服"的！唇亡齿寒，亡国的惨痛，不久又要临头了！挣扎在死亡线上的全国大众，大家赶快联合起来！我们的目标是同一的：自己起来保卫自己的民族！我们的胸怀是光明的：要以血肉头颅换取我们的自由！

清华大学救国会　一九三五年十二月九日

（原载 1935 年 12 月 10 日《怒吼吧》第 1 期，本篇撰稿人为蒋南翔）

学生救亡运动

邹韬奋

北平各大学和中学的数千学生，鉴于亡国惨祸的危迫，于本月九日举行请愿和示威游行，在军警严厉威胁之下，全天在寒风凛冽饥渴交困中冒险进行，虽经水龙冲击、皮鞭乱打、大刀乱挥，不能阻挡他们的大无畏的牺牲精神。本月十六日北平学生五千人又举行更英勇壮烈的示威运动，军警用武力压迫，手枪乱放，大刀直冲，学生仍然从容镇静，受伤被捕的数十人。这至少使全世界知道中国大众并不是甘心做奴隶；至少使全世界知道投降屈辱、毫不知耻，并不是出于中国大众的意思。这是中国民族解放斗争的序幕，这是中国大众为民族争生存不怕任何牺牲的先声！我们在民族解放斗争大旗的下面，满腔热诚（忱），万分悲愤，遥对北方，向参加救亡运动的男女同胞们致最恳挚的革命敬礼！

我们觉得这个运动的最大的意义是：久在高度压迫下的郁积苦闷悲痛愤怒的全国大众对于民族解放的斗争情绪，好像久被抑制的火山，在这里迸裂喷放怒号一下。换句话说，这绝不是仅仅北平一个地方，仅仅北平数千的热血青年对于国事的态度，这个运动实在是足以代表全国大众对于救亡的坚决的意志，实在是全国大众对于救亡的坚决的意志之一种强有力的表现。关于这个重要的意义，只要看全国各地学生的汹涌的响应，全国各界的热烈的同情，便是铁一般的事实的佐证。参加救亡运动的男女青年同胞们，你们的呼号声，是全国大众心坎里所要大声疾呼的呼号声！你们的愤怒的表现，是全国大众所要表现的愤怒！你们紧挽着臂膊冲过大刀枪刺的英勇行为，是全国大众所要洒热血抛头颅为民族解放牺牲一切的象征。记者为着民族解放的前途，要对你们这先锋队顶礼膜拜，致最诚挚的无上敬礼！

有人估量学生救亡运动的价值，认为学生们喊口号，提要求，文电纷飞，示威激昂，对于民族解放似乎没有多大实际的效力。其实这种见解是犯着很大的错误。民族解放斗争的最后成功是要靠全国大众的全盘努力，仅把任何一部分的工作抽出来，作孤独的隔离的估量，那便犯了机械看法的错误。在斗争里面，军事的抗斗可算是最直接最实际的了，但是民族解放斗争的军事抗斗要有成效，也必要和大众连合成为一条战线，也不是和大众脱离着关系而能孤独成功的。凡是违反大众的民族意识的政府或军队，绝对是终于要走上自杀之路，原因也在这里。充满着一脑袋帝国主义野心的"黑衫宰相"好像要立刻吞下去的阿比西尼亚，能打到现在还不屈服的原因，也在这里。民众运动在民族解放斗争中占着非常重要的位置，学生救亡运动却在民众运动中占着一个很重要的部分。尤其是在民众运动消沉的时候，学生救亡运动是大范围的民众运动的酵母，是大范围的民众运动的先驱，它的重要是在全国大众的全盘努力里面有着一种非常有意义的推动功用。倘若其他方面袖手旁观，把学生救亡运动这个方面抽出来作孤独的隔离的估量，这个态度如果是出于无意识的，那是在知识上犯着太幼稚的毛病；如果是出于有意识的，那就心术不堪问，万死有余辜的了！明白了这一点，凡是确以民族解放斗争为前提的人们，对于学生救亡运动不应该作无理性的轻视的消极批评，只有共同擎起民族解放斗争的大旗，以血诚拥护学生救亡运动，推动全国大众的全盘的努力奋斗！

有些人在这样危迫的时候，对于学生救亡运动，似乎还不能领会或不愿领会上面所提出的两个重要意义，却"苦心孤诣"劝学生"安心向学"。做学生的当然希望能够"安心向学"，我们当然也希望学生能够"安心向学"。但是今天失一地，明天去一省，今天这里"自治"，明天那里"进犯"；"友邦"的军队横行示威，"友邦"的军用飞机轧在头上；汉奸得到实际的保障，爱国青年却受着无理的摧残！这样实际的客观环境怎样能使青年"安心"？所以这不是赞成或反对"安心向学"的问题，却是要请那些板起面孔拿这句空话塞责的名流学者大人先生们回答这个事实上的问题。

上面所谈到的三点是就一般的方面研究学生救亡运动。我们对于参加这个运动的青年同胞们也有三点要贡献：

第一点是：对象要看得清楚。我们的对象是全民族解放的积极斗争，并不是仅限于枝枝节节的一个局部或一件事情的问题。在北平发动的学生救亡运动提出的最注重的一点是"反对所谓自治运动"，这只是就当地实际情形提出的一个具体要求，同时却要注意变相的奉送华北，尤不可忘却整个民族解放的大目标。现在已经有人说"华北问题已告一段落"，甚至有人说这次运动的"目标可以说是已经达到"。别的不说，华北问题是否告一段落？我们就尽量欺骗自己，而我们的"友邦"，却很老实地把真相很坦白地公开宣布了出来。最近日军部特派来华的重要军官喜多就公开宣言扩充华北驻军，公开宣言他们对于华北"实质较名为重"；自冀察政务会发表后，日军部表示"现当注视该项新机关今后对日满之动向，而于日满与中国之具体提携政策，严重监视其实行，一方面期待日华亲善三原则决定之全部折冲"，甚至说冀察政务会"尚拟设顾问部，顾问则向日本方面聘请"（这都是煌煌然登在中外各报的公开消息）。事实的表现是塘沽被占领，殷逆汝耕扩大地盘，公然截留关盐税，公然布告禁止使用中央银行钞票；"友邦"在津公然建造大规模的军用飞机场，经中国当局交涉后，反加紧工作。华北问题已告一段落了吗？别人一步一步地非灭亡我们整个的民族不止，有些人却拼命缩着头蒙在鼓里，歌颂升平！我们认为学生救亡运动要看清目标是整个民族的解放，绝对不受任何欺骗。

第二点是：只有有目标有策略的集团组织才有伟大的持久的力量。学生救亡运动的力量也在集团的一致的努力奋斗，所以须有全国有系统的巩固的学生组织。个人固然没有力量，一个学校的力量也很薄弱，所以不但一个地方的各校须有联络，全国各地各校也须有联络，而且同时对于社会其他力量也要发生联系。

第三点是：要有排除万难不怕艰苦的精神。现在环境的艰难，远非"五四"时代所能比，种种障碍之易于令人却步灰心的不可胜数，我们当准备遇着这种种的障碍，无所用其惊奇，无所用其畏缩，步步为营，设法应付，而不可被这种种障碍所克服。

学生救亡运动万岁！这是大众运动的急先锋，民族解放前途的曙光！

（原载1935年12月21日《大众生活》第1卷第6期，未署名）

为中国学生及教育界请令

胡秋原

二十天来全国各地勃起的学生救国运动，表示了天地间的正气，表示了全国不死的人心。只要是血气之伦，而神经总未完全麻木者，谁也不能不感动。

北平的学生虽在暴日与媚外政府压迫之下，虽在许多的牺牲之后，依然不辞饥寒，为救国而呼号而奔走。这是何等的精神，何等的伟大！我们能够忍心坐视不救吗？

南京的中央当局，虽然没有明白的（地）摧残学生，然而居然禁止爱国的言论和示威，禁止学生赴京请愿，破坏铁轨，引起许多学生的惨死。我不能不表示痛心和愤慨。南京诸公果然还有国家民族的观念，为什么怕见这些热情热血的青年？学生赴京请愿，是表示全国的青年还对南京诸公存一线的希望。南京能否接受及实行学生的要求，也就是南京政府最后的试验。我希望南京政府不要完全自绝于国人。世间也没有一个外受敌寇压迫内失民心的政府，能够存在的。媚外而残民固然是死路，一面敷衍日本一面敷衍人民也绝无可能。唯一出路，只有团结全国的力量，来一致作抗日战争。

接到北平朋友的信，北平当局决定提前放假，蒋梦麟及胡适之诸先生都被迫离平了。我相信暴日一定会将北平爱国教授和学生完全驱出北平，将北平各大学中学完全停顿或"改组"的。一个文化的中心，一定还要受更可悲痛的蹂躏，如果我们不赶快起来作实力的抗战。

我以国民一分子及中国教育界文化界一分子，对于国家的危亡、青年的苦难以及中国教育界的浩劫，不忍无一言。海内外的同胞，特别是智（知）识分子，我想，也有不能再沉默的天责。

（原载1936年1月4日《救国时报》）

立即营救爱国无罪的被捕学生

——《救国时报》社论

国内电讯传来，北平各学校先后被捕之数百爱国青年学生，囚禁监狱，屡受严刑拷打，强迫口供，既不给食物充饥，又不许亲朋接见，惨遭非人之待遇，病不能医，生死不明。爱国青年学生，因痛国家民族之危亡而奋起作救国救亡运动，乃竟以此获罪，遭受此种残酷毒手，每个有民族天良的中国人能不痛心疾首，为国家为民族，为祖宗为儿孙而大哭流涕！

北平被捕之数百爱国学生尚未获释，而上海复旦大学又遭同样之命运，深夜三时，复旦女生及男生之宿舍，遭受武装军警五六百人之包围袭击，男女学生受伤六十余人，被捕不知其数，校长李登辉博士亦在受伤之列，学校变成军营。被捕之爱国学生，与北平被捕学生一样，遭受非刑之待遇。爱国有罪，真是开中外未有之奇闻惨闻。

蒋介石南京政府对日寇之步步进攻，不作任何抵抗，反而对全国学生全国人民的爱国运动，严施压迫，既颁布所谓维持治安紧急治罪法，即立下毒手拘捕屠杀爱国学生，封禁爱国言论，禁止爱国团体。对日寇则亲媚已极，对人民爱国则残酷百端，全国同胞还能容忍这样的政策吗？

同时，在国民党内部，甚至在南京政府的内部，想亦不尽是甘心卖国之人，想亦不乏有民族天良、爱护正义之士。如冯玉祥、李烈钧先生在六中全会上，曾提议释放全国政治犯，最近三月十日冯玉祥先生与《大公报》记者谈话，又很明白不犹豫的（地）说："贵报前几天所载李协和先生和我所提的'特赦政治犯'的消息，这个提案，已在六中全会通过，不久便可实现。我们提案的动机，是因为年来政见不同，而遭囚禁的青年，不知凡几。这些青年皆对国家富热情，对民族解放有信念，而且都是国家社会辛辛苦苦培养出来的人才，政府不能坐视他们长困囹圄之中，而削弱对外力量。"冯先生这样的谈话，自然是百分之百的正确，然而六中全会早已通过释放政治犯，何以到现在不止未执行这一决议，反而变本加厉，大捕爱国青年，岂以"对国家富热情，对民族有信念者"尚有其人，而"削弱对外力量"还不够，必欲使之尽陷囹圄之中、杀场之上，国家民族亦随之而亡，然后快意吗？想这必是，而且应当是冯先生所反对的，冯先生现已不是闲居泰山，而是高坐政府之中，空言钓誉，决不能为人民所谅解。如果冯先生对于这样摧残爱国运动捕杀爱国青年的罪行，尚不起而仗义执言，疾声反抗，不知冯先生将何以自解，更何以向全国人民解释！总之，现在国民党中一切尚有爱国天良的人，再不容坐视蒋介石等压迫爱国运动的罪恶行为了。否则，不只有寒蝉仗马之耻，且亦难逃卖国从犯之罪名。

北平及上海被捕之数百爱国学生，不仅是各大学的优秀高才生，如冯玉祥先生所说的是"国家社会辛辛苦苦培养出来的人才"，而且是救国运动的积极领导者，是全民族的英华。无论从拥护救国运动的立场出发，或从爱护民族英华的立场出发，或从爱护学术及青年的立场出发，或从爱护人道、正义与自由的立场出发，或从爱护救国无罪而遭受冤狱的立场出发，我们均不容忍心地使纯洁、满腔热血的爱国青年学生，久寄牢狱，受非人之残酷待遇，应当要求立即释放狱中爱国无罪的学生。

全国一切不愿当亡国奴的同胞,一切爱国人士,一切爱学术爱人才的同胞,一切爱人道爱自由的同胞,一切愿意救援冤狱的人士,一切爱国团体(如文化救国会、妇女救国会、学生救国会等),一切社会团体(如工会、农会、商会、律师商会、律师公会、青年会、各地同乡会、记者联合会),各军队等等,都应当立即一致奋起,成立各界营救被捕爱国学生后援会,实行坚决抗议,要求蒋介石的南京政府:(一)立刻取消维持治安紧急治罪办法;(二)立即释放一切被捕的爱国学生及全国的一切政治犯;(三)保障言论、出版、结社、集会等自由,要求保障爱国及人权之自由;(四)惩办逮捕爱国学生的主犯,保证以后不再有同样之事件发生;(五)惩办摧残爱国运动的一切汉奸国贼。

这数百爱国青年学生,完全是受冤入狱的。上海律师公会所主办的冤狱运动委员会的冤狱赔偿运动,应当立即扩大起来,联合全国律师公会,成立各地的及全国的冤狱运动委员会,在全国进行营救冤枉入狱的爱国学生。把这一运动扩大到各界同胞中去,凡愿意为正义人道而从事冤狱运动的任何个人及社会团体,都应当前来参加。冤狱运动委员会,应当站在国家法律拥护人民自由及爱国自由的立场上,向法院控诉蒋介石、宋哲元、吴铁城等之非法逮捕爱国学生,要求课以应得之罪,而将爱国学生宣告无罪释放。

被捕学生的家属,要起来组织家属营救会,向蒋介石的南京政府要求立即交出被捕之爱国学生子女。谁能安忍其骨肉子女长寄狱中,遭受毒刑呢?不速救援,纵不遭残刑而死,亦必将受饥饿而死,被捕学生的家属应速出来联合一致,进行索子女运动。凡有子女在学校求学之家长,都应联合一致,要求政府负保护学生身体安全与读书自由之责任。

特别是各校的学生及教职员,与文化界的先进,决不会忍见自己的学生战友,陷入囹圄,遭受蹂躏,更应当紧密团结起来,组织营救会、后援会,号召各界同胞一致奋斗,以达到被捕学生的释放,以达到爱国最低限度的保障。

各界营救被捕爱国学生后援会、冤狱运动委员会及家属营救会等,应当联络一致,共同行动。这一营救运动,不仅是营救数百被捕的爱国学生,而且是救国运动本身的一部分,无疑的(地)必能获得全国舆论、各界同胞之同情拥护,而达到胜利之目的。

爱国是每个同胞之责任,又是每个同胞之权利,所以爱国无罪。爱国无罪的学生,终必得到全国同胞的保护而重见天日,而卖国媚外之汉奸国贼,终必受民众法庭的最后裁判。

(原载1936年4月1日《救国时报》)

十二 红军东征抗日

1935 年底至 1936 年初，全国的爱国救亡运动风起云涌，掀起了民族革命的高潮。为了挽救危亡，刚长征胜利到达陕北不久的中共中央和红军，立即站在抗日斗争的最前列。中央工农民主政府和中国人民红军革命军事委员会，组织中国人民红军抗日先锋队，渡黄河东征。先锋队由红一军团、红十五军团和红二十八军组成，彭德怀任总司令，毛泽东任总政治委员。1936 年 2 月 17 日，发布《东征宣言》，说明东征的目的，是东出河北，与日本侵略军直接作战。先锋队渡过黄河进入山西后，即遭到蒋介石和阎锡山 30 万大军的阻拦。此时，国共两党已开始就国内和平、合作抗日问题，在南京进行秘密接触。3 月，南京通过宋庆龄指派的秘密使者董健吾已抵达东征前线指挥部所在地——山西石楼，传递了要求谈判的信息。在新的形势下，党中央和红军为了顾全大局，保存国防实力，履行我党提出的停止内战、一致抗日的主张，于 5 月 5 日发表《停战议和一致抗日通电》。先锋队全部指战员，回师黄河以北。

大家起来拥护抗日前锋

——《救国时报》社论

连日电讯，中国红军已正式出动，实行抗日讨逆，并号召各地驻军联合行动，至少请其让开防线，以便直接驱逐日寇和卖国贼，而保全中国领土，收复失地。其前锋已占领山西汾阳，达到离太原不远之晋祠。另一方面，日寇已命令宋逆哲元出兵赴晋，同时日寇在京津一带之驻军，亦积极准备出动。这是反日救国的武力与日寇和卖国贼的武力直接交锋了，这是继全国轰轰烈烈反日救国运动而起的反日军事行动，这是全国人民一致要求抗日讨逆的民族革命战争。稍有民族天良的人，都必能马上认识这一战争的意义，而决定自己的行动。

在日寇横行无忌、侵凌华北、民族存亡已到千钧一发的时候，在汉奸国贼如殷汝耕、宋哲元之流不惜做日寇走狗，假"反共自治"之名，实行分裂国土，如阎锡山之流，阳为友共、阴实附逆的时候，在全国学生与各界同胞进行轰轰烈烈的救国运动、要求抗日讨逆的时候，在各地汉奸国贼枪杀、拘捕爱国学生，蒋介石、南京政府竟实行封禁爱国言论、压迫爱国运动的时候，中国红军毅然响应全国人民之呼号，实行出动抗日讨逆。我们本着爱国天良，实不能不承认中国红军是真正抗日救国的武力，是真正代表全民意志的军队，是全国军队执行军人天职、保国卫民的模范，是真如蒋廷黻先生所说，这种伟大的力量"何不据为己有？

何必委之于敌人？"这应当是每个中国人、每个有民族天良的人的共同的认识。这必然要得到全国人民一致的同情与拥护。可是阎锡山竟集中全省军队攻击红军，阻挡红军东出抗日的道路；蒋介石则飞调大军分三路入晋，抄击红军后方。我们要问蒋介石、阎锡山是否还有丝毫民族天良？何以竟甘做日寇的走狗，必欲消灭抗日救国的红军而后快？这些甘为日寇汉奸之流，真是"不仅民族之罪人，亦且不齿于人类"！

抗日讨逆的战争已经开始了，全国同胞不只要用言论来表示自己的同情与拥护，而且要用行动来拥护自己的意见了。联日反共固然是卖国犯罪的行为，徘徊观望，亦无异自甘为亡国奴隶。每个中国人，每个有民族天良的中国人，都应当用行动来表示自己的意见了。

山西驻军的一切军官士兵们，你们处在最严重的地位，日寇的铁蹄已经踏到你们的头上来了。你们到底跟着阎锡山降日反共，还是响应红军的号召，联合反日，这不仅是中国民族解放问题的一个关键，也是决定你们自己命运的问题。跟着阎锡山降日反共便要做亡国亡省的奴隶，不愿做亡国亡省的奴隶，便只有响应红军，联合抗日。

东北军的一切军官士兵们，你们决没有忘记你们的家乡，已成了日寇的领土，你们的父母兄弟妻子都正受着日本的压迫蹂躏吧，你们如果想救国救乡，救父母妻子，救自己，便只有与中国红军联合实行抗日讨逆，打到东北去，收复失地。如果你们还跟着张学良一块反共，便是帮助日寇，觍颜事仇。

南京军的一切军官士兵们，蒋介石欺骗你们说"红军扰乱后方"。现在事实最明显不过了，红军已经出动抗日讨逆了，他们不是在"后方"，而是冲到了反日的前线了。蒋介石实行压迫全国人民的爱国运动，而中国红军却坚决响应全国人民的要求，而实行抗日作战了。你们要做救国的战士和民族英雄，你们便只有坚决起来反对蒋介石的降日政策，反对自杀的"剿共"内战，而与红军联合，实行抗日。

全国一切军队的军官士兵们，"军人以服从为天职"，这句话已成了卖国军阀欺骗压迫你们的工具，成了许多不愿意抗日救国军官的护身符。你们要知道军人的天职是保国卫民，而不是盲目的（地）服从命令。你们只有服从保国卫民军官的义务，对于卖国殃民的军官，不只不应服从，而且要坚决起来讨伐他们；你们只有服从保国卫民命令的义务，对于祸国殃民的命令不只不应服从，而且要坚决起来反对他们。你们是受人民的供养，而不是受私人的供养，你们是国家的军队，而不是私人的军队，你们只应当服从保国卫民的人，而不应当服从祸国殃民的人。现在中国红军出动抗日了，你们应当一致起来，执行保国卫民的天职，与红军联合一致抗日。谁叫你们联合红军抗日救国，谁便是保国卫民的军官，你们应当服从他；谁叫你们实行"剿共"内战，谁逼你们去杀中国同胞，谁便是祸国殃民的军官，你们便要坚决起来反对他、讨伐他。

全国学生和一切爱国的青年们，现在中国红军以武力来实行抗日救国的主张了。你们应当继续扩大爱国运动来响应他们，应当到各种群众中去，进行宣传组织和各种实际的工作来帮助他们。首先到军队中去，用你们的血诚去感服一切有爱国天良的军官和兵士，喊起他们来与红军联合实行抗日讨逆。到农村中，组织抗日义勇军来响应红军，来扰乱日寇与逆军的后方，来与红军一块组织抗日联军。到一切群众中去，号召他们出钱、出饷、出力、出枪，来帮助红军抗日作战。

全国一切党派、爱国的团体、各界同胞们，中国红军已经冲破一切卖国军阀的包围阻障，实行抗日讨逆了。抗日是救国的惟一道路，反共就是反对中国人民，是铁一般的事实证明了。大家一致起来，抱着毁家纾难、为国牺牲的精神来拥护红军抗日讨逆。全民一致抗日救国，是救中国的惟一出路。抗日前锋已经发动了，大家团结起来，拥护抗日前锋，扩大抗日战争的势力。

（原载1936年3月10日《救国时报》）

十三　两广事变

抗战时期的李宗仁将军

蒋介石与以陈济棠为首的粤系军阀和以李宗仁、白崇禧为首的桂系军阀之间，存在深刻矛盾，由来已久。1929春有蒋桂之争；1931年春宁粤对立，广东成立了反蒋的国民政府。蒋介石或利用各派军阀之间的矛盾，来制服粤、桂势力；或利用粤、桂之间的矛盾，来各个击破。斗争反反复复，从未休止。

1936年5月，红军东征回师，推动了全国的爱国运动，而蒋介石一面加紧部署西北的反共内战，一面又作西南之行，羁缚云、贵、川、湘四省实力派，孤立和打击两广势力。

1936年5月12日，坚决反蒋的胡汉民突然辞世，西南失去了政治领袖。蒋介石借追悼胡汉民之机，宣扬统一全国的主张，暗示要取消粤、桂具有半独立合法地位的国民党中央执行委员会西南执行部和国民政府西南政务委员会两机构，以迫使陈济棠、李宗仁等另寻安身立命之所。粤、桂两派，对此坚决反对，打出的旗帜是：反对南京对日妥协加剧内战的误国政策。

5月27日，西南执行部发表通电，反对日本增兵华北。6月1日，又通过决议，出兵北上。2日，通电全国抨击南京对日妥协政策，要求南京立即领导抗日，指示北上路线。两广军队随即改称"中华民国国民革命军抗日救国军"，一面向湖南、江西开拔，严密防守省境；一面大造抗日救国舆论。此即史称的"两广事变"，又称"西南事变"或"六一运动"。

两广揭起的抗日旗帜，受到各爱国团体的欢迎，纷纷派代表赴广州，共谋反蒋大计。

中共中央不但积极支持两广的抗日主张，而且还与桂系互派代表，共商救国对策。但各方都不愿由此爆发大规模内战。

当时，中共中央已在陕北同决心联共抗日的张学良有多次联系。蒋介石得此消息后，决心要首先消除陕北的"祸端"，因而对两广的方针，是以政治解决为主，以武力威胁为辅。他一面安抚两广，防止事态扩大；一面提前召开五届二中全会，宣扬建设救国，在抗日问题上提高调门，表示了团结抗日的决心，同时又大耍分化瓦解的手段。他利用陈济棠的弱点与粤系内部的矛盾，首先争取了广东空军倒戈，继而拉第二军副军长李汉魂反对陈济棠，促成第二军军长余汉谋投奔南京中央，陈济棠集团由此迅速瓦解。

7月18日，陈济棠被迫下野，桂系退守广西，南宁成了运动的中心。蒋介石对桂系也施展内部瓦解的故伎，但桂系内部团结，又对外大造抗战声势，军民在抗日的口号下加紧备战操练，蒋无计可施，遂知难而退。经过谈判，双方做出让步，于9月初达成和平解决的协议。蒋介石保证领导全国抗日，桂系服从中央统一调遣。桂军改编为第五路军，仍由李宗仁指挥，李担任广西绥靖公署主任，黄旭初任广西省主席，白崇禧任全国军委会常委，兼任第五路军副总指挥。至此，历时三个月的两广事变和平解决。

两广事变的和平解决，受到全国舆论的广泛赞扬，促使国民党在抗日基础上的进一步统一，迫使蒋介石在抗日问题上做出明确表态。从这个意义上，事变成了全国争取团结抗日斗争的组成部分，对推动国民党中央进一步改变对日政策，起到了积极作用。

全国各界救国会华南分会请蒋介石领导全国抗日

（1936年6月29日）

蒋委员长钧鉴：顷阅报章，悉中央与西南之内战，已有一触即发之势，民族之一息危机，即将断绝，本会焦虑万状，认为我垂亡之中华民族，在日寇铁蹄深入中原之际，实不堪再见国家武力耗费于兄弟阋墙之内战。旬日以来，本会深庆西南以及中央负责者，先后表示"不愿作（做）内战祸首"之约言，然而中央军队源源云集于两粤边境，西南抗日救国军亦因之迟迟不能北上抗日，则中央与西南虽皆不欲作（做）"内战祸首"，亦恐无法避免内战。若双方军队不能立刻北上抗日，则此不幸之内战实无法避免；若欲避免内战，惟有立即北上抗日。至今国人仅知"为抗日计必须避免内战"，然而内战已演至一触即发之际，国人应当认明目前"为避免内战计，必须立刻北上抗日"之急务，不立即北上抗日，万不能避免内战之爆发。往者，西南曾有请求中央领导抗日之议，若中央接受之，则本会深信中央之威信，无须动一兵一卒，可以立现。反之，若陈大军于两粤边境，不特令人疑为阻止西南之抗日，且有势必酿成内战之危险，万一内战爆发，孰胜孰败，皆非民族之福。盖黄雀在后，日寇必接踵而至，统一未成，国已不国，痛心之事，莫过于此。本会志在救国，不偏不执，太公无私，既不欲厚于此而薄于彼，亦不欲厚于彼而薄于此。本会之立言，悉本国家大义之所指。本会深信中央操国家最高权力，中央之一举手一投足，无一不足以致民族于生死。况目前一切纠纷，惟有抗日可以解决。抗日则民族生，内战则民族死。故本会不惜一再恳请中央，当机立断，即日檄调内战之师，挥戈北指，驱逐日寇，收复失地，则不特垂亡之民族得一线转机，即中央威信亦可确立于群疑冰释之中，祈中央再勿仅固持"抗日"准备，而坐视此千载难遇之良机，否则国人将谓中央为仅对内而不对外之政府，中央将更难置辩矣。耿耿忠言，尚祈垂察。国家幸甚，民族幸甚。

（原载 1936 年 6 月 29 日香港《生活日报》）

西南事件所给与我们的教训

章乃器

无疑的，西南的抗日运动，已经遭遇着可耻的败挫。虽然他们的抗日的主张，已经得着相当影响。我们目下批评西南，并不是对于失败者投井下石，也并不是替救国阵线洗刷；因为一切的真正热心抗日者，目下即使受一些败挫，他们的历史地位是不可能淹没的。救国阵线的立场和对于西南事件的态度，也有种种的事实摆在大众的前面，决用不着洗刷。目下批评西南的目的，是在使有心抗日的实力派、不愿做亡国奴的大众和救国阵线里的同志，能够于抗日问题有更深刻的了解，而同时能在将来采取更正确的策略和更有效的手段。

让我先来报告一些事实吧。在西南事件发生以前，救国阵线已经明了，广西的民众运动虽然不能适合我们的理想标准，然而至少是有相当的基础。对于青年的压迫和思想的束缚，广西可说是比国内哪一处都比较的开明；然而对于广东，我们明知道是刚刚相反。陈济棠氏压迫青年和束缚思想的手段，在国内可说是首屈一指。救国阵线的代表，几次向陈济棠要求开放民众抗日运动，都被他拒绝。向任何的地方当局要求开放民众运动，这是救国阵线一贯的政策，并不独对广东为然。我之所以提出广东，是惋惜广东当局已经决心宣布抗日，然而竟不能接受我们的要求，而且竟因此遭受到可耻失败。

西南事件爆发的迅速，真是出于我们的意料的。特别是广东，他们丝毫没有培养民众的抗日情绪，没有巩固民众的抗日力量，而竟会变成这次事件的主动者。因此，西南事件一爆发，就已经变成一个单纯的军事投机。至少，在广东是完全没有民众的基础的。因为陈济棠的政绩，在平时已经极端的（地）不满人望，而临时又不能开放民众抗日运动，表示与民更始，因此，内部就先因为动摇而瓦解。倘使广东的抗日阵线在那时已经有几十万甚至几百万的群众做基础，那末，在这种伟大的民众情绪的挟持和拥护之下，内部的分裂是不可能的。谁愿意脱离民众抗日阵线，而受天下后世的唾骂呢？除此以外，种种对于西南背景的猜度，我们是局外人，不愿遽加可否的。尤其痛恨一班别有作用的人们，一味以诬蔑抗日势力为得意。我们曾经主张组织民众团调查真相，这种主张，自然是极端公平，而没有人能加以反对的。

在西南事件爆发之后，救国阵线里的同志，就有几种不同的估计。一种是极度悲观的，认为这是单纯的军阀内战的变相，我们应该痛下攻击。一种是极度乐观的，认为这是全国抗日战争的起点，我们应该跟他们去一块儿干。这两种极端的意见，事实上都未为救国阵线所采用。我们认为抗日两个字是值得宝贵的，凡是有良心的中国人，决不愿轻易加以侮辱。究竟是不是内战的变相，我们也应该调查了之后再下断语。即使发动的时候不够真诚，只要群众和士兵的力量能够使一个假抗日变成真抗日，我们依然还要抓住抗日两个字要求兑现，而不能随意加以抹煞。同时，我们认为过分的乐观估计，有使救国阵线走上机会主义的可能，那是更危险了。西南胜利了，我们至多也不过做了一个尾巴；西南失败了，我们便跟着失败。

我们以后决定下来的态度，是坚定的（地）站在自己的立场，对于西南的抗日主张表示同情，对于西南的真实内容进行调查。本来，我们所要求的抗日，是有具体的内容的。我们有我们的抗日救国初步政治纲领，我们应该坚持必须在原则上接受这个纲领，才是真抗日，才是有把握的抗日。纲领的内容，因为是"初步"，自然是可以磋商的，然而是不能一笔抹煞的；而且，主要的原则，是不能让步的。所谓坚定的（地）站在自己的立场，就是说对于任何发动抗日的实力派，提出我们的纲领，要求他接受。在没有接受之时，我们只能对于他的抗日主张表示同情，而不能认他是我们的同志。要之，我们是联合别人，欢迎别人加入救国阵线，而决不要被别人联合了去、吞并了去，或者甚至投到别人的怀里去做一个工具。我们对付西南如此，对付其他任何党派也如此。我们认为只有照我们的纲领做，抗日战争才有百分之一百的光明前途；也只有向百分之一百的前途奔跑，我们的政治活动才有意义。否则，即使有百分之七十的光明希望，而依然有百分之三十的黑暗可能，那条路依然是投机的路，是官僚政客的路。所以，我们无论如何不能放弃自己的立场，只有自己的一条路是靠得住的。

在最近的月余以来，我曾经不断的（地）对救国阵线的干部同志做这样的说明，并不是在西南失败了以后才来说风凉话。不过在今天提出这一番话,意义是特别重大罢了。我们且想想,倘使我们对西南有更高的表示,我们即使不受到无谓的打击,我们现在应该怎样对大家说话呢?

总之,西南事件所给与我们的教训是:一、没有民众的基础,决不能抗日;二、发了大财,不要民众的官僚军阀,决不能彻底抗日;三、救国阵线永远不能放弃立场,不然,便要有极大的危机。

(原载1936年7月26日《救亡情报》第12期)

援助西南抗日

——《救国时报》社论

西南发动武装抗日,白崇禧躬亲督师北上,北伐军前敌参谋处宣布与日寇断绝一切关系,及欢迎各党各派武装抗日等四大纲领;同时粤军官佐士兵及社会群众亦纷起要求扩大反日运动,贯彻北上抗日。显然,一种有历史意义的重大事变,正在三湘两粤间作有力的开展。

或许有人以为西南抗日,内容复杂,于是顾后瞻前,多所议论。但我们国民的态度则异是。我们要求一切派别抗日,我们帮助一切抗日的派别。西南现已进行抗日,我们便得帮助西南。我们国民应该揭露和打击西南敌人的阴谋,应该用群众的热情促进和提醒西南本身的行动,这样来帮助西南抗日,来使西南的抗日事业发展和胜利。我们认为:西南的抗日事业,正是全国民众抗日事业的一部分,我们只问抗日不抗日,其他对于我们都是次要。

然则西南敌人的阴谋是什么?

自从西南要求抗日以来,南京和日寇便采了同样的新闻政策,他们说西南是要向蒋介石进攻,说西南的出兵只在反蒋。日寇采取这样的新闻政策,为的要逼蒋进攻举兵抗日的西南,为的要实现它的以华制华的夙计;蒋采取这样的新闻政策,为的要掩护他部署已久的对西南的进攻,为的要利用人民反对内战的心理,乘机把启衅之罪归于西南而加紧进行内战。因此,对准日蒋这一毒计,我们国民便更应该加强反对蒋介石的内战的企图。最近我国红军再度停止内战,建立国内和平,这正是目前集中力量抗日救国的惟一要图,我们便更应该把这一号召散布和深入到民间去,尤其是到蒋介石的军队群众中间去,使大家深刻体认到:进行任何内战,都只有落入日寇以华灭华的圈套。我们甚至应该通电给前十九路军将领,给中国共产党和红军,给二十九军中的主张抗战的同人,以及给全国一切抗日的团体,要他们执行人民的意志,给西南抗日以援助,给蒋介石内战以制裁。

但，天助自助者。假使西南本身不能在抗日之途上作勇敢的迈进，则徒有各方面的援助，依然不能保障西南抗日事业之能够发展和胜利。所以我们全国人民还得用君子爱人以德的精神来对西南本身加以促进和提醒，这样来援助其不致在敌人之前遭到败覆。

第一，西南现在是更应随时随地注意到蒋介石的先行分化，然后各个击破的政策。蒋一向就用这一政策来制西南，现在当然更要用这一政策。蒋介石现在使用这个政策的办法，就是软化陈济棠和打击李、白。打击这一政策的良法，只在西南内部能够加紧团结。例如现在打前敌的是桂军，陈济棠便应时刻想到桂军的胜败就是粤军的胜败，亲密团结，一致行动，这样，则蒋的分化政策必将无所施其毒计。

第二，西南现在应该把他业已标举出来的团结抗战的力量，欢迎各派抗日等纲领，切实坦白地付之实行。单是西南的力量，显然不但未足以救国，而且未足以敌蒋。西南倘若不图汇集众力，而只欲以独力来抗日，那末，假设他为蒋所败，而终于不能抗日，这固然是西南之不幸；但假设他为蒋所屈，而终于不敢抗日，这又何尝不是西南之不幸？（西南在国民中之信用将从此尽丧）而究极说来，又何尝不是我们抗日战线之不幸？所以凡我们国民应以至上的热忱来帮助西南切认实际的形势、己身的利害、国民的期许，而勇敢地执行他所已看见正确的上计。

第三，西南现在应该灵敏地把自己的军事行动和全国的民众的抗日运动密切配合。国民革命时代之北伐，国共两党的军事行动因为能与各地群众革命运动配合，故能所向无敌，击破孙、吴。这一教训（经验），西南是应该特别学习和利用的。西南过去迫害爱国群众的行为，确曾给人民以严重的恐怖；西南现在对于"一面剿共，一面抗日"的偏见，还没有明白放弃的表示，这也给人民以疑惧的根源。西南应该知道，首先发展西南治下的群众救国运动，这正是使全国群众运动与西南救国运动互相配合的必要基础，为抗日之能胜利计，西南显然应该迅速争取这一基础。

总之，人民援助西南抗日，实在毫无问题，只要西南能够自己团结一致，只要西南能够与人民一起合作，只要西南能够与一切抗日军事力量合作，勇敢向前，则西南的抗日必能得到最后胜利，这显然是可以预见的事。

但，我们对于西南的这样的态度，决非有所偏好。我们对于一切抗日者都是如此。蒋介石部队中也有许多主张对日抗战的将领，现在西南将士既不能再忍受蒋介石之卖国而起而反日，则一致抗战的时机可谓已到来了。我们希望一切主张抗日救国的军民，都一齐起来，我们对于一切抗日者当一样地都给以积极帮助。

（原载 1936 年 6 月 15 日《救国时报》）

十四　绥远抗战

绥远抗战的傅作义将军

绥远省位于内蒙古西部地区，是贯通华北、西北，联结内蒙与外蒙的重要战略地带。日军一旦控制了绥远，即可向南威胁河北、山西，向西进犯陕西、宁夏、甘肃，向北觊觎外蒙并与苏联对抗。日本帝国主义为了入侵绥远，在长城抗战和华北事变过程中，就在内蒙古组织傀儡政权，进行"内蒙自治运动"。1936年2月1日，在张北成立了"察哈尔盟公署"。12日，成立"蒙古军总司令部"，由蒙奸德穆楚克栋鲁普（即德王）任总司令，李守信任副总司令。5月12日，"蒙古军政府"在化德正式成立。这是日本帝国主义在中国扶植的又一地区性傀儡政权。

1936年8月，在关东军的支持下，李守信、王英等伪蒙军开始侵扰绥东。11月12日，绥远省政府主席兼第三十五军军长傅作义部坚决抵抗。13日至15日，晋绥守军多次打退敌人的进攻。19日，红格尔图保卫战胜利结束。此役，共毙敌1000余人。

11月下旬，傅作义策划了攻占百灵庙的战役。百灵庙位于绥远省归绥城西北70余公里处，是乌兰察布盟草原上的一个大庙，地势险要，是日伪军保卫其政权和进攻绥东、绥北的军事要地。

11月24日，百灵庙战役打响，晋绥军行动秘密而迅速，激战8小时，攻克百灵庙。12月2日，敌伪军4000余人反攻，又被击退。傅作义乘胜前进，于12月9日收复大庙，百灵庙战役全部结束。

绥远抗战，三战三捷，保卫了红格尔图，收复了百灵庙、锡拉木楞庙等战略要点，共歼灭和瓦解伪军1个师又4个旅，击毙操纵伪军的日指导官30余人，肃清了绥远境内的全部伪军，挫败了日军侵犯绥远的计划。

绥远抗战，受到全国人民的欢呼和积极支持。1936年8月和10月，毛泽东两次致函傅作义，称赞傅将军的爱国热情，鼓励他坚决保卫绥远，保卫华北、西北，表示红军三个主力师可以"配合友军出动抗战"。11月21日，毛泽东、朱德给傅作义发出贺电："足下孤军抗日，迭获胜利，日伪军不能越雷池一步，消息传来，全国欢腾，足下之英勇抗战，为中华民族争一口气，为中国军人争一口气。"蒋介石当时已调大军入晋阻挡红军东征，但也调出三个师增援绥远；山西土皇帝阎锡山，也表示积极支援绥远抗战。北平的一些大中学校如清华、北大、燕大等，组织战区服务队开赴前线；各地的捐款源源不断汇往绥远，贺信、慰问电有如雪片。

全国各界救国联合会为绥远问题宣言

—— 《救国时报》社论

日本帝国主义的代表人川越，方在南京和我们当局作"调整中日国交"的谈判，而日本帝国主义的飞机，已经在平地泉轰炸我们的城市了；日本帝国主义豢养下的伪匪军，也早已向我们的军队进攻了！

和不顾条约尊严、不讲国际信义的敌人高谈亲善，不但是与虎谋皮，而且是自投虎口。我们曾经在八月十六日为绥东事件发表宣言，要求政府实践不再容忍侵害领土主权事实的诺言，即日停止内争，全力抗敌。我们再度在本月十二日发表宣言，要求政府立刻以"毫无诚意"的理由，停止南京谈判，动员全国御侮。

我们现在重新提出：

一、华北中日经济协定，已经把所有的国家命脉断送净尽；尤其是航空权的丧失，要使整个的华北在敌人空军的控制之下！这种侵害领土主权的新协定，不管是地方当权的非法行动，还是先经中央的认可，中央都要负完全的责任。这种侵害领土主权的新事实，不管中央曾否加以默认，只要一天容忍其存在，中央便是失信于人民。

二、绥远是中国人的绥远，不是绥远人的绥远。中央负有全国国防的最高任务，对于绥远的安全，应负绝对完全的责任。绥远如再有失，中央实无以对人民。

三、中央对于绥远的援助，如果依然仅以过去一隅之战，以消极抵抗，敷衍塞责，在牺牲少数部队之后，立即放弃领土，与敌言和，我们是万万不能承认的。如果过去锦州、热河战争的事实再现于今日，我们就不能不认为政府依然没有维护领土主权的决心，政府便是自绝于人民。

四、因此，我们十二万分诚意地要求，政府应该发动全国规模的积极的抗战，应该立刻停止内争，动员全国武装力量抗战，尤其应该立刻停止南京谈判。

五、我们要求全国的实力派，一致请缨抗敌；我们要求全国不愿做亡国奴的同胞，立刻自动组织起来，参加救国阵线，以全力援助绥远抗敌军队。

（原载1936年11月22日《救亡情报》）

坚决反对日本侵占内蒙

——《红色中华》社论

绥东告急，日本帝国主义者进一步侵占内蒙的行动，已经在积极开展中了。据无线电消息：

"连日来蒙伪军李守信部积极向绥东移动，企图侵占绥东及绥远以及内蒙全部，故绥东形势异常紧张，并盛传正黄旗总管被掳遇刺"，以及"德王往来百灵庙与嘉卜寺之间，行踪忙迫……"。这些事实充分证明日本帝国主义者向内蒙新的大举进攻开始了。

日本帝国主义的这一行动，是他并吞中国计划重要的一部分，而又是他灭亡中国必要的步骤。

中华民族危亡的紧急情况下，掀起了全国的抗日怒潮。日本帝国主义者看到中国人民抗日的运动急剧，暂时不敢贸然南进，所以积极指挥蒙伪军李守信部进占绥东，其意不但只限于占领内蒙，而且企图进一步进攻西北，企图隔断中国与苏联的联系，使中国人民得不到苏联的有力的援助，这正是日本帝国主义灭亡中国的毒辣的手段。

日本帝国主义侵占内蒙的行动，正是"防共"协定的实际内容之一。日本帝国主义的野心，在中国当局一味屈服不加抵抗的情况下，更加大逞雄心，他决不以占领华北为满足。日本强盗的侵略，不到占领整个中国，是决不会罢休的。

在这紧急的情况之下，反对日本帝国主义侵占内蒙，"保卫西北"、"保卫华北"、"保卫中国"，就成为中国人民救亡图存的最急切的要求。在目前，保卫内蒙实为保卫西北、保卫华北与保卫中国的关键。

中华苏维埃政府与人民红军，始终是站在中国民族的利益上，要求停止内战、一致抗日，并且愿与一切愿意抗日的武装部队与政府联合，在全国或首先在某一地区成立国防政府与抗日联军，来反对日本侵占内蒙，来进行神圣的抗日战争！苏维埃政府愿与蒙古民族建立最亲密的联合，愿以一切力量帮助内蒙人民来反对灭亡内蒙的日本强盗与出卖蒙古民族的汉蒙奸贼。苏维埃政府为着实际的（地）反对日本占领内蒙并吞中国，所以紧急的（地）主张实现西北抗日的大联合。在日本进攻的紧急情况之下，我们西北的形势是更加紧张了。苏维埃政府与迅速会合的人民红军一、二、四方面军，将动员最大力量联合一切抗日友军和蒙回民族，来实现西北抗日的大局面，来推动全中国的神圣的抗日民族革命战争。

（原载 1936 年 8 月 16 日《红色中华》）

十五　西安事变

西安事变的张学良（左）、杨虎城（右）将军

中共中央于1935年12月底召开瓦窑堡会议，制定了完整的建立抗日民族统一战线的政治路线。从此，统一战线工作大刀阔斧地开展起来，其首要工作就是争取地处西北反共前线的地方实力派——张学良和杨虎城将军，以及他们率领的东北军、第十七路军。

张学良丢掉东北之后，遭到国内舆论的痛斥。1933年3月长城抗战期间，他在蒋介石的压力下，卸职远游欧洲。但他究竟是一位爱国将军，见民族危机日益加深，于1934年1月回到国内。不料，1935年6月又被蒋介石派到西北"剿共"前线攻打红军。两次交战，损兵折将，两个师几乎全部被歼。在国家存亡之秋，进行内战，既无前途，也不应该。此时，他已知晓中共中央坚决抗战的主张，和中共提出的建立抗日民族统一战线的政策，于是萌生与中共接触的念头。他托李杜将军为他牵线搭桥，不久中共中央派刘鼎抵达西安，当了张的秘书。1936年1月，他的被红军俘虏的六一九团团长高福源突然从陕北回到军中，陈述了有关红军的实况和中共中央愿与张学良团结抗日反蒋的主张。1936年2月21日，红军代表李克农、钱之光与东北军王以哲首次会谈，签订了两军的第一个协议：一致抗日，互不侵犯，互通有无。3月4日，张学良亲自到洛川会晤李克农，就对蒋政策、红军作战方向、对日战略、打通国际路线等重要问题，交换了意见。4月9日，周恩来与张学良在延安举行会谈，进一步取得了许多共识：一、要争取蒋介石抗日；二、抗日游击战争是正确的战略战术问题；三、抗日必须联合苏联，立即从新疆打通国际路线；四、张学良在物资方面大力援助红军，中共协助张学良培训干部等。延安会谈，标志中共中央与张学良之间的统一战线业已建成。在此期间，中共中央也派出多名代表抵达杨虎城将军处。杨虎城过去就有与中共交往合作的历史，因此红军与他领导的第十七路军也比较顺利地达成共识，杨将军同意红军、东北军、十七路军建立三位一体的西北抗日联盟。

蒋介石从1935年冬至1936年冬，一直没有中断同中共中央的秘密谈判，国内国外共有四条联系渠道，蒋的亲信曾养甫、邓文仪、陈立夫参与其事，中共代表有周小舟、张子华、王明、潘汉年等。会谈一度深入到红军改编、红区改制等重要问题。蒋介石当时的政策是：或者接受他的苛刻条件，中共和红军被"收编"，和平解决问题；或者以武力消灭红军。秘密谈判期间，他两手并用，也曾重视和平解决，但自从他知悉中共与张、杨结成了统一战线之后，便胁迫张、杨全力反共，决意以武力拆散三位一体的西北联盟。

1936年10月22日，蒋介石飞抵西安，先后调集30万大军进逼平汉线和陇海线，命令张、杨，或者立即攻打红军，或者让防离开西北。11月1日，他在洛阳发表讲话："现在断不能用任何理由，去主张联共，否则就是要出卖国家民族，是存心与共匪同声相应，甘为共产党下面的二等汉奸。"与此同时，他向国民党军队下达对红军的总攻击令。中共中央和红军将领不仅做好了相应军事准备，而且于11月18日、21日在作战中击溃胡宗南的两个旅又两个团。

张、杨两将军已决心联共抗日，根本不为蒋的胁迫所动。11月27日，张学良向蒋递交了《请缨抗敌书》，要求到前线去抗日；12月3日、7日，又向蒋言谏、哭谏，要求蒋放弃反共，团结抗日。蒋的回答是：现在你就是拿枪把我打死，我的"剿共"计划也不能变。你和杨虎城面前只有两条路，一是服从我的命令立即"剿共"，一是你们的部队调离西北，让中央军来驻防。此外别无选择。

张、杨的处境，已是山穷水尽。经缜密研究和布置，决定以兵谏形式把蒋介石及来西安的军政要员全部扣留。这就是震惊中外的西安事变。

事变爆发后，国际国内舆论一片哗然。陕北和西安，热烈欢呼张、杨义举，要求严惩蒋介石。南京当局，不但齐声谴责，而且扬言要炸平西安。内战一触即发。广大人民和知识界忧心忡忡，深恐内战将替代初创的抗战局面，呼吁张、杨放蒋，平息事件。在国际上，英、美都赞成和平解决事变，苏联则谴责事变是日本、亲日派与张学良的合谋，其目的是葬送中国的抗战，指出放蒋才是上策。只有日本，浑水摸鱼，惟恐天下不乱，扬言决不袖手旁观。舆论的焦点，是如何处置蒋介石的问题，这是内战与和平的分水岭。张学良的立场非常明确，举事的目的是为了争取蒋介石抗日，只要他答应不打内战，团结抗日，就立即送他回南京。中共中央在这个问题上，经历了从审蒋、惩蒋到放蒋的认识思考过程。中共驻共产国际代表团受苏联的影响，一开始就赞成和平解决的方针。在中共中央和张、杨的密切磋商下，事变最终得以和平解决。历史证明，西安事变是时局转换的枢纽，从此奠定了国内和平、国共两党合作一致抗日的新局面。

张学良："一二·一二"事件的原委

（1936年12月13日）

张主任委员学良于十三日下午五时，召集总部全体职员训话，兹录原词如次：

董参谋长，诸位同志：

这几天因为我很匆忙，所以今天早晨想和诸位讲话，结果未能腾出时间。方才又令诸位等好些时间，很觉得对不起。

过去差不多有一个多月的时间没有到班，没有同诸位讲话。不到班、不同诸位讲话的原因，实在由于我内心不愿意作（做）"剿匪"工作！在外侮日迫的时候，我们不能用枪去打外国人，反来打自己人，我万分的（地）难过！我不愿意同我的部下说假话、说违心的话，可是，因为我限于命令和职务的关系，不说则已，要说就得说些违心的话。不得已，只好根本不说。

关于此次十二月十二日事件的原委，想诸位已经大概的（地）明了，现在我再简单的（地）述说一遍：

关于政治主张，我曾公开的（地）同蒋委员长讲过几次。讲话的内容，今天我见到蒋委员长的秘书毛庆祥、汪日章，据他们告诉我：我同蒋委员长讲话，他们都听到了。可惜因为蒋委员长气太盛，也是因为我的嘴太笨，总未能尽其词。蒋委员长误会我，说我的意见不对，但又不能说出我的不对的地方在哪里，更不能对他所说我的不对的地方加以指导。

我同蒋委员长政治意见上的冲突，到最近阶段大抵已经无法化解，非告一段落不可，谁也不能放弃自己的主张。于是我决定三个办法：第一，和蒋委员长告别，我自己辞却职务走开。第二，对蒋委员长用口头作最后的净谏，希望蒋委员长能在最后，万一的（地）改变他的主张。第三，就是现在所实行的类似兵谏办法。假如不是因为我遭逢国难家仇的处境，假如不是因为我对国家民族负有重大的责任，假如不是因为我采纳部下的意见接受部下的批评，或者假如我只身离去，回东北做义勇军工作，也能收到和实行第三种办法同等的效果。实行第一种办法，对我个人没有什么，我一点不在乎。

第二种办法，是我最近一个月来所实行的。在实行这种办法时，我真是用尽心机，也可说舌敝唇焦，而绝对是纯洁无私的。我曾去洛阳两次，有一次为表明心迹，是单身去的。

可惜，因为蒋委员长气太盛，我的嘴太笨，总未能尽其词，在上面已经说过了。我可以说是蒋委员长的最高干部，而他对最高干部的话，不但不采纳，甚至使我不能尽词；反之，却专听从不正确的一面之词。这实在不能算对。曾扩情有两句诗，大意说华山虽然高，其奈四围被阴霾笼罩着。这种情形，正像说蒋委员长被人包围着一样。

第一、第二两种办法都不通，只好采第三种办法。采行第三种办法，还有几个近因，也是主要的原因：第一，上海七位救国领袖被捕，上海各位救国领袖究竟犯了什么罪，我想全国大多数人谁也不晓得。沈钧儒是一位六十多岁的著名教授，他所犯的罪，只好说像他自己所说的"爱国未遂罪"！有一次我对于蒋委员长表示上项意见，他竟说："全国人只有你这样看，我是革命政府，我这样作（做）就是革命。"我心里的话，那时没有说出来，革命政府并不只是空洞的四个字，革命必须有革命的行动。第二，"一二·九"西安学生运动，事前我听说了，便同杨主任、邵主席计议，想出各种方法来制止。我提出几个办法：令学生在学校开纪念会，请邵主席招集扩大纪念周，令学生用文字表示。实在还不成，非游行不可，由我和杨主任、邵主席尽力劝阻，

无论如何不叫到临潼去。对学生运动，我实在是尽力排解。假如不是蒋委员长饬令警察开枪，武力弹压，使群情愤激，我想学生决不至于坚持到临潼去。学生走向临潼后，我不顾一切利害，挺身而出，幸而把学生劝回来，而蒋委员长却怪我没有武力弹压，而且竟公开说是他叫警察开明枪。假如学生再向前进，他便下令用机关枪打！我们的机关枪是打中国人的吗？我们的机关枪是打学生的吗？蒋委员长有了以上两种表示，杨主任、其他西北将领和我本人，就都断定了他的主张是绝不能轻易改变了！尤其常听他说"除了到西北，除了我，没有人敢像那样说他，没有人敢批评他。他是委员长，他没有错；他就是中国，中国没有他不成"等话以后，便断然决定采取第三种办法。的确，我们平情的（地）说，从蒋委员长的一切言行上看，他和专制大皇帝有什么区别？还有一件事情，也足以促成我采取第三种办法，也可以向诸位提出来，就是蒋委员长认为我的部下的行动有不检的地方，开始要求我对于我的部下加以惩处！我实在不能那样作（做）。我不容于当局，牺牲我个人可以，无论如何，绝不陷害我的无辜的部下。

我们这次举动，把个人的荣辱生死完全抛开，一切都是为了国家民族！将要产生什么影响，我们真是再三再三的（地）考虑。假如无利于国家民族，我们无论如何也不干；反过来说，我们一定要干！我们这次举动，无疑的，对于国家的秩序或有相当的影响。但权衡轻重，为了拯救国家的危机，是不得不如此。这样作（做），对于国家终于是有好处的！

现在蒋委员长极为安全。我们对蒋委员长绝没有私仇私怨，我们绝不是反对蒋委员长个人，是反对蒋委员长的主张和办法；反对他的主张和办法，使他反省，正是爱护他。我

们这种举动对蒋委员长是绝对无损的。如蒋委员长能放弃过去主张，毅然主持抗日工作，我们马上绝对拥护他、服从他！那时甚至他对我们这次行动，认为是叛变而惩处我们，我们绝对坦然接受。因为我们所争的是主张，只要主张能行通、目的能达到，其他均非所计。

我们考查这次事件，和蒋委员长过去所犯的错误，我们应该注意两件事情：第一，重要事情要和重要干部详细讨论。遇到重要事件，虽限于事实困难，不能和很多人讨论，但至低要和重要干部讨论，俾干部得以竭尽忠诚，发挥己见。至于全国民意，就是我们的主张，当然更绝对不能违背！第二，特务工作固然很重要，但情报只能供参考，不能完全听信。过去蒋委员长太重视情报，而蒋委员长所得的情报，可以说有很多是不正确的。试想根据这种情报，去决定政策主张，焉有不错误之理？这次事件实关系我国家民族兴亡，务望诸位集中全力，格外努力任事！都要下最大决心，献身国家民族！我真不信我们中国不能复兴！我们不信我们中国不能脱离日本帝国主义的羁绊！我们要承认过去的错误，我们绝不一错再错！诸位同志，中华民族终有自由解放的一天！本人因工作忙，目前不能常到部。总部事情由董参谋长多负责，希望各位都切遵董参谋长的指导。至于诸位有什么意见，请用书面报告我，我当很虚心的（地）酌为采纳。

（原载 1936 年 12 月 16 日西安《解放日报》）

全国新闻界发表对时局共同宣言

全国新闻界对西安叛变，群情愤激，特于前昨两日发起发表《全国新闻界对时局共同宣言》，对时局发表意见。十三、十四两日间，各地报馆纷纷来电赞同。截至今夜所接签名报馆已遍全国各省。国内舆论界以及全国各地报馆通讯社一致连署，发表共同宣言，在中国新闻历史上尚为创举；其意见表示有重大影响，当可想见，兹录其原文如下：

"军事委员会委员长兼行政院院长蒋公在西安蒙难之第四日，全国新闻界谨以各报馆之连署公表其对于时局之共同意见，中外各界幸垂听焉。"

"第一，中国今日之处境，内忧外患相逼相乘，生死存亡，千钧一发。处此境地，欲谋国家之独立与生存，惟有确保对内对外一切独立自主之立场，集全国国民心思才力，在一个方针之下为最大之努力。在此时期，整个国家对任何事件或问题，应绝对持此一定不移之态度；对任何主义或思想亦应绝对以民族国家生存为最高基点，坚确把持此种态度。数年来国民政府之国策与施政方针，吾人认为恰合此一标准，确实足以保障吾民族之生存。国难之作，于今五年，谋我者不惟不能危害吾国家之生命，国家精神及物质之建设且因之有长足进步，此其故正因政府立场之严正坚定，政府政策与民意完全衔接。根据数年来之事实，吾人坚信欲谋保持国家之生命，完成民族之复兴，惟有绝对拥护国民政府，拥护政府一切对内对外之方针与政策。全国人民凡具民族国家之意识者，当与吾人同其所见与所信。此日贡献国家之道，莫如各就其本位发挥力量，以协助政府巩固秩序，维持大局。"

"第二，近百年来我国各种组织及力量，屡濒崩溃，国际地位夷于次殖民地，重重国难，山河易色，大地膻腥。在此困苦艰难飘摇风雨之会，坚苦忠贞为国家确立重心、为中枢充实力量者谁欤？整顿国防建设民生者谁欤？移风易俗振饬纲纪者又谁欤？易辞言之，使我国万万同胞自无组织而有组织，由无国而有国，出同胞于水火，登斯民于衽席，伊谁之力？曰惟蒋公，为民族之栋梁，为国家之领袖，四万万人所托命，五千年历史之主宰。宇宙六合，孰谋危害此领袖？孰为四万万人之公敌？吾人良知之直觉，张学良纵为枭为獍，其不敢伤害领袖之毫发，乃为自然之定律。蒋委员长今日之武力，为四万万人之心；蒋委员长今日之背景，为民族五千年之历史。西安逆首张学良今冒天下之大不韪，即使豺狼成性，其内心或尚有良知透露之一时。吾人今日呼号全国之民意，对张学良之良心施行严厉监督，更动员全体中外记者之史笔，对张学良之功罪预留千秋万世之定论，促其即日恢复蒋委员长之自由出入，护送出境，俾国家民族之领袖继续领导其扶亡复兴之工作。"

"第三，天地有正气，国家有纲纪，时势愈艰，世变益甚，解决应付之方宜益简单明瞭（了）。天地正气国家纲纪，为我民族历史上拨乱反正之唯一纲领，亦即今日平乱定难之唯一方针。今日国家之中心组织为何？政府之组织系统为何？曰在中华民国创造者孙总理之遗教及其继承者发扬之精神，又在指导政府之党。当前时势虽极复杂，我政府立场不可不守定严正之态度，尊重历史及法律之系统。况蒋委员长数年来所持以统率全国维系上下者，即在继承孙总理遗教，即在秉持正气、维持纲纪，此种精神即领袖之生命。吾人对于此种精神应与领袖之生命同其珍重。顺逆不并存，邪正不两立。吾人坚信全国之民意必能发挥精神力量为政府后盾，以讨贼平乱。必信全体民意严整之阵容足以扫荡各种'言伪而辩'、'似是而非'之主张，肃清一切'游移两可'、'误国偾事'之思想。此非高调，亦非空论，乃为今日平乱定变之天经地义。当兹戎马倥偬，变起俄顷，盱衡时势，触目焦心。敢本舆论之职守，列举刍(刍)荛之愚见，贡献于政府，指陈于人民，爱国民众平乱定变之情绪自必热烈，保障民族生存之意志自必坚定。持此精诚，秉此愚忠，督促政府唤醒民众，必能芟夷大难，转危为安。吾人再谨以万分热烈之真诚，默祷领袖之安全，伫待领袖之归来。"

（原载 1936 年 12 月 16 日《大公报》）

敬告西北与东北将士人民书

于右任

自国难以来，我国家民族处于空前外力侵迫之下，而国内祸乱连年未已。全国军民上下，悲痛沉着，在千磨百折中，准备御侮，以求复兴。数年之间，在蒋委员长领导之下，统一幸告完成，国力渐见充实，所有精神物质之建设皆有显明之进步。最近绥远之战，更表现全国上下精诚御侮之伟大力量，国际观听顿为一变，国家民族之生机亦见进展。不意张学良等乃劫持蒋委员长及中央各将领于西安，妄作主张，企图推翻政府。身为军人而犯上作乱，号称救国而动摇国家根本，将使统一之基发生障碍，国际地位复归堕落，而数年来惨淡经营御侮图存之工作，均将中道而毁。国人则痛心，仇敌则欢笑，张学良等若稍有良心何忍出此。须知此时之蒋委员长，实以一身系全国家民族之安危，危害蒋委员长之安全自由，即是危害整个国家民族之生命；妨碍蒋委员长之工作，即是破坏整个国家民族之生机。自西安事变后，无论国内国外，皆作如此之认定。而全国军民上下亦即以救护国家民族者，齐下救护蒋委员长及中央各将领之决心，悲愤迫切之情，均出于自然而不能自已。中央对于此次变乱之处置，首在肃正纪纲，故有严办及讨伐之令，同时垂念军民无辜，命我入关宣慰。我以对国家之责任及对西北之关系，今已奉命入关。从来政府处置变乱，总以恩威并用，诛讨与感格相资。此次西安事变除为首者外，东北、西北将领子弟与人民，事前既毫未与闻，事后又处于胁迫之下，消息隔阂，心迹难明，然而揆情度理，中央及全国上下均无不相知相谅。我更以为东北将领子弟与人民，在亡省亡家以后，君等思念家乡思念君等至亲骨肉，而全国同胞见君等现在之情形，念彼此将来之命运，谁不同情，谁不哀痛？君等此时万勿以为张学良此等举动，足以助君等报仇雪耻，足以救君等转回故乡；而不知幽囚主帅如何尚能统兵抗敌，惹起全国愤怒如何能有家乡可归，此真为彼一人之野心，而陷君等于绝路也。我西北之将领子弟与人民更须知我之此来，最大任务是在救护蒋委员长及中央各将领，早获自由；亦即以救护蒋委员长与各同志者，救西北以救整个之国家民族。我等生在西北，闯此大祸，蒋委员长蒙难于我等之家乡，无异我等毁灭国家民族之生路，天下之怒将向我等，西北人民将千秋万世永沦为亡国灭种之罪人。我久病初好，逢此大难，焦急万分，中央不命我来，我亦将奔回西北，大声疾呼，与我久经患难之将领子弟与人民共图挽救大难之道。回思十余年间，西北兵荒水旱，年年告灾，灾后人民喘息未定，真是救死不遑，救生未得。此时有何主义政策可资空谈，有何人力财力可供消耗，欺骗我等者或者另有其说辞，而真正关怀我等者则只能为我等哀哭也。为今之计，张等如尚不痛切悔悟，回头自赎，则国家有典刑，大军已四集，彼等自趋灭亡之期，迫在眉睫。而我东北、西北之将领子弟与人民流离子遗，情同骨肉，速谋自拔自救，即在此时，军人则应明辩（辨）顺逆，不受乱命，时时以顾全国家民族为心。人民则应认清是非，努力维护地方秩序，勿为邪学奸谋所动，免受无知妄作之累。维持一份治安，即免受一分破坏，须知整个国家民族，处于存亡危急之秋，任何地方任何团体任何势力皆断无行险侥幸之可能。我惟愿大家一心一德，度（渡）此难关，深明大义，力持大义。救护蒋委员长及中央各将领，即是救护自身，即是救护西北；救护东北将领子弟人民之第二故乡，亦即救护中华民国与中华民族之光明途径也。当我将入陕时，彼等来电阻止，我则以为西北乃中华民国之西北，又是我之故乡，彼等虽阻止我来，我却不得不来。因我来虽不专为彼等，然果可以有所挽回，有所顾全，则我之此来亦未始非彼等之福。故我此时仍是万分希望大家大彻大悟，一致促成转危为安之局，则乖戾化为祥和，西北及东北之将领子弟与人民在此安危呼吸之顷，所报献国家与民族者仍复至为重大也。至诚之言，切望听察为祷。于右任二十三日自潼关发。

（原载1936年12月25日《大公报》）

全国各界救国联合会紧急宣言

（1936年12月15日）

十二月十二日西安的事变惊动了全国和整个世界。我全国各界救国联合会，站在民众的立场，站在团结御侮的立场，应向全国上下和全世界郑重宣告：

现在正是绥远抗战已经发动的时候，正是全国民众期待各党各派一致合作把绥远抗战扩大为全国抗战的时候，而在这时候，我们国内竟发生这样的空前事变，这以整个民族的立场来讲，实在是一个极大的不幸。

张学良、杨虎城诸将军提出的主张是联合各党各派，实行民主政治，团结全国力量出兵收复失地；而所用的手段却是扣留蒋介石先生，实行武力净谏，这种不合常规的办法，当然不能为全国民众所赞同。

全国各界救国联合会一向主张以联合求得真正的统一，以团结争取抗战的胜利，我们坚决反对一切兄弟阋墙的内争和内战，要求全国民众和各方实力派真能精诚团结，共赴国难。因此，对于当前的局势，我们只有迫切地希望全国各方实力派、各军政领袖，在抗敌救亡的大前提下，立刻捐弃前嫌，和衷共济，为全国抗战而努力，为收复失地而奋斗。我们尤其希望政府当局对于陕事，能谋迅速和平的解决，实行抗日救亡的主张；希望张学良、杨虎城将军一面恢复蒋先生的自由，一面率领东北和陕中健儿，驰赴绥远，援助我晋绥将士，用事实来表示收复失地的主张。

我们坚决反对任何自相残杀的内战。尤其在现在，当我们阎锡山、傅作义领导下的晋绥健儿正在英勇抗敌，收复失地，而东北义勇军也在努力杀敌，屡摧寇氛的时候，当我们全国民众都已奋起援绥，感觉到任何内战都是便利敌人的侵略而自亡我中华的时候，我们更加反对任何方面所发动的内战。张、杨诸将军如果想用武力来轻启衅端，而置其抗日救国主张于不顾，那么我们不消说是坚决反对；同时如果中央当局想用武力讨伐的方式，解决目前的纠纷，那么我们也是坚决反对。我们今天所要求的是大家尊重全国民众的意旨，进行和平的磋商，务求眼前的内战得以避免、察绥的抗战得以扩大。

我们要正告张学良、杨虎城将军，中央前此的政策，我们且抛开不谈，而最近几个月内中央已经迭次宣言自主救国，绥远的抗战已经在事实上发动起来了。在这时候，全国民众和各方实力派惟有督促中央坚持自主立场，联合各方，开放民众组织，扩大武装抗战，而绝对谈不到反对中央。所以张、杨诸将军的主张，如果是真心抗敌而不涉私见，那么一定能为全国人民所赞助；如果只是以抗日为名，借图私利，那么一定为天下后世所唾弃。

同时，我们要正告中央当局诸公，中央方面如果在事实上能够奉行孙中山先生的遗教，实现一再宣言的保持领土主权的主张，那么在此紧张局势之下，更加应当采取真正抗日的步骤，停止一切内战，保护救国运动，开放民众的爱国言论与组织，这样才能使真心救国的得到可靠的保障，而存心投机的也就无所借口。

寇深矣，事急矣！当此民族存亡的最后关头，谁都应当捐除一切的成见和宿嫌，服从整个民族的利益，谁要掀起内战，谁就是敌人的奸细、民族的罪人。当陕事爆发以后，日本帝国主义又在以中国可能发生内战，日侨生命财产应妥为保护为辞，更积极地增援入寇，实行吞并西北和华北了；他要更毒辣地以防共为名，怂恿我们进行内战。而少数亲日汉奸也在张大其辞，转移全国民众的视线，使我在绥远前线抗敌的健儿，失却精神上和物质上的援助，使我英勇将士洒着热血、拼着头颅收复过来的百灵庙大庙子成为多伦第二了。

我们坚决地举起"反对内战，扩大抗战"的大旗号召全国人民，立刻实行总动员，加紧援助前线将士，消弭一切内战。我们要求政府立即开放民众救亡组织，公开保护救国运动。我们号召一切有资财的中国人，应效阎锡山将军的毁家纾难；一切军队的将士，应效傅作义、孙长胜等民族英雄的努力杀敌；一切有真知识有特殊技能的教授学者们，应效曾昭抡教授的前线效力；一切爱国的志士，应效北平学生的参加作战；一切不愿做奴隶的中国人，应不断援助和接济前线将士。我们不应以一日贡献为满足，我们应该日日有贡献。

我们要求停止一切现存的内战，反对一切可能的新内战！

我们要求扩大绥远的抗战使之成为全国规模的抗战！

我们要求当局尊重全国的民意，和平解决陕事；同时要求张、杨诸将军，立刻恢复蒋先生的自由，和中央剀切磋商，实行抗日大计。

集中一切力量对付日本帝国主义！中华民族解放万岁！

（原载《救亡情报》，选自《西安事变资料》第1辑，人民出版社1980年版）

北平各大学校长蒋梦麟等致张学良电

（1936年12月14日）

西安张汉卿先生鉴：

陕中事变，举国震惊，介公负国家之重，若遭危害，国家事业至少要倒退二十年。足下应念国难家仇，悬崖勒马，卫护介公出险，束身待罪，或可自赎于国人。若执迷不悟，名为抗敌，实则自坏长城，正为敌人所深快，足下将永为国家民族之罪人矣。

蒋梦麟，梅贻琦，徐诵明，李蒸，李书华，陆志韦，李麟玉

（原载1936年12月15日北平《世界日报》）

蒋介石，罪大恶极

——十年反革命，五年卖国

——《红色中华》社论

一九二五年中国大革命时，蒋介石曾经在短时期内参加过民族革命。一九二六年三月二十一日蒋介石举行第一次的政变，排斥共产党。一九二七年四月十二日蒋介石公开的(地)叛变革命，投降帝国主义封建势力。自此以后，蒋介石大批的(地)屠杀共产党员与革命的工人农民，镇压工农的革命运动，全中国被蒋介石屠杀的人民已达百余万之上。

在一九二七年广州暴动时，蒋介石曾指挥队伍屠杀了暴动的群众有数万人，最可惨的是蒋介石曾以机关枪一次射杀七千人之多，全国人民闻之无不痛心，特别是湖南、湖北、江西等地方群众革命斗争尖锐的地方，杀得更加多，连十三岁的女孩子（长沙）亦遭受蒋介石的屠刀。尤其是湖南的平江、浏阳等地农民群众，在蒋介石反革命之后，大家暴动起来，反对蒋介石屠杀工农、镇压革命运动。蒋介石对这些地方的革命群众更加毒辣，派遣大批军队驻在该地，专门屠杀群众，每天杀人数目最低限度达八百人以上，就是反动报纸也不得不登载出来，在那时"血洗平浏"的声浪，曾深深地印在每个群众的脑筋中。

蒋介石的卖国罪恶，实是屈指难数，一九三一年"九一八"时，他命令东北军撤退，放弃东北三省，使日本强盗顺利的（地）占领了东三省，并以后更占领热河。

一九三二年"一·二八"上海之役，十九路军将领与士兵自动的（地）对日作战。蒋介石不但不加援助，反而调派第五军去监视十九路军，准备缴十九路军的枪，可是第五路军全体官兵，也自动的（地）参加对日作战。蒋介石在这种情况下，实行与日本勾结，订立丧权辱国的《淞沪停战协定》，以机关枪压迫十九路军撤退。

当日本帝国主义进占山海关与热河后，河北非常危急，蒋介石丝毫不顾及民族利益，而与日本订立所谓《塘沽协定》来出卖华北。

一九三五年冬，日本指挥伪军占领察北数县。进攻绥远之际，蒋介石又与日本强盗订立了《何梅协定》，使日本进一步侵占华北。

自"九一八"后全国抗日运动向上发展，蒋介石执行日本帝国主义的意志，命令东北军退出东三省，同时镇压各地的抗日运动。抗日群众被屠杀的不知若干。南京、上海、天津、北平的抗日示威大会，英勇的学生们流下的鲜红血迹，还没有干哩，最近西安群众在蒋介石到西安时，曾举行盛大的示威大会，要求蒋介石停止进攻红军的内战，宣布抗日，蒋介石不但丝毫不接受人民的要求，反而亲自下令将示威的学生，年才十二三岁的执行枪决。蒋介石这种行动，比禽兽还不如。

蒋介石对苏维埃红军，则完全接受日本的要求，企图消灭抗日的力量，举行五次围剿。特别是在日本进攻的紧急关头，红军曾无数次的（地）要求蒋介石停止内战一致抗日，可是失了血性的蒋介石，仍然继续调动大兵，进攻抗日根据地，阻碍红军抗日，并拒绝调遣其他部队援绥。

总计五年来蒋介石出卖的地方有：

（一）奉天、吉林、黑龙江、热河、察哈尔、河北等六省。

（二）人口约八千余万，占全中国人口总数的五分之一。

（三）面积约五百余万方里，占全国面积总数的七分之一。

（四）铁道长度达一万一千余里，占全国的一半。

（五）此外还有许多出产，难以数计，最著名者如东三省的大豆、石油，山西的煤矿，河北察哈尔的铁矿以及察绥热的羊毛、羊皮……

蒋介石的罪恶滔天，他的罪状是数不尽的，他虽百死也不足以赎其罪于万一！

我们要求把蒋介石交给人民公审！

我们要求把蒋介石交给人民裁判！

（原载 1936 年 12 月 16 日《红色中华》）

西安事件应当和平解决

——《救国时报》社论

本月十二日东北军领袖张学良等突然在西安将南京当局蒋介石等多人扣留，使全国政局发生巨大波动。当此日寇图我正急，绥东军事紧张，全国人民节衣缩食、一致援绥之时，突然发生这样重大的内争，对于目前中国民族生死所系之一致团结、御侮救国的运动上，实为深可痛惜的事件。

请全国人民首先是南京与东北军的当局特别注意日本帝国主义对于西安事件态度吧！在事变发生之当日，日寇就马上动员了自己在世界各国的电讯网，制造各种谣言，一方面说蒋介石已被枪毙，另一方面说南京已动员军队实行讨伐，极力双方挑拨，以造成我国的内战。及看到我国舆论一致主张和平解决，南京亦与张学良氏进行和平谈判，内战并未爆发，日寇遂又进一步动员自己在中国外交官吏压迫南京，并正式表示反对南京承认张学良氏提出之要求，反对和平解决；另一方面又促使自己的走狗德王表示"愿意停止攻绥的军事行动以拥护南京讨伐西安"。足见日寇正在运用一切的机（计）谋，企图利用西安事件来造成我国的内战，以削弱我国抗敌御侮的力量，以实现其亡我灭我之计划。足见内战正是日寇所利，而和平乃是我国之福。因此，我们要求南京和东北军当局特别注意到日寇的这一巨大阴谋，无论如何，不要坠入敌人之圈套，不为内战之祸首。我们要求南京与东北军当局特别注意全国团结、一致御侮为中国民族惟一救亡的出路，无论如何，要在团结救亡之基础上来使西安事件达到和平解决。

只有团结御侮是使西安事件达到和平解决的惟一正确和惟一可能的道路。这就是说，东北军领袖应当觉悟内战之危险，而极力避免军事行动；南京当局应停止讨伐的运动并彻底觉悟而用一切方法来扫除团结御侮的障碍。要达到真正团结御侮，首先要放弃武力统一的政策，停止一切内战，更具体说，要停止绵延数年苦民伤财的"剿共"内战，以谋全国一切党派之真正合作。要达到真正团结御侮，就必须停止压迫爱国运动，释放全国一切"爱国罪犯"，首先是上海救国会领袖沈钧儒、章乃器、邹韬奋先生等，并予人民以完全的民主自由，使全国人民能更有组织的（地）来进行救国运动。要达到真正团结御侮，必须发挥抗日的外交政策，拒绝日寇一切谋我要求，并联合国际上同情中国人民反日之友邦，以造成反对日本帝国主义侵掠的国际战线。要达到这一切，则首先要巩固南京政府的内部，就是要肃清南京政府内部的一切亲日派，使这一团结御侮的政策不致受到任何阻碍与破坏。这一切是达到团结御侮的必须（需）条件，也就是西安事件和平解决的条件与出路。果能如是，则这一重大的内争，可一变而为全国人民的团结，不幸的事件一变而为可喜的结局，民族灾祸一变而为民族福利。那么，痛心疾首的就只有我们民族死敌日本帝国主义而已。

因此我们极端欢迎国内舆论首先是共产党的主张。据上海电讯，中国共产党对西安事变发表宣言主张和平解决，号召双方停止军事行动、和平解决之四项主张：

（一）改组南京政府，肃清亲日分子并吸收反日爱国分子参加；

（二）停止一切内战；

（三）实行民主自由；

（四）联合一切同情中国人民抗日之国家。

这不仅证明共产党主张全国团结、一致抗日的始终一贯，而特别是认识了中国人民的福利所在而指出了解决西安事变的正确道路。我们相信，这一主张，正是代表全国人民的心声，必能得到全国人民的拥护，并在全人民一致要求之下，促成南京和东北军当局的觉醒，而达到西安事件的和平解决。

（原载1936年12月20日《救国时报》）

中国发生事变

——苏联《真理报》社论

（1936年12月14日）

陕西省发生了举世瞩目的重大事件，根据各国通讯社发自中国的不完整的消息称驻陕西省的张学良部队发动了反对南京中央政府的兵变并将政府首脑蒋介石将军扣作人质。

中国西北发生的这一事变是极其值得注意的征兆。值此日本对华侵略日益严重之际，张学良部举行兵变并扣押蒋介石，其性质尤为特殊。

渴望中国统一的各种力量正在实行空前规模的联合。这一联合过程是在最近几个月来日趋激烈的抗日运动的推动下发展起来的。抗日斗争阵线包括了各个社会阶层和社会团体。参加这一阵线的有资产阶级的代表、学生、工人和农民。

最近一个时期以来，广大的士兵群众也纷纷投入这一阵线。因为造成中国四分五裂、使人们遭殃的毫无意义的军阀内战的重负正是压在这些士兵群众的肩上。面对发动进攻的日本侵略者，这种内战只能削弱和破坏抵抗力量，使侵略者更易于进一步蚕食中国。

南京政府当务之急是要努力谋求中国的统一，使处于分裂状态的各个地区联合起来，团结全中国人民同外国侵略者作斗争。可是，反动势力在中国人民的敌人的代理人唆使下，竭力破坏这种努力。

毫无疑问，张学良部队举行兵变的原因，应当从不惜利用一切手段帮助日本帝国主义推行奴役中国的事业的那些亲日分子的阴谋活动中去寻找。臭名昭著的日本走狗汪精卫的名字同陕西省发生的张学良兵变紧密相连，这也绝非偶然。汪精卫这个南京政府的前主席，曾企图将中国的民族利益公开出卖给外国强盗，所以理所当然地被中国人民斥之为叛徒。中国某些爱国者曾试图将其暗杀，此后，他才不得不出走他国。

这个死心塌地为日本帝国主义效劳的走狗在流亡国外期间依然不忘为其主子效力，他纠集各种反动势力反对中国实行统一。汪精卫利用张学良部队中的抗日情绪，挑动这支部队反对中央政府。他在日本主子唆使下，力图在中国制造混乱，以利于中国的敌人实现其掠夺计划。

上述说法道出了发生兵变的内幕，是极为可信的。张学良握有抵抗日本侵略者的足够兵力。他的部队也充满着抗日决心。可是，就是这个张学良却一贯奉行为日本军国主义帮忙的对外不抵抗政策。过去，在他统治满洲的时候，他几乎毫无抵抗地将中国东北最富饶的几个省份送给了日本帝国主义者。如今，他又利用抗日运动以营私，名义上举起抗日旗帜，实质上制造国家分裂，使中国继续混乱下去，使其不可避免地成为外国侵略强盗的牺牲品。

最近一段时期以来，南京政府在日益高涨的抗日运动的推动下，开始采取一系列旨在促使国家统一、使四分五裂的力量联合起来的措施。将华南军阀的政治中心广州置于南京政府管辖之下，便是上述措施之一。使日本人感到高兴的内战，在华南地区遇到了严重的阻碍。高喊抗日口号，实际上为日本帝国主义效劳的粤系军阀被彻底击败并被赶出了广州。

华北日军司令部不久前公布的一本官方的小册子，反映了日本实行对华侵略所惯用的典型手法。日军司令部在这本小册子中指责南京政府鼓励怂恿形形色色的反日活动，声称"蒋介石及其一伙一日不倒，反日事件必将继续重演"。

众所周知，一心想奴役全中国的日本军国主义，过去和现在都把挑起军阀之间的战争看作它在中国制造混乱局面的最可靠的手段。日本军国主义有理由认为，以蒋介石政府为核心统一中国的进程正在发生并取得了重大进展，这对日本实现其变中国为殖民地的计划将造成极为严重的威胁。因此，它过去和现在都挑唆一些中国将领起来反对南京政府，必要时甚至利用某些反日口号也在所不惜。

日本帝国主义有计划地在中国推行使中国陷入封建军阀割据状态的政策。它散布不和，制造内哄（讧），从而使中国处于无力抵抗其侵略的分裂状态。这种政策有利于为侵略者进一步侵占中国领土扫清道路。

日本帝国主义在实现其对中国的掠夺政策的时候，企图利用反苏挑衅为这一政策作掩护。

在中国组织形形色色的"自治政府",这是日本人惯用的手法,现在这一手法又得到了新的运用。日本报纸《日日新闻》迫不及待地传出消息说,"12月12日下午"张学良成立了"自治政府"。令人十分惊讶的是,日本报纸驻上海的记者距陕西远在千里之外,它是怎样获得这个消息的呢?《日日新闻》的消息过于灵通,反而泄漏(露)了陕西兵变的真正组织者。

为了掩盖日本代理人的恶迹,这家在挑衅和造谣方面训练有素的《日日新闻》采取了嫁祸于人的手法。它嚎叫什么"张学良自治政府同苏联"已订立了一项"攻防同盟"。《日日新闻》的恶毒攻击和挑拨阴谋是掩盖不了事实真相的,也是欺骗不了任何人的。日本无法掩盖其挑拨者的形迹。由于他们干得十分拙劣,所以不管他们使多大的劲,也免不了露出马脚。

苏联始终恪守不干涉他国内政的政策。日本帝国主义者为了侵占中国的领土,于是扶植种种所谓"自治政府"和建立"傀儡国",这种政策对于苏联来说是格格不入的。广大的中国人民群众是不会继续受日本挑拨者和卖国分子的欺骗的。东京侵略者们赤裸裸的侵略政策一次又一次地擦亮了中国广大人民群众的眼睛,使他们看清了日本帝国主义明目张胆地企图奴役伟大中国人民的事实。分裂和奴役中国的政策,制造对敌人有利的混乱局面的政策,正遇到团结和联合一切力量以捍卫中国真正的独立的政策的对抗。

(选自《苏联〈真理报〉有关中国革命的文献资料选编(1927—1937)》,四川社会科学院出版社1986年版)

苏联《消息报》社论

(1936年12月27日)

张学良将军异动及蒋介石将军被扣所引起之政治危机,和使中国有发生内战之危险,然现已和平解决,且亦并无痛苦,此种结果将使全世界中国之友深表欣慰,彼等固自始即望冲突早日和平解决也。

日本侵略者曾认为此次事变如引起内战,则对彼有新的可能成为实现其侵略计划之有力工具,可为解决彼等因中国加强抵抗、进攻绥远失败而陷入困境的好方法。当中国国内和平前途十分危险之时,日本帝国主义曾竭尽能力,一方面使南京政府与张学良发生战事,另一方面则利用此种形势变南京政府为其宰制中国之工具。

目前吾人尚不知解决事变之条件究竟如何,而南京方面之具体发展亦尚未能预知,惟过去一切,吾人已可取得如下教训:

第一,无论日本帝国主义及其间谍在中国执行何种破坏工作,中国终于已走上民族统一之轨道,从而奠定为独立而斗争之基础。此次事变之结果,更证实并加强去夏两广事变和平解决后已可做出之结论。

第二,南京政府作为中国团结中心势力,在两次事变中之成功,其故均因过去一年间,其政策上显然可见之改变。此种改变乃趋于与国内舆论协调,准备对敌人要求作坚决之抵抗,以及容纳国内要求统一一切实力对日本帝国主义抗战之有力运动的可能,虽然此种可能目前尚在严重动摇中。

最后而重要之教训,为举凡一切反对南京之企图,目前客观上均属有利于日本侵略者。而其所以发生,大抵在南京政府继续动摇、继续对日本帝国主义让步从而削弱中国独立与团结,以及拒绝与国内其他反日势力合作等条件下才有可能。此乃政府惟一之可能弱点,足使其仇敌可以用反日口号及全国广大人民所拥护之统一战线政策自饰。中国之救亡图存,只有在毫无例外地真正统一所有一切现存势力,共同努力抵御外侮之条件下,方有成功之望也。

(选自《西安事变资料》第1辑,人民出版社1980年版)

十六　局部抗战时期的胡适

胡适博士

胡适（1891-1962），原名洪骍，字适之。原籍安徽绩溪，出生于上海。1910年赴美留学，曾获得和被授了36个博士学位。先后担任过中国公学校长、北大文学院院长、北大校长、驻美大使、行政院最高政治顾问、台湾中央研究院院长等职。主编或参与主编《新青年》、《每周评论》、《努力学报》、《现代评论》、《独立评论》等著名刊物，著述很多，在哲学、文学、史学等诸多学术领域均有重大成就和贡献。胡适与其他专家学者的区别，在于他一生卷入政治旋涡，有鲜明的政治色彩，充当了蒋介石政权在文化、思想、教育方面的代言人。抗战时期，以不抵抗主义、唱低调著称。

"九一八"事变后，胡适既反对日本侵略，又反对抗战，还组织了"对日让步研究会"。在他写的《惨痛的回忆与反省》和其他纪念"九一八"的文字中，埋怨我们的祖宗"造孽太深了，祸延至今日"，埋怨我们自己"太腐败"、"太不争气"、"事事均不如敌人"，说今后要不受侵略，"唯一的生路是努力工作"、"拼命的(地)做工"。在《上海战事的结束》一文中，他称赞"一·二八"事变订立《淞沪停战协定》是失败中的成功，是蒋介石的"积极负责态度"，政府之"一大进步"，因此不能"苛责当局诸人"。针对日本在东北成立伪满洲国和李顿调查团来华，胡适写了《一个代表世界公论的报告》、《我们可以等候五十年》、《我的意见也不过如此》等一系列文章，他称赞调查团报告不仅仅代表"世界公论"，而且"统一了世界是非"，因而值得"感谢和敬礼"。胡适反对日本扶植和承认伪满洲国，但又认为在东北撤退国军、满洲实行自治，"看不出有什么可反对的"。他主张接受日本提出的五项原则进行交涉，反对以武力抗争。他说"我不能昧着我的良心出来主张作战"，不忍我们以"血和肉去和那惨(残)酷残忍的现代武器拼命"；如果无谓的(地)去牺牲，"我情愿亡国"，"凡不负责任的高调，都是废话"。又说，为了救国，我们可等候五十年，"在一个国家千万年生命上，四五年或四五十年算什么"！长城抗战时期，胡适写了《全国震惊以后》、《保全华北的重要》等文章，哀叹热河失守是"摧枯拉朽的失败"，埋怨中国的不振作、不进步、不觉悟，"我们这个民族如何能抬头见世人"，要准备"低头苦志做三十年的小学生"来自救，为保全华北，眼前只能与日本谋停战谈判。1933年3月12日，胡适发表《日本人应该醒醒》一文，为日本征服中国出主意，奉劝日本不要迷信武力灭华，说武力压迫只会使中国人仇日心理日甚一日，"日本只有一个法子可以征服中国，就是悬崖勒马，彻底的(地)停止侵略中国，反过来征服中国民族的心"，他要日本学习1866年普奥战争中的普鲁士王国以怀柔征服奥国。1935年华北事变，蒋政权与日本达成《何梅协定》，以后又有冀察政务委员会的成立，促成"一二·九"爱国运动的爆发。对此，胡适又写了《沉默的忍受》、《为学生运动进一言》、《再论学生运动》等文，呼吁国民要在沉默中保持镇静、秩序，说这是"力量的开始"，在"这沉默的忍受的苦痛之中，一个新的国家已渐渐形成了"。他表面上赞成学生反抗日本侵略，也批评当局以武力镇压学生，但胡适坚决反对学生罢课；他奉劝学生不要受人操纵，"盲从、轻信、武断"，罢课是"不幸的"、"无益的举动"，只会"招致社会的轻视与厌恶"，将来"只配做顺民、做奴隶"而已，认为救国要"先从救自己开始"。

  胡适对察哈尔抗日、福建事变、两广事变、西安事变，均持批评、反对立场。他在《福建大事变》等文中攻击蔡廷锴等是一群"同床异梦"的军人政客，用骤然的手段，临时凑合成反国民党的局面，其举动"深可惋惜"，"无论什么金字招牌，都不能解除内战的大罪恶"，是"老实参加共产革命的老戏"重演。他谴责两广事变破坏了国家的统一，主张中央"明令讨伐"。他谴责西安事变中的张学良"背叛国家"、"破坏统一"、"毁坏国家民族的力量"、"妨碍国家民族的进步"，其"叛国祸国，毫无可疑"，应"不迟疑的(地)、迅速的(地)进兵"讨伐，并不必"投鼠忌器"。胡适反对坚决抗战的主张，却坚决拥护蒋介石"攘外必先安内"的反动政策。在他写的关于民权保障、建国、建设、国家统一的几篇文章中，反对宋庆龄的民权保障大同盟运动，说"一个政府要存在，自然不能不制裁一切推翻政府或反抗政府的行动"，反对"立即无条件释放一切政治犯"。胡适赞赏蒋介石进攻苏区是"自卫"，是"不惜聚全国的精锐兵力去围剿"。胡适反对中共的抗日民族统一战线政策，说一向持国际主义的共党，决不可"成为爱国主义者"，打出联合战线"只是他们在武装叛乱失败时的一种策略"，他们谈抗战"只是一种无耻的欺骗"。在局部抗战时期，胡适到处作反共讲演。1933年在长沙专为大反共刽子手何健讲学，赞扬"任何一个政府都应当有保护自己而镇压那些危害自己运动的权利"。何健高兴之余,赠胡适五千大洋。鲁迅为此作四首七言诗,其中第一首和第四首是:"文化班头博士衔,人权抛却说王权。朝廷自古多屠戮,此理今凭实验传。""能言鹦鹉毒于蛇,滴水微功漫自夸。好向侯门卖廉耻,五千一赠未为奢。"

胡适从"九一八"到"七七"如此国难当头、民族危机深重的时刻,在国内国外政策上持上述恶劣错误立场,理所当然遭到全国进步舆论的严厉批判,人们甚致(至)痛斥他是"民众之敌"、"国家之敌",要"驱逐他出华北"。

出卖灵魂的秘诀

瞿秋白　鲁　迅

几年前,胡适博士曾经玩过一套"五鬼闹中华"的把戏,那是说:这世界上并无所谓帝国主义之类在侵略中国,倒是中国自己该着"贫穷"、"愚昧"等五个鬼,闹得大家不安宁。现在,胡适博士又发见了第六个鬼,叫做仇恨。这个鬼不但闹中华,而且祸延友邦,闹到东京去了。因此,胡适博士对症发药,预备向"日本朋友"上条陈。

据博士说:"日本军阀在中国暴行所造成之仇恨,到今日已颇难消除。""而日本决不能用暴力征服中国。"(见报载胡适之的最近谈话,下同)。这是值得忧虑的:难道真的没有方法征服中国么?不,法子是有的。"九世之仇,百年之友,均在觉悟不觉悟之关系头上"——"日本只有一个方法可以征服中国,即悬崖勒马,彻底停止侵略中国,反过来征服中国民族的心。"

这据说是"征服中国的唯一方法"。不错,古代的儒教军师,总说"以德服人者王,其心诚服也"。胡适博士不愧为日本帝国主义的军师。但是,从中国小百姓方面说来,这却是出卖灵魂的唯一秘诀。中国小百姓实在"愚昧",原不懂得自己的"民族性",所以他们一向会仇恨,如果日本陛下大发慈悲,居然采用胡博士的条陈,那么,所谓"忠孝仁爱信义和平"的中国固有文化,就可以恢复——因为日本不用暴力而用软功的王道,中国民族就不至于再生仇恨,因为没有仇恨,自然更不抵抗,因为更不抵抗,自然就更和平、更忠孝……中国的肉体固然买到了,中国的灵魂也被征服了。

可惜的是这"唯一方法"的实行,完全要靠日本陛下的觉悟。如果不觉悟,那又怎么办?胡博士回答道:"到无可奈何之时,真的接受一种耻辱的城下之盟好了。"那真是无可奈何的呵——因为那时候"仇恨鬼"是不肯走的,这始终是中国民族性的污点,即为日本计,也非万全之道。

因此，胡博士准备出席太平洋会议，再去"忠告"一次他的日本朋友：征服中国并不是没有法子的，请接受我们出卖的灵魂罢，何况这并不难，所谓"彻底停止侵略"，原只要执行"公平的"李顿报告——仇恨自然就消除了！

三月二十二日

（最早发表于1933年3月26日《申报·自由谈》，署名何家干，系1933年瞿秋白在上海与鲁迅交换意见后执笔写成，其中有鲁迅的某些观点，并由鲁迅修改。）

听到胡博士的高谈

邹韬奋

日本人奉为"中国现代思想界之泰斗"的胡适之先生，最近因赴美讲演和出席太平洋国际学会，途经上海，对新闻记者发表谈话，极力赞美《华北停战协定》，有这么一段话：

"……此举虽略似于无形中默认伪国之嫌，然在另一方面言之，实系使东北问题，暂行搁置，盖战事停止后，则日本之文治派及和平派得以抬头，同时世界上和平运动，亦得与日本相接触，否则日本之和平派与文治派，亦只可听命于军部……故余对上海停战与华北停战，均属赞成，须知华北停战后，最低限度，可减少吾人之损失……"

胡先生向来也是我所佩服的一位学者，虽则我还够不上说那"肉麻主义"的所谓"我的朋友胡适之"，但是听到他近来对国事发表的伟论，实无法"佩服"，只觉得汗毛站班！只就上面这短短一段他最近所发表的高谈，也不得不感到这位"思想界之泰斗"的"思想"实在有不可思议的奇异！

他一方面很直率的（地）承认现在对于"东北问题"是"暂行搁置"，一方面特于"默认伪国之嫌"的上面加着"虽略似"的字样，这真是革命文学的莫大的妙用！尤其可疑的是认为我们的不抵抗，是可以帮助日本的文治派及和平派得以抬头，又可以帮助世界的和平运动得与日相接触。这样说来，热血抗战的十九路军，马占山、苏炳文各军，以及自动参战的少数军队，都是莫大的罪人，因为他们既阻碍了日本文治派及和平派的抬头，又阻碍了世界的和平运动得与日本相接触！我们所不解的，是从沈阳到热河的奉送，都是在不抵抗中"求和平"，日本的文治派及和平派何以不抬起头来？世界的和平运动何以又不和日本相接触？在胡博士所"均属赞成"的"上海停战"实现之后，何以我们也没有眼福看到胡博士所幻想的"抬头"和"接触"的这么一回好事？

日帝国主义者的一贯政策是"征服支那，先征服满蒙"，我们很有充分时间"等候""抬头"

和"接触"的实现！怪不得现在不是对外而是尽量对内的时代了！

（原载 1933 年 6 月 24 日《生活》周刊第 8 卷第 25 期，署名韬奋）

我们决不放弃东北

李公朴

胡适博士一再冒充代表中国"国民"的公意，在那里告"日本国民"了。我们这些"中国国民"对于胡博士的谰言就能让它在国际上扰乱世人的听闻么？

不！我们"国民"应该起来辩正（证）。

以前的骗案不管它，就拿最近他在上海《大公报》"星期论文"中发表的《调整中日关系的先决条件》一文来说罢。胡博士在"巧言令色"中，公然默认放弃东北四省，这是何等荒谬无耻的事，这是我们这些"国民"的意见么？

胡博士为了要接受三原则①，口里却反对三原则，说"三原则是增进中日仇恨的条件，不是调整中日关系的先决条件"，但一考察他开出的"先决条件"来，却又除说了一些梦话外，刚刚自己承认了三原则的第二项，对于"满洲国"事实的存在是"加以尊重"了的。

本来我们对于一个殖民地的实用主义者怀抱这种政治观是不足怪异的，但这种政治观一旦成为逢迎侵略者为屈辱辩护的理论，却就不能不加以痛击了。何况胡博士还以为这些无赖的谬说，还是"中国国民"的意见，或者还在希望全国"国民"同受这种"实用主义的训练"呢！

不用说，胡博士这种幻想，是会有一部分人唱和的。《大公报》在登载博士的论文第二日的社论上就响应了，同样主张把东北问题作为"悬案"，要求敌人不再侵略。

这种幻想，即退一万步承认它是没有什么作用的，也不能让它存在。因为这完全与事实隔离太远，敌人的侵略如果能够限制在东北四省，这四省早归他有了，就应该专心去经营它，不再破关内犯了。事实所表示的，是他还要求整个的华北、华中、华南，要求的是整个的中国，这些要求，到今日止，不仅是野心，（而且）已经一步一步实现了。到处的傀儡运动，用"走私"破坏中国关税，增加中国驻军，大批联合军舰访问中国，建立经济的侵略线，凡此一切都是他进行独占中国整体的事实。可惜这一切都不被一个实用主义者看见，还在那里幻想"调整"什么，"开辟"什么"新时代"。是的，"新时代"的开辟，是用不着博

---

① 指日本外相提出的妄图占领东北的三原则。

士费心的,现在已由敌人的手在制造了,那就是"王道乐土"下的"大××帝国"的"新中国"。

可惜得很,博士曾替侵略者打清了算盘,不见得能博得侵略者欢颜罢,因为在侵略者眼内,恐怕还是殷汝耕先生的主张更动听些!"王道乐土"之下,所谓"自由思想"也是不能见容的。哀哉我们的博士!

至于中国大众呢?我们要大声的(地)向世界大众说,我们决不想在敌人的枪刺下,幻想"调整"什么,我们决不放弃东北四省!

(选自《李公朴文集》,群言出版社2012年版)

十七 七君子事件

七君子出狱后合影
（左起：王造时、史良、章乃器、沈钧儒、沙千里、李公朴、邹韬奋）

1935年冬北平爆发的"一二·九"爱国学生运动，极大地推动了全国的抗日救亡高潮的到来。高潮的显著标志，是全国各地的救国会的成立。

当时的上海，是救国运动的中心。1935年12月21日，上海女界救国联合会成立。12月27日，上海文化界救国会成立。1936年1月上旬，上海各大学教授救国会、学生救国会成立。之后，又成立了职业界救国会、国难教育社。反对"先安内后攘外"，要求成立抗敌救亡的政府，是这些组织的共同口号。

上海救亡团体的出现，像一声春雷，震动了全国，各地爱国人士纷纷响应。1936年1月，北平成立了以刘清扬为主席的北平妇女救国会、以马叙伦为主席的北平文化界救国会。在天津、南京、武汉、厦门、香港、杭州、济南等地，各种救国会也相继成立起来。

为了有力地推动抗日救亡运动，迫切要求将全国的救国力量总合起来。1936年5月31日，全国各界救国会联合会在上海成立。北平、天津、南京、上海、广州、武汉、香港等17地和十九路军代表共50余人参加成立大会。会议通过了《全国各界救国联合会成立大会宣言》和《抗日初步政治纲领》，认为国难已到了亡国的境地，而南京政府尚沉迷于"先安内后攘外"，放弃民族革命的任务。会议指出，我们的主要敌人是日本帝国主义和汉奸，因此国际上应当联合苏联，国内应联合一切愿意抗日的力量。会议通过了《全国各界联合会章程》，选举出宋庆龄、何香凝、马相伯、邹韬奋等40余人组成执委会。7月15日，由沈钧儒、章乃器、陶行知、邹韬奋署名，发表了著名的《团结御侮的几个基本条件与最低要求》长文。文章尖锐地批评了南京的"安内攘外"政策，公开支持中共中央发表的《八一宣言》，号召停止对两广的军事行动，同红军停战议和。

全救会如此尖锐地批评南京，公开赞扬和支持中共的救国主张，极大地刺激了蒋介石的神经，加以全救会成立后，在全国推动了波澜壮阔的抗日救亡运动（如在全国成立地方抗日救亡组织，支持各界抗日救国运动，主持鲁迅葬礼，并把葬礼变成了向反动派的示威斗争，支援绥远抗战，支援上海的反日大罢工等等），这就使全救会成了南京的眼中钉，非除掉而后快。1936年11月23日，南京逮捕了全救会领袖人物沈钧儒、章乃器、邹韬奋、李公朴、沙千里、王造时、史良等七人。随后移解苏州，关押在江苏高等法院。这就是史称的"七君子事件"。

南京当局逮捕七君子，立即在国际国内引起强烈反响。全救会发表声明，阐述七君子一腔热血，大公无私，光明磊落，何罪之有！要求"立即释放被捕诸公"、"公开保护救国运动"。北平文化界许德珩等联名致电南京，提出"国难严重，端赖合作御侮，不容再事萁豆之争"。宋庆龄也发表声明，向国民党提出抗议。中共中央在陕北出版的党报《红色中华》和在巴黎出版的《救国时报》也发表评论，指出救国会领袖被扣，"实为全国人民所痛心疾首"，号召反对南京爱国有罪之暴政，争取七君子释放。在国际上，知名人士罗曼·罗兰、爱波斯坦、杜威、罗素等，也纷纷致电南京，要求释放被捕的爱国领袖。南京置国内外呼声、谴责于不顾，陈立夫、陈果夫还扬言要杀害七君子。1937年4月3日，江苏高等法院罗列"十大罪状"起诉七君子。6月25日，宋庆龄、何香凝、胡愈之等十六人，为营救七君子发起了救国入狱运动，他们发表宣言，7月5日带着行李到苏州投案，要求法院羁押。

由于七君子在狱中坚决斗争，由于全国的营救运动不可阻挡，以及"七七"事变后全国抗战出现新局面，南京当局不得不在7月31日，将七君子交保释放。

为七领袖被捕事件宣言

全国各界爱国的同胞们：

暴日对于中国的侵略是无止境的，它最终的目的是灭亡全中国，由此而征服全亚洲。然而我中国四万万五千万人民对于侵略者的反抗也在再接再厉，我们反抗的目的是在求得中国之自由平等，求得世界大同与和平。历史已经特辟了光荣的篇幅，登记着我们东北义勇军的浴血奋斗，我们十九路军、二十五军、二十九军和一切抗日部队在淞沪、长城各口和察北的英勇抗战；登记了"九一八"以来，尤其是从去年"一二·九"以来，全国民众怒潮一般的救亡运动。而在今天当敌人正用最毒辣的"以华制华"、"以蒙制蒙"的手段，在绥远开始新的进攻的时候，我们的在阎锡山、傅作义将军领导下的绥晋将士，在全国上下热烈鼓励与支持之下，发动了神圣的抗敌战争。非常可喜的，根据报纸，中央的军队已经在绥境前线应战，中央的飞机也已经出现在百灵庙的上空，其他各方面的将领和部队，也都请缨杀敌，要求灭此丑类。尤其可喜的，全国人民，不论男女，不论贫富，不论信仰，都已一致奋起，从事宣传、募捐、慰劳、救护等项工作，以援助和扩大绥远的抗敌战争。这种全国团结一致抗敌的伟大力量，怎能不令敌人寒胆？

敌人在另外一条战线上也碰到中国人民坚强的反抗。暴日在华的工厂一向是厉行对华经济侵略的堡垒；尤其在最近几年，它们几乎要把中国的民族工业蚕蚀（食）净尽，而同时对于我工人同胞更尽其剥夺虐待之能事。最近上海日厂华工，因为要求自身生活的改善，提出最低限度的要求，举行同盟罢工，风声所播，青岛、天津日厂华工也纷纷起来罢工。工人同胞这种反对日商无情剥夺的罢工，对于敌人在华的经济势力当然给以严重的打击，而同时对于我国的民族工业却给以乘隙发展的机会。

暴日在中国人民各方面的坚强抵抗之前，就加紧运用他们的阴谋，破坏我民族的反抗力量。他们一面用着大炮和飞机，轰击和屠杀我们在绥远前线的战士，调动陆战队来弹压和屠杀我们在上海和青岛的工人同胞；在另一方面，他们就用种种卑鄙龌龊的手段，在我们人民与政府之间挑拨离间，瓦解我们的团结，拆散我们的统一，以遂其"以华制华"、"各个击破"的毒计。

不幸得很，虽然全国各界救国联合会及其领导人物，自从救国联合会成立以来，就呼吁全国上下团结御侮，虽然全国民众天天在要求政府领导抗敌，虽然政府内一部份（分）贤明的领袖也早知道非对内精诚团结，对外便无从一致，然而政府对于我们的主张和立场却始终还有所误会。前些时候，在上海出版的日本报纸宣传中国政府将镇压民众救国运动，对救国阵线的几位首领将有所不利。而在上月二十三日全国各界救国会在沪的执行委员沈钧儒、章乃器、王造时、李公朴、邹韬奋、沙千里、史良诸先生果真突然被公安局会同租界捕房逮捕，月底南京救国志士孙晓村、曹孟君诸先生亦先后被捕。接下来，当局对救国会组织横加压迫，对于各种救亡刊物大批查禁。敌人对救国会加以如此阴谋诬蔑，显然是要政府打击民众，使民众仇视政府，如此中国内争益烈，对外不仅无以作持久的抗敌，而敌人"以华制华"的毒计，倒能如愿以偿。

在这里我们对于敌人妄加于我救国阵线及其领导人物的造谣和诬蔑不仅一定要加以严厉指斥，同时要把我救国阵线的立场重新申明如下：救国运动唯一的目的只在促成全国人民不问其社会地位如何、政治主张如何，能够团结一致，完成抗日救国的任务。救国阵线决不反对政府；恰恰相反，它是督促和支持政府抗日，如果政府能够抗日，它必然忠诚拥护政府。救国阵线并不袒护共党；恰恰相反，如果共党不能实行其共同抗日的纲领而欲以事内战，它便坚决反对共党。救国阵线决不鼓吹阶级斗争；恰恰相反，它用全力促成各阶级的协调，因为在国难期间全国人民利害虽有不同，也只有相忍为国，才能保护整个民族对日抗争的统一步调。救国阵线要求停止一切内战，因为从任何方面发动的内战都只是消耗抗战的实力，而助长敌人的进攻。救国阵线绝没有鼓动任何工潮，工潮是由日本资本家的疯狂剥夺所激起的；救国阵线站在抗敌的立场，对于日厂工人同胞为了要求最低限度的生活条件而起的罢工，必然加以同情的援助。至于民族企业，它始终保持着一种使民族资本能够独立顺畅地发展，同时保证工人获得适当生活条件的态度。救国阵线更说不到危害民国；恰恰相反，它的目的正是要击退危害中华民国的敌人日本帝国主义，保卫我中华民国领土和主权的完整。救国阵线也绝没有扰乱地方治安；恰恰相反，它的目的正是要驱逐那剥夺我整个民族安全的罪人日本帝国主义，而使我全国人民能安居乐业，享有各种的民主权利。一切的造谣和中伤，都是日本军阀亡我家灭我族的种子。不幸我政府当局竟亦因此误会我救国会之主张，那真是为亲者所痛为仇者所快呢。然而日本军阀这个策略显然没有成功。他们不但没有能够借助于九位先生之被捕，离间中国的政府与人民；恰恰相反，中国人民已经凭着他们过去的惨痛经验和远大的政治眼光，更加团结全国的力量，为援助绥远抗敌将士而努力，为扩大民族自卫的神圣的战争而奋斗。日本军阀的阴谋并没有达到他们预期的目的，它所引起的倒是全中国人民爱国义愤和狂怒，这种义愤和狂怒恰恰对准着我们唯一的敌人日本帝国主义。

我们正同全国有良心的同胞一样，要求政府立刻无条件恢复被捕九位先生的自由，释放一切因爱国行动而被捕的同胞，以巩固政府与人民之间的合作，加强全民族抗敌的力量。政府应当动员并允许全国的民众参加并组织各种救国的团体，进行抗敌救亡的工作，同时在军事上作适当的配置和动员，以绥远抗敌为起点，展开大规模的收复失地、恢复主权的自卫战争。

我们希望全国各界救国联合会数十万会员和全国爱国的同胞，集中一切力量，用宣传、募捐、救护、投效以及其他各种各样的方式，援助和扩大绥远的抗敌军事行动，务使此次抗敌战成为收复一切失地、恢复一切主权的全民族的抗战，而毋蹈过去淞沪抗战、长城抗战和察北抗战的覆辙。同时我们希望全国爱国同胞参加并要求政府能给与人民自由组织各种各式的救国团体。这种团体，我们只问其是否抗敌，而不问其发动者为谁、领导者又为谁。我们尤其希望全国救国会的会员能够参加各种最近产生的新救国团体，切实推进各部门的救亡工作。同时，在开展一般救亡工作中间，我们要加紧进行营救九位先生和其他救国同志的工作。

最后，我们应当重复申明，救国阵线的立场始终没有变更过，而且今后也决不会变更。我们的立场是要求全国人民，不问党派，不问信仰，不问地位，实行真正的精诚团结，停止一切内争，立即对日抗战，求得中国之自由和平等。

中华民族团结万岁！

中华民族解放万岁！

全国各界救国联合会执行委员　马相伯

何香凝（签字）

宋庆龄

一九三六年十二月六日

（本宣言由胡愈之执笔起草。选自《胡愈之文集》第3卷，生活·读书·新知三联书店1996年版）

争取救国自由

——巴黎《救国时报》社论

全国各界救国联合会自成立以来，努力从事救国之宣传与救国运动之组织，号召全民团结，一致对外。近来我海内外同胞的救国运动之进展，该会实具有巨大推动与赞助之功。而最近绥警再剧，该会负责诸君尤慷慨奋发，号召全国同胞，组织援绥运动，募饷款，筹寒衣，昼夜奔走，不辞劳瘁，其公忠爱国之行动，益为全国人民所信赖。该会以团结同胞抗日救国为职务，并非一党一派之组织，更毫无仇视政府之存心，不仅既屡见于该会之明白宣言，而犹可以考之于该会历来之行动，在全国人民看来，该会之成立和其努力，正是表示中国人心不死，国难犹可挽救。乃南京政府竟突将该会领袖章乃器先生等七人横加拘捕，秘密讯鞠，真令海内外同胞万分惊愕！据吴铁城公开发表之谈话谓：南京逮捕章等，竟是因为救联会曾参加上海日人纱厂华工反日罢工运动。足见南京这一举动全为日寇所授意。日纱厂工人罢工，正是全国救国运动之一部份（分），稍有爱国天良之人，都必起而援助，而南京政府竟以此为逮捕章先生等之理由，其倒行逆施，竟至如是，真令全国人民不解！当此国事更危，正应发展人民爱国运动的时候，南京当局乃依然惟执行日寇"根绝反日运动"的要求是务，且益变本加厉，公然迫害到全国共（公）认的纯粹人民爱国团体的领袖，这更令人感觉到日寇设计的险毒和南京当局之无觉悟！

"爱国有罪"，这是南京政府数年来对待人民救国运动的酷烈的法律，这是全国所一致反对的足以亡国的暴政。不道正当全国人民正在力争爱国自由的时候，南京政府这一暴政乃更危害到全国各界人民联合组织的救国团体的领袖。几年来南京的这一暴政，真不知道迫害了多少民族志士、爱国先觉。国事危殆至于今日，这正是主要原因之一。为挽救国家的命运不沦于更甚的悲惨，我们谁都得奋然起来，反对南京这样的暴政。

因此，我海内外的同胞们和各救国团体们，现在应当以反对南京"爱国有罪"的暴政，争取章乃器诸先生的自由与安全为当前救国要务。章先生等为爱国而被捕，全国一切有爱国天良的人都义无坐视，而必须奋起极力进行援助章先生等之运动。章先生等为国内著名之学者，全国学术界、教育界为着学术的尊严与自由，为着正义与公道，应当一致起来要求南京保证章先生等之安全，并立即释放。章先生等为青年先导，全国学生青年更应当采取一切有效之办法，力争章先生等之自由，并废除"爱国有罪"的法律。章先生是商界和金融界的闻人，在商界和金融界决不乏爱国人士，应号召全国商界，反对南京对章先生等之非法逮捕。海外救国团体更应当与国内取得密切联系和一致步骤，应当马上把章先生等被捕的消息和上海英法租界当局之非法行为，广播到同情我国救国运动的外国人士中间去，以便发动国际援助运动。

总之，南京政府在现在还要来加甚它的"爱国有罪"的暴政，这正是国家民族莫大的毒害。全国同胞应当万众一心来争取救国自由！

（原载1936年11月30日巴黎《救国时报》）

共产党中央要求南京政府立即释放爱国领袖的宣言

（1937年4月12日）

日本帝国主义的疯狂侵略，国民党的不抵抗政策，造成了数年来沉重的国难，大好版图沦亡异域，民族生命危若累卵。

于是稍有热血之人，莫不奔走呼号，以解除国难、解放民族为己任。沈邹章李王沙等诸先生，则为此种救国运动之民众爱戴之领袖。诸先生以坦白之襟怀、热烈之情感、光明磊落之态度，提倡全国团结，共赴国难，停止内战，一致抗日，此实为我中华男女之应尽责任与光荣模范，而为中国及全世界人民所敬仰。然亦即因此而遭日寇之愤怒，去年十一月以莫须有之罪名，被逮入狱，铁窗风味于兹五月。国民党政府此种举动，非特为全国民众所反对，亦为世界有识人士所不满，甚且国民党内部爱国人士亦多愤愤不平。西安事变之八大要求，以释放沈章邹等先生列其一，良有以也。

西安事变和平解决，三中全会表示国民党自愿放弃其错误政策之端倪，全国人士亦正以诸先生之能否无条件开释以判断国民党有否与民更始之决心。不期四月三日苏州法院竟以"宣传与三民主义不相容之主义"之罪状而起诉矣，并扩大此案而通缉现在美国讲学之爱国老教育家陶行知先生等七人矣。此种极端错误之举措，实为全国团结一致抗日之重大障碍，实足以窥见国民党——至少其中一部人士之畏惧爱国运动之心理，及蔑视民权之态度。

吾人对此爱国有罪之冤狱，不能不与全国人民一起反对，并期望国民党中有识领袖之切实反省。

至于控诉沈邹章诸先生为宣传与三民主义不相容之主义，尤为荒谬，盖沈邹章诸氏所主张固极简单，不外将孙中山先生在民十三时代之主张重行提出而已。倘吾人熟读国民党第一次代表大会宣言，及孙中山先生在国民党第一次代表大会上的演说，以之与沈章邹氏言论相比，实不能看出其中有任何之矛盾，沈章诸氏之主张固与革命的三民主义内容相同，而今日国民党所需要者亦正为重新发挥革命的三民主义。倘以沈章各氏"宣传与三民主义不相容之主义"为起诉理由，则除非对三民主义给予另一种解释。但此种另一样解释，非特绝不能受中国四万万五千万人民之欢迎，抑亦将为对孙中山先生之遗教为重大之侮辱。

国民党在三中全会，虽承认举国一致和平团结之原则，然而对民众渴望之爱国自由与民主权利，固未有具体之回答。吾人为中华民族之解放与进步计，自当要求国民党之彻底放弃其过去之错误政策，而此种彻底转变之表示，应由立即释放沈章邹李王沙史诸爱国领袖及全体政治犯，并彻底修改"危害民国紧急治罪法"开始。危害民国之治罪法只能适合于汉奸及日本帝国主义之间谍走狗与乎挑拨内战之祸魁，而不能施行之于爱国之民众及领袖也。此种反对日寇及汉奸之运动，固不能只依靠于一纸法律，而必须有全国民众之自动的参与。倘民众无民主权利，则欲唤起民众亦将束手无策。

吾人要求立即释放沈钧儒、章乃器、邹韬奋、李公朴、王造时、沙千里、史良及全体政治爱国犯，立即取消陶行知等及一切政治犯之通缉令。

吾人要求立即彻底修改"危害民国紧急治罪法"！吾人宣言，真实之抗战准备，唯有给予民众以民主权利！

中国共产党中央委员会

（原载 1937 年 4 月 13 日《新中华报》）

岂不为仇者所快吗？

——《时论》半月刊社论

虽然不久以前，当地刊行的某报纸上，用大字登载过一则极无聊的消息，说我们的政府将有取缔救国运动、查封救国会，并逮捕救国领袖某某若干人的消息。当时我们看了，便一笑置之，以为那完全是敌人的造谣中伤，或者是敌人的一种幻想和希望吧了，绝不会是事实。因为救国运动完全立足于为民族利益的基础之上，所有参与救国运动的人民，上自领袖，下至群众，莫不大公无私地牺牲一己，以国家为前提地奋斗着，丝毫不含有偏颇的倾向或不正当的色彩，虽然主张不分党派、不分阶级、不分宗教、不分思想的（地）一致对外，但这也完全适合政府"精诚团结"的号召，团结成一条全民族的救亡阵线，以最大限度的民族力量来挽救垂亡的民族危机。这是全国人民所要求的，也是客观情势所决定的。这个运动不仅有利于民族的生存，并且于政府对外的应付上也大为有利。政府对此运动应爱护之不暇，何摧残之有呢？然而事实竟有出乎全国人民意料之外者，十一月二十三日的清晨，我们的政府对我救国领袖沈钧儒、章乃器、邹韬奋、王造时、李公朴、沙千里、史良等七位先生加以逮捕。当我们听到这一传说时，还以为是无稽的谣言，及至见诸报端，才知道是一件悲痛的事实。这时，不由得不使我们又回忆起某国报纸的"谰言"了。是不是他们的阴谋呢？倘使说这是我们的敌人所希望的则可，要说我政府受了敌人的指使则不可。无论如何，我们绝找不出我政府有受敌人指使的理由。但是正当敌人怀着这种狠毒的希望时，我政府出此辛辣的手段，与救国运动以一大摧残，岂不让敌人如愿以偿了吗？岂不让仇者称快了吗？

救亡图存，必须政府和人民赤诚合作，这是谁也不能否认的。人民要是撇开了政府，单独从事救亡，那就好像无头之蛇，决难进步。反过来说，政府若是撇开了人民，也是劳而无功。试问政府之所以存立，那（哪）一样不是出自人民的血汗？而今我政府竟对人民的救亡运动施以打击，对救国领袖加以逮捕，岂不是叫我人民大众怀疑我政府自绝于人民吗？纵令政府有心要保卫国土，要抗拒强敌，又何能取信于人民呢？

尤以当敌寇大举侵绥，正政府与全国人民团结赴难之际，政府出兵力与敌抗战，人民出财力、智力以及一切物力以为后援，必要时，人民尚须赴前方应战。惟前仆后继，始能持久；惟上下一心，方克制胜。即退一万步说，国军在前线浴血抗战，我人民纵无用，在后方呐喊几声助助威也是好的。然而，我政府不此之图，反欲弹压救国运动，反而吓禁人民声援，而令孤军抗战，岂不是极大的冒险吗？

虽说前方杀声震天，而后方则噤若寒蝉，纵令前方生气勃勃，倘后方死气沉沉，前后不一致，抗战也是难有胜利的前途的。

为政府的威信计，政府决不能受弃于人民。为民族的前途计，人民也决不坐视国家灭亡。我们赤诚地要求政府早日释放被捕的救亡诸领袖，重新建立政府与人民的合作，以抗拒强敌的侵略。

（原载 1936 年 1 月 5 日《时论》半月刊第 1 卷第 3 期）

悲愤中的呼吁

——《现世界》半月刊社论

当我们今天政府与人民已经真诚合作，而举国一致的抗战已经在绥远发动的时候，民众救亡运动的领袖沈钧儒、章乃器、史良、王造时、李公朴、沙千里、邹韬奋等七位先生竟在 11 月 23 日被捕了。这不能不使我全国民众万分惊骇，万分悲愤！这显然是日本军阀阴谋的结果。他们害怕中国人民伟大的抵抗力量，就诬指中国民众的救亡组织是反动的团体，诬指民众救亡的领袖是反政府的"罪魁"，以便在中国政府与人民之间挑拨离间，使我们中国始终是一盘散沙，不能上下团结，一致抗敌。

我全国同胞在万分悲愤之中，要用我们真实的力量，向日本军阀提出最严厉的抗议，指出他们无耻的阴谋能够逮捕七位民众救国运动的领袖，然而绝对不能征服全国四万万五千万人钢铁般的抗敌的决心。同时，我们站在全国同胞的立场，要以民族至高的情操，掬出每颗赤心，以血，以泪，向我贤明的当局要求立刻释放这几位忠诚为国的先生，立刻让他们重新跟我们政府和全国人民紧紧地站在一道，为民族的独立和光荣而奋斗。

（原载 1936 年 12 月 1 日《现世界》半月刊第 1 卷第 8 期）

十八　国共关系的变化及抗日民族统一战线的形成

抗战初期的宋庆龄

关于国共合作的声明

宋庆龄
（一九三七年十一月）

一九三七年七月七日日寇进攻芦沟桥之后，国民党和共产党为了团结抗日，奠定了正式合作的基础，以代替西安事变后所获得的停战。

孙中山一生主张共同奋斗救中国。这就是他主张国共合作的原因。共产党是一个代表工农劳动阶级利益的政党。孙中山知道没有这些劳动阶级的热烈支持与合作，就不可能顺利地实现完成国民革命的使命。倘使他所主张的国共合作一直不间断地继續到现在，中国目前已經是一个自由、独立的强国了。前事不忘，后事之师。国难当头，应該尽弃前嫌。必须举国上下团结一致，抵抗日本，爭取最后胜利。

1937年11月宋庆龄发表《关于国共合作的声明》

国共两党的秘密谈判，从1935年底开始进行，有莫斯科、南京、上海等地的四条渠道，但都无结果。从1936年9月起，两党的谈判，中共方面由周恩来直接负责，潘汉年为全权代表；国民党的代表为陈立夫。11月，潘汉年与陈立夫在上海、南京进行谈判，内容主要是红军改编问题，国民党只准红军保留3000至5000人，且师以上干部要一律"解职出洋"，谈判无法进展。不久，即发生了西安事变。事变和平解决后，1937年1月至2月初，潘汉年在西安、南京两地与国民党代表张冲、陈立夫继续谈判，内容有南京从西安撤军、释放张学良、红军驻地和给养、西路军等问题。这时，由于蒋介石确认西安事变为张、杨一手策划，中共未能参予（与），因此谈判中国民党代表的态度，比过去大有好转。1937年1月初，国民党筹备召开五届三中全会。2月10日，中共中央发出致国民党三中全会电，公开提出国共合作的五项要求和四项保证。五项要求是：一、停止一切内战，集中国力，一致对外；二、保障言论、集会、结社之自由，释放一切政治犯；三、召集各派各力量及各军的代表会议，集中全国人才，共同救国；四、迅速完成对日抗战之一切准备工作；五、改善人民生活。四项保证是：一、中共在全国范围内停止推翻国民政府之武装暴动方针；二、工农政府改名为中华民国特区政府，红军改名为国民革命军，直接受南京中央政府与军事委员会之指导；三、在特区政府区域内，实施普选的彻底民主制度；四、停止没收地主土地之政策，坚决执行抗日民族统一战线之共同纲领。三中全会上，国民党为顾全面子，以"赤祸"已被"根除"为由，接受了中共中央的致电。以此为标志，第二次国共合作基本形成。

从 1937 年 2 月至 9 月，中共中央代表周恩来、博古、林伯渠、朱德、叶剑英、彭德怀、潘汉年等，同国民党代表张冲、顾祝同、贺衷寒、蒋介石、宋子文、宋美龄、康泽、蒋鼎文等，在西安、杭州、庐山、南京等地举行多次谈判，每次谈判双方参加人员有多有少，主要代表是周恩来与蒋介石。谈判的内容有：西安事变善后问题、西路军问题、红军改编和苏区改制问题、释放政治犯问题、办报问题、发表国共合作宣言问题等。谈判的进程，曲折而艰难，其中斗争最尖锐的是红军改编、苏区改制和发表国共合作宣言问题，因为这些问题都是两党根本利益所在。由于共产党有合作抗日的最大诚意，由于国民党迫于全国人民和爱国知名人士的强大压力，以及卢沟桥事变后民族危机的压力，两党终于就谈判中的各项问题达成协议。如红军改名为国民革命军第八路军（后称第十八集团军），下辖第一一五师、第一二〇师、第一二九师，共 4.5 万人；南方红军游击队，改名为国民革命军新编第四军，人数 1.2 万人；改编之部队由中共绝对领导，南京按人马实数负责给养。陕北苏区，改名为陕甘宁边区，下辖 26 个县、镇，接受南京国民政府的指导，但不许南京派人。宣传舆论方面，中共可在武汉、西安、南京等地创办或发行《新华日报》和《解放》周刊。中共还可在国统区许多城市，设立八路军和新四军办事处。1937 年 9 月 22 日，国民党中央通讯社公开发表了《中共中央为公布国共合作宣言》。23 日，蒋介石在庐山公开发表《对中国共产党宣言的谈话》。这两个历史文件，标志中共中央积极创导的抗日民族统一战线，亦即第二次国共合作，正式形成，为争取抗日战争的伟大胜利，奠定了政治基础。

建成抗日民族统一战线，实现第二次国共合作，是人心所向，大势所趋。期间，有广大人民和爱国领袖的忠诚呼吁，有两党舆论的强烈鞭策，有中共中央领袖的艰苦、细致工作。下面所选的几篇时评，算是沧海之一粟吧！

彻底解决国是的关键

——国共合作、和平统一、抗日救亡

——《救国时报》社论

国民党三中全会已在全国人民热烈仰望之下开幕了，它的召集的目的，是在彻底解决西安事件，就是要解决引起西安事变的国家对内对外一切根本政策的问题，因此全国人民莫不注意于三中全会的进行，而希望处于危亡的民族命运能从此得一新的转机。

数年来日寇肆其野蛮横暴、毫无止境的侵略政策，全国一切爱国之士，无论隶属何种政派，都已从血的教训中认识到，救亡图存唯有实行对日寇侵略的抵抗。

但，直至今日，民族危亡已至最后关头的今日，我国抗日政策，竟仍未见诸实行。其主要原因，是由于日寇与亲日派实行在各方挑拨离间，造成不断的内战；全国军队既陷入在可痛的自相残杀的内战，自无法抵御外侮。但是，日寇与亲日派的挑拨离间之所以能深入各方，实由于我国没有真正的团结与统一，在各党派间、各军队间、中央与地方政府间，以至政府与民众间，都有明显的对峙、明显的冲突，于是敌人离间的血手，乃能有隙可乘。

日寇之所以能不断侵略我国，并非仅恃日寇之强，而实利用我国之弱；我国之所以弱，并非仅由于武备不充，而主要地实由于国家之不统一。所以抗日与统一，实是整个救亡国策的两方面，是整个救亡国策的骨和肉，既不能将其割离，亦不能故辨其先后，唯有在真正抗日政策的基础上，才可得到真正的统一；也只有在统一的条件下，才可进行真正的抗日。在目前，统一是抗日的枢纽，抗日政策是统一的关键。

但是，统一必须是在对外抵抗和对内民主基础上的和平统一。若果在对外退让政策基础上而企图实行所谓"武力统一"，这不独不能得到统一，而且只（能）使内战连绵，国家更加分裂，民族更加危殆，这便恰恰中了日寇破坏我国统一、阻止我国统一、"以华制华"、"不战而胜"的险毒诡计。五年多来的痛史，应使每个中国人明白了这一点。唯有和平统一，即在对外实行实际的抗日政策、对内实行民主制度的方法来求得和平统一，才能达到真正的统一，才是抗日救国的统一。孙中山先生曾说："凡赞成和平统一者皆吾友，凡反对和平统一者皆吾仇。"这一名言，在今日国难空前的关头，在一致对外的事业上，更有其特别伟大的意义。

西安事件和平解决后的国内各方情势，的确已具有一切顺利条件来解决和平统一的这一中心任务。特别是最近中共中央对国民党三中全会之号召，提出最基本、最具体的抗日国策，并申明于国民党三中全会采纳其抗日国策后愿将苏维埃政府与红军改制改名而服从南京政府（见本期要讯），这不独更加证明了共产党从来要求合作、和平统一、抗日救国的万分真诚，而且正是替国共合作、和平统一、抗日救国事业奠立了基础。谁也知道，今日和平统一的中心问题，就是国共合作的问题，现在共产党这样光明磊落的（地）表示，不只是完全扫除了日寇和亲日派挑拨离间的口实，并给了一切愿意抗日救国的党派一极好的模范而开辟国共合作和平统一的光明灿烂的前途。汪精卫在三中全会之前夜尚高唱其所谓有两个政府、两个军队的并存，便无法谈到统一，现在共产党这一公开表示，实在是对这些亲日派最有力的打击，使他们或则深思反省而回头是岸，或则继续逆行，而赤裸裸的（地）显露其日寇走狗的面目，无所掩藏。

因此，共产党这一表示，马上得到国人一致的拥护，《大公报》等并特著论文，公开表示同情；国民党党国要人如宋庆龄、冯玉祥、孙科、李烈钧、鹿钟麟、石瑛等先生，亦向三中全会提出要求恢复孙中山先生联俄、联共、扶助农工之三大政策，足见国民党中明达爱国之士实大有人在。国人希望一切爱国的国民党领袖，能有一致的团结，给亲日派汪精卫之流以打击而表率全党，使三中全会能如共产党一样的光明磊落，以民族利益为前提，毅然接纳共产党之抗日国策，则三中全会，将必然得到全国人民一致的拥护而成为民族复兴的枢纽。时机急迫，实无徘徊犹豫之余地，国民党之当局们，应当断则断，使日寇及亲日分子不得遂其分裂离间之阴谋，则不仅中华民族之幸，实亦国民党本身之幸也。

（原载 1937 年 2 月 23 日《救国时报》）

全国团结的重要表现

邹韬奋

中国共产党共赴国难的宣言（中央社肤施二十二日电讯）和蒋委员长对于这个宣言所发表的重要谈话（中央社南京二十三日电讯），是全国团结御侮的一个非常重要的表现，是困难愈益严重以来的数年间，全国忧心外患的人们不避艰险以企求的重要主张之一。所以这次中共的光明磊落大公无私的宣言和蒋委员长的"集中力量救亡御侮"的谈话，无疑地是全国爱国的同胞们所热烈欢迎的。

中共这次宣言所表示的宗旨是要"挽救祖国的危亡"，是要巩固"和平统一团结御侮的基础"，是要"决心共赴国难"，是要造成"民族内部的团结"来"战胜日本帝国主义的侵略"，是要"把这个民族的光辉前途变为现实的独立、自由、幸福的新中国"。这个宗旨是全国爱国的同胞们所一致拥护的。

要达到这个宗旨，"仍需要全国同胞每一个热血的黄帝子孙坚忍不拔的努力奋斗"。该宣言因此特向全国同胞提出三个奋斗的鹄的：第一是为争取中华民族的独立自由而抗战；第二是实现民权政治；第三是发展国防经济，解除人民痛苦与改善人民生活。这三个鹄的也是全国爱国的同胞们所一致赞同的。

蒋委员长发表谈话，申述"集中整个民族之力量，自卫自助，以抗暴敌，挽救危亡"，这种集中整个民族力量的主张，确是全国人民急迫要求的反映。

这样一来，我国已恢复了民十八年（民国十八年，即1929年）全民族一致团结以谋民族复兴的精神。这样的全国团结，是保障抗战胜利最重要的一个条件，是对日本帝国主义的一个重大的打击！

（原载 1937 年 9 月 26 日《抗战》三日刊第 12 号，署名韬奋）

南京若与红军携手，救亡实力大有可观

陶行知与香港《生活日报》记者的谈话

（上略）记者问：先生是上海文化界救国会的领袖，此次又遍游了西南，不知对于联合战线这一救亡政策，有什么新的意见没有？

答：确实多跑了一点路，看得更清白一点，真新的意见倒不多。

我以为要救亡，必要抵抗。抵抗就要有比敌人更大的力量，才能取得最后的胜利。这大的力量从哪里来呢？自然不会从天上掉下，是全国不想做亡国奴的人在救亡上联合起来，那就造成了这力量。所以我们要提出联合战线来，并且认联合战线是当前救亡的惟一方策。这是没有疑问的。

我还有点补充，联合战线也就是缩短战线，是把自己内部的矛盾消除，使过去有（在）政治上有怨仇的人，甚至汉奸，都给他们一个悔过回头的机会，减少敌人几千几万的队伍，增强自己方面几千几万队伍。

记者问：怎样使过去在政治上有怨仇的人都来参加呢？

答：联合战线自然是把过去有仇有怨的人拉拢来，大家共同对付强盗，如果本是志同道合的人，那还要谈什么联合。对过去政治上有怨仇的人，是不算过去的烂帐（账），只问现在你肯干不肯干！

记者问：你看联合战线目前应该在政治上怎样开展？

答：自然我们不能忽视目前中国三大实力系统，南京国民政府的二百万大军、西南及红军。这三大实力联合起来，已经超过日本的军力，这里有现成的武力三百万，其他的经济力也抵得过。不仅这三大实力合拢来已很有可观，还有民众呀！这三种系统实力都开放民众运动，那还了得起，中国救亡阵线的伟大，要惊耀世界。

记者问：要怎样才能使这三方拉手呢？

答：这三方面不拉手，来互相抵消自己的实力，那只有大家倒霉，当亡国奴的一条路。要怎样才能使他们拉手呢？要人民出来作（做）发起人，公正的、无党无派的人出来作（做）和事佬，自己要任劳任怨，不顾一切，出来发起这三方面拉手。

记者问：先生愿意出来作（做）一个发起人么？

答：可以！现在不能只图个人清高，不能闭着眼睛不管事了。不出头说话，那怎么办！不过，这要具体的（地）谈，说来话长，以后再谈罢！

记者问：在联合战线结合时，有人主张打开大门，先生以为怎样？

答：这与以上说的相同，自然不能再关闭救亡的大门，不过打开大门的解释，应该是打开战场上的门，不是开门同居。任何人要参加到战场上来，不要拒绝它（他）。又好比一个船在海上风平浪静时，不管你主张新文字，我要保全国语、方块字，大家夹七夹八；但这船遇盗了，不管主张新文字也好，方块字也好，大家联合打退强盗再说。你不能因为他主张方块字，而把他推开，取消他加人打强盗的资格。过去的关门主义，实在是一大错误。现在不仅要打开门，还不能关一半开一半，要全部打开，一切想上战场的人都来。

记者问：联合战线对于战友间的态度应该怎样？

答：做朋友最要紧的是诚意，联合战线最不可少的是诚意。联合战线不能有阴谋，有其他不纯正的野心。有人怀疑联合战线的时间，那真是太近视，抗日那（哪）里就是一年两年的事，联合战线也绝不是一时的苟合，是有着相当的时间呀！并且打退了日本，民族解放还有事做，还需要联合，共同携手的日子还久得很呀！

（原载1936年7月11日《生活日报》）

十九　国共关系的历史性变化

1937年5月中央考察团在延安
（左起：叶剑英、邵华、朱德、涂思宗、毛泽东、萧致平）

蒋介石从1935年冬开始，逐渐表现出对日本帝国主义的强硬立场。在11月召开的国民党五大上，蒋介石说"苟国际演变不斩绝我国家生存、民族复兴之路"，一切问题尚可以"最大之忍耐"。但"不以侵犯主权为限度"，否则就要"抱定最后的牺牲之决心"。在1936年7月召开的五届二中全会上，蒋又说，中国外交的最低限度，"就是保持领土、主权的完整。任何国家要来侵扰我们领土、主权，我们绝对不能容忍。我们绝对不订立任何侵害我们领土、主权的协定。并绝对不容忍任何侵害我们领土、主权的事实"。假如有人强迫我们订立承认伪国，损害我领土、主权之时，"就是我们最后牺牲的时候"。今后，"如遇有领土、主权再被人侵害……危害到我们国家民族之根本生存，这就是我们不能容忍的时候，到这时候，我们一定作最后之牺牲"。在1937年2月召开的国民党五届三中全会上，大会通过的宣言指出：如果让步超过我们能容忍的演变，就"只有出于抗战之一途"。这是"九一八"事变以来，"抗战"二字正式出现在国民党的文件之中。在这期间，一方面国共谈判频繁进行。另一方面国民党也在国防、经济、文化等方面，积极准备抗战，如整编全国陆军，扩充空军、海军；构筑国防工事，整理江防、海防要塞；确定战略后方，成立国防决策机构；制定国防规划，划分国防区域；经济上推行国民经济建设运动，建设国防工业，加强公路铁路建设，进行币制改革；文化方面整顿国民精神，开展新生活运动；政治方面接受中共中央致三中全会电，停止了历时十年的内战，联共抗日等。

随着国民党对外政策的变化，对内与中共中央的关系亦大幅度转变。1937年4月5日清明节，中共代表林伯渠与国民党代表张继、顾祝同，一同到陕西省中部县（今黄陵），祭扫黄帝陵，林伯渠宣读了毛泽东亲自起草的祭文。祭奠中，两党表示，凡我黄帝子孙，均应亲密团结，以御外侮。5月中旬，南京当局提出要派"中央视察团"到陕甘宁苏区考察，中共中央欣然同意，只是提出将"视察团"改为"考察团"。

中央考察团由18人组成，团长为陆军中将涂思宗。5月17日，考察团在西安拜会了周恩来、叶剑英。23日，抵达边区三原县的云阳镇，这是十年来南京政府要员第一次踏上中国工农红军创建的革命根据地。在云阳，红军前方总指挥部彭德怀将军接待了考察团，军民热情欢迎。考察团参观了机关、部队，出席了座谈会。29日，考察团抵达中共中央和红军总部所在地延安，边区政府林伯渠等要员前往甘泉迎接。当晚，中共中央为考察团举行洗尘宴会，毛泽东、朱德等出席。毛泽东在会上就两党关系的新局面，及其重大历史意义等，发表了重要讲话。涂思宗在致答词中对延安的盛情款待表示感谢，同时介绍了南京从各方面准备抗战的情况。考察团在延安逗留期间，参观了抗日军政大学、中央党校，还检阅了红军部队。继中央考察团之后，南京和陕西省政府还派出专员来边区赈济灾民，给十几个灾情严重的县各发放赈款数千元。

毛泽东在欢迎国民党考察团晚会上的欢迎词①

（1937年5月29日）

今天这个欢迎会有伟大的历史意义，因为第一次大革命时代是由国共两党干起的，现在比那个时候更加不同了，民族比那时更危险。两党一致团结，在今天比以前合作的意义与作用是更增加了。过去十年两党没有团结，现在情形变了，如两党再不团结，国家就要灭亡。中央考察团此来，使两党团结进入新的阶段，其意义是很重大（的）。我认为要说明如下两点：

---

① 国民党中央考察团于5月29日下午5时许到达延安城，延安各部队及音乐队在城南欢迎。考察团下车后即入招待处休息。6时左右，特区政府设宴为考察团洗尘，宴后举行欢迎晚会。林伯渠宣布开会，毛泽东致欢迎词。这是欢迎词的大意，曾载于1937年5月31日《新华号外》。

（一）有人怀疑两党合作是否有诚意，对双方都怀疑。今天的事实，考察团之此来，就说明了这一点：共产党方面在两年来政治上的表示，如文件、宣言、谈判等，都是为着两党团结，西安事变和平解决的方针表示双方的和平政策，不怕敌人挑拨，始终没有动摇。过去已证明了这一点，以后如何呢？要看以后工作来证明。在以后，应巩固两党的团结，用民主的方法来解决若干必须解决的矛盾（不利于团结的矛盾），结成坚固团体去对付我们的敌人，以求得民族独立、民主权利、民生幸福的实现。

（二）又有人怀疑两党合作双方都有阴谋诡计，都是临时的策略作用。这也要看过去我们的工作到底是破坏还是团结。我想在西安事变以后，事实更加告诉了大家，是向着团结方面发展的。

这主要地要看以后。同时，有人怀疑两党没有长期合作的诚意，我想这都是一种猜想，我们是希望两党长期地合作下去，并且努力向着这个目标干。

共产党方面诚意地欢迎中央考察团，丝毫没有假意。今天这个欢迎会，就是国共两党合作的充分表现。

（原件存中央档案馆）

祭黄帝文

毛泽东

（1937 年 4 月 5 日）

中华苏维埃共和国中央政府特派代表致祭黄帝坟墓，举行民族扫墓典礼。苏维埃政府代表苏区内全体公民向中华民族之始祖致敬，并表示誓死为抗日救亡之前驱，努力实现民族团结计，特于五日派遣代表前往参加。祭文原文录下：

维中华民国二十六年四月五日，苏维埃政府主席毛泽东、人民抗日红军总司令朱德恭遣代表林祖涵，以鲜花束帛之仪致祭于我中华民族始祖黄帝之陵。

赫赫始祖，吾华肇造；胄衍祀绵，岳峨河浩。
聪明睿智，光被遐荒；建此伟业，雄立东方。
世变沧桑，中更蹉跌；越数千年，强邻蔑德。
琉台不守，三韩为墟；辽河燕冀，汉奸何多！
以地事敌，敌欲岂足；人执笞绳，我为奴辱。
懿维我祖，命世之英；涿鹿奋战，区宇以宁。

岂其苗裔，不武如斯；泱泱大国，让其沦胥。
东等不才，剑屦俱奋；万里崎岖，为国效命。
频年苦斗，备历险夷；匈奴未灭，何以家为。
各党各界，团结坚固；不论军民，不分贫富。
民族阵线，救国良方；四万万众，坚决抵抗。
民主共和，改革内政；亿兆一心，战则必胜。
还我河山，卫我国权；此物此志，永矢勿谖。
经武整军，昭告列祖；实鉴临之，皇天后土。
尚飨。

（原载1937年4月6日《新中华报》）

毛泽东撰写的祭黄帝陵手稿

二十　卢沟桥事变

卢沟桥事变时，奋起抗战的第29军第37师第110旅第219团团长吉星文

七七事变后，在北平南苑殉国的第132师师长赵登禹将军

华北事变后，日本帝国主义实际上已经控制了华北，但日本并不以此为满足，从1937年5月起，日军在北宁路沿线以及丰台、卢沟桥一带，频繁进行实弹演习，准备随时发动侵略。五六月间，日本关东军司令部和驻天津的中国驻屯军司令部连续开会，策划发动大规模的侵华战争。6月初，日本在经过几度内阁危机之后，近卫文麿受命组阁，获得日本统治集团内部各派"举国一致"的拥护。近卫上台的首要大事，就是加紧强化战争体制。这时日本统治集团中，盛行"对华一击论"，以为只要侵华战争一旦发动，中国会不堪一击而屈服。就是在此种认识之下，卢沟桥事变发生了。

卢沟桥，位于北平西南15公里处，永定河从桥下流过，属宛平县。它扼平汉铁路之咽喉，是北平的重要门户。1937年7月7日夜，日军以军事演习为名，在卢沟桥附近寻衅，诡称一士兵失踪，无理要求进宛平城搜索，遭到卢沟桥中国守军严词拒绝。日军以"武力保卫前进"相威胁，经反复交涉，双方约定派员前往调查。8日晨，中日双方代表在宛平会见，正交涉间，日军开枪射击，炮轰宛平城，我守军第二十九军第一一〇旅二一九团奋起抵抗。这就是史称的七七事变，伟大的全民族抗战，从此开始。

7月8日，中共中央即向全国发出通电，指出只有全民族实行抗战，才是我们的出路，号召全国人民、军队和政府团结起来，筑成民族统一战线的坚固长城，抵抗日本的侵略。同日，红军将领也致电蒋介石，表示"红军将士咸愿在委员长领导之下，为国效命"。此时的蒋介石一改过去步步退让的姿态，命令守军第二十九军军长宋哲元"就地抵抗"，并于7月17日在庐山发表了关于抗战的重要讲话；与此同时，急调3个师开赴石家庄、保定一线增援，在石家庄设立行营，命令陕西、河南、湖北、安徽、江苏、山东等地的驻军，处于积极备战状态，随时增援陇海、平汉、津浦各线之作战。事变发生后，日军施行缓兵之计，一面与二十九军谈判，一面积极从国内调兵遣将扩大战争。蒋介石在积极备战的同时，也曾指望国际列强干涉日本之侵略，以求事变的和平解决。他要求宋哲元提防日本"奸狡之惯技"。可是，日本不断扩大的战争进程，特别是淞沪抗战爆发，使蒋介石终于认识到，除了一战，别无他途。

"七七"卢沟桥抗战，是在抗日民族统一战线旗帜下进行的，它显示了中华民族的伟大凝聚力，也标志着沉睡近百年来中华民族的觉醒和复兴，受到全国人民的热烈欢呼和拥护。

对于卢沟桥事件之严正表示

蒋介石

（1937年7月17日出席庐山第二次共同谈话会讲话）

中国正在外求和平、内求统一的时候，突然发生了卢沟桥事变，不但我举国民众悲愤不置（止），世界舆论也都异常震惊。此事发展结果，不仅是中国存亡的问题，而将是世界人类祸福之所系。诸位关心国难，对此事件，当然是特别关切，兹将关于此事件之几点要义，为诸君坦白说明之：

第一，中华民族本是酷爱和平，国民政府的外交政策，向来主张对内求自存，对外求共存。本年二月三中全会宣言，于此更有明确的宣示。近两年来的对日外交，一秉此旨，向前努力，希望把过去各种轨外的乱态，统统纳入外交的正轨，去谋正当解决，这种苦心与事实，国内大都可共见。我常觉得，我们要应付国难，首先要认识自己国家的地位。我们是弱国，对自己国家力量要有忠实的估计。国家为进行建设，绝对的（地）需要和平，过去数年中，不惜委屈忍痛，对外保持和平，即是此理。前年五全大会，本人外交报告所谓："和平未到根本绝望时期，决不放弃和平；牺牲未到最后关头，决不轻言牺牲。"跟着今年二月三中全会对于"最后关头"的解释，充分表示我们对于和平的爱护。我们既是一个弱国，如果临到最后关头，便只有拼全民族的生命，以求国家生存；那时节再不容许我们中途妥协，须知中途妥协的条件，便是整个投降、整个灭亡的条件。全国国民最要认清，所谓最后关头的意义；最后关头一到，我们只有牺牲到底，抗战到底。唯有"牺牲到底"的决心，才能博得最后的胜利。若是彷徨不定，妄想苟安，便会陷民族于万劫不复之地！

第二，这次卢沟桥事件发生以后，或有人以为是偶然突发的，但一月来对方舆论，或外交上直接、间接的表示，都使我们觉到事变发生的征兆。而且在事变发生的前后，还传播着种种的新闻，说是甚么要扩大《塘沽协定》的范围，要扩大冀东伪组织，要驱逐第二十九军，要逼迫宋哲元离开，诸如此类的传闻，不胜枚举。可想见这一次事件，并不是偶然。从这次事变的经过，知道人家处心积虑的（地）谋我之亟，和平已非轻易可以求得；眼前如果要求平安无事，只有让人家军队无限制的（地）出入于我们的国土，而我们本国军队反要忍受限制，不能在本国土地内自由驻在；或是人家向中国军队开枪，而我们不能还枪。换言之，就是人为刀俎，我为鱼肉！我们已快要临到这极人世悲惨之境地，这在世界上稍有人格的民族，都无法忍受的。我们的东四省失陷，已有了六年之久，继之以《塘沽协定》，现在冲突地点已到了北平门口的卢沟桥。如果卢沟桥可以受人压迫强占，那么我们百年故都，北方政治、文化的中心与军事重镇的北平，就要变成沈阳第二！今日的北平，若果变成昔日的沈阳，今日的冀、察，亦将成为昔日的东四省。北平若可变成沈阳，南京又何尝不可变成北平！所以卢沟桥事变的推演，是关系中国国家整个的问题，此事能否结束，就是最后关头的境界。

第三，万一真到了无可避免的最后关头，我们当然只有牺牲，只有抗战。但我们的态度只是应战，而不是求战；应战是应付最后关头，必不得已的办法。我们全国国民必能信任政府已在整个的准备中，因为我们是弱国，又因为拥护和平是我们的国策，所以不可求战；我们固然是一个弱国，但不能不保持我们的民族的生命，不能不负起祖宗先民所遗留给我们历史上的责任，所以到了必不得已时，我们不能不应战。至于战争既开之后，则因为我们是弱国，再没有妥协的机会，如果放弃尺寸土地与主权，便是中华民族的千古罪人！那时便只有拼民族的生命，求我们最后的胜利。

第四，卢沟桥事件能否不扩大为中日战争，全系于日本政府的态度；和平希望绝续之关键，全系于日本军队之行动。在和平根本绝望之前一秒钟，我们还是希望和平的，希望由和平的外交方法，求得卢事的解决。但是我们的立场有极明显的四点：（一）任何解决，不得侵害中国主权与领土之完整。（二）冀察行政组织，不容任何不合法之改变。（三）中央政府所派地方官吏，如冀察政务委员会委员长宋哲元等，不能任人要求撤换。（四）第二十九军现在所驻地区，不能受任何的约束。这四点立场，是弱国外交最低限度，如果对方犹能设身处地为东方民族作一个远大的打算，不想促成两国关系达于最后关头，不愿造成中日两国世代永远的仇恨，对于我们这最低限度之立场，当该不致（至）于漠视。

总之，政府对于卢沟桥事件，已确定始终一贯的方针和立场，且必以全力固守这个立场。我们希望和平，而不求苟安；准备应战，而决不求战。我们知道全国应战以后之局势，就只有牺牲到底，无丝毫侥幸求免之理。如果战端一开，那就是地无分南北，年无分老幼，无论何人，皆有守土抗战之责任，皆应抱定牺牲一切之决心。所以政府必特别谨慎，以临此大事；全国国民亦必须严肃沉着，准备自卫。在此安危绝续之交，唯赖举国一致，服从纪律，严守秩序。希望各位回到各地，将此意转达于社会，俾咸能明瞭（了）局势，效忠国家，这是兄弟所恳切期望的。

（选自《先总统蒋公全集》，台湾中国文化大学编印）

告抗战全体将士书

蒋中正

（1937年7月31日）

这次卢沟桥事变，日本用了卑劣欺骗的方法，占据了我们的北平、天津，杀死了我们的同胞百姓。奇耻大辱，无以复加，思之痛心！自从"九一八"以后，我们愈忍耐退让，他们愈凶横压迫，得寸进尺，了无止境。到了今日，我们忍无可忍，退无可退了。我们要全国一致起来，与倭寇拼个你死我活！我们军人，平日受全国同胞的血汗供养，现在该怎样地忠勇奋发，以尽保国、保民的责任！我个人做了全国的统帅，负著国家存亡、将士生死的全责，自然要竭我心力，操著最后必胜的把握。我常常说："我们既战，就要必胜。只要我们全体将士能够一心一德，服从命令，结果一定可以打败倭寇，雪我国耻。"在此即刻就要与倭寇拼命抗战的时候，特地提出下面最重要的五点，希望大家注意：

一、要有牺牲到底的决心

各位要知道，倭寇向来利用投机取巧的方法，来夺取我们的土地，除非使他们受到相当的打击，他们总不肯停止侵略的。现在我们既然是全国一致的（地）和他抗战，他们为著面子关系，一定要出全力来拼，所以战事不发动则已，一经发动，必定延长，不是他死，就是我亡。因此我们大家必须同心合力，死命相拼，要万众一心的（地）拼到底！你们要知道，战争的胜负，全在于精神。我不怕他，他必怕我，怕人的一定失败，不怕人的一定胜利。虽然我们的枪炮不如倭寇，只要我们抱定牺牲到底、忠勇不怕的革命精神，向前杀去，倭寇必败无疑。因为倭寇只会投机取巧，不愿真正牺牲。

二、要相信最后胜利一定属于我们

倭寇到我国内地来作战，因为到处地形生疏，而且到处人民都是我们的同胞，就是他们的仇人，几乎到处都有寸步走不得的形势，因此倭寇个个都怀著怕死不肯牺牲的心理，于是行动缓慢，不敢急进，只是仗著他们的飞机、大炮，向我们猛烈轰炸，希望把我们吓退，而避免真正的作战。除此以外，实在别无本领。所以只要我们誓死拼命，坚强抵抗，不怕苦，不怕难，不怕死，谨慎瞄准，爱惜我们的子弹，持久死守，来消耗他们的实力，结果一定可以打胜仗的。只要我们临战勿慌张，勿忙乱，就是有一些损失，或一时挫折，也只要利用他们不肯牺牲、不敢急进的弱点，从容补救，继续奋斗，一定能够争得最后五分钟的胜利。

三、要运用智能自动抗战

历来作战，关于整个的战略、战术，当然由最高统帅部颁发指示，而对于各部队所担任范围以内的事务，必须由各部队的各级主官自动的（地）详细研究，来帮助总部之所不及。譬如当地的形势，敌我的详情，便衣队的编配，间谍的使用，战争剧烈、接济断绝时的设法补救，交通阻碍、命令不能到达时的临机应变，都应该由各单位的主官自动的（地）运用智能，以谋取战争的胜利。这是上至军长、师长、旅长，下至连长、排长，都应该有的责任和本领。

四、要军民团结一致，亲爱精诚

任何战争，得到民众帮助的，一定胜利。这次抗战，尤其应该发动全国各地方全体民众的力量，来和敌人拼命。但是要希望民众和军队合力一心、合拍应手，一定先要对民众表示亲爱精诚，得到他们的信仰，才能达到希望。关于对民众表示亲爱精诚的方法，有如征用民夫，必须随时体恤，勿使过度疲劳，发生怨望；遇到落难妇女老幼，必须尽力补救，视同自己家人一样；对于战区及附近的民众，更须告以国家已到了危亡的关头了，既是中华民族的同胞，就应该大家一致起来杀敌救国等的大义；总须随时随地帮助民众，教导民众，救护民众，以表示亲爱精诚，痛痒相关，甘苦相共。这样军民团结，民众自然乐于帮助，汉奸自然不会发生，敌人未有不打败仗的。

五、要坚守阵地，有进无退

我们革命军的精神，就在于有进无退；我们革命的成功，也就在于有进无退的连坐法。过去作战如此，现在对于倭寇作战，更应该要实行连坐法，使得勇敢的可以放心，怕死的要退也不敢退，才可以得到最后的胜利。因为倭寇仗著他强大的武器，猛烈轰炸，无非迫我们退却，使他可以进攻。如果我军能屹立如山，坚守阵地，有进无退，等到接近，冲锋肉搏，他们虽有飞机、大炮，也就无法使用；以我军的久经战阵，定可取得最后胜利。倘使未曾得到统帅的命令，擅自退却，不但个人要受连坐法的处罚，并且摇动军心，贻害国家，无异于引狼入室、为虎作的汉奸。如果各区阵线之前，凡遇有未奉本委员长命令，擅自退后者，无论任何官兵，一律以卖国罪处死毋赦。我们个个人都有一天要死的，总要死得值得，死得光荣。若果因擅自退却，致被军法制裁而死，遗臭万年，何如在前方应战牺牲，流芳百世？目下中央正拟颁奖励固守据点的办法，如有能固守据点、有进无退的，就给他晋升三级，荣赠三代，并及其子孙。所以他们务要坚守阵地，有进无退，为国家增光荣，为自己保荣誉。如有擅自退却者，必以汉奸论罪，必杀无赦。

上面所举的是驱除倭寇、复兴民族最重要的五点。以后，再有重要的指示，另外陆续颁发。各位要知道，我们自"九一八"失去了东北四省以后，民众受了苦痛，国家失了土地，我们何尝一时一刻忘记这种奇耻大辱？这几年来的忍耐，骂了不还口，打了不还手，我们为的是什么？实在为的是要安定内部，完成统一，充实国力，到最后关头来抗战雪耻！现在既然和平绝望，只有抗战到底，那就必须举国一致，不惜牺牲，来和倭寇死拼。我们大家都是许身革命的黄帝子孙，应该要怎样的（地）拼死，图报国家，以期对得起我们总理与过去牺牲的先烈，维持我们祖先数千年来遗留给我们的光荣历史与版图，报答我们父母、师长所给我们的深厚的教诲与养育，而不致（至）于对不起我们后代的子孙。将士们！现在时机到了，我们要大家齐心，努力杀贼，有进无退，来驱除万恶的倭寇，复兴我们的民族！

（选自《先总统蒋公全集》，台湾中国文化大学编印）

毛泽东在"八一"抗战动员运动大会上的演讲词

（1937年8月1日）

同志们，日本帝国主义打到华北来了！平津失守了！如果我们还不动员起来抗战，那日本帝国主义就要打到我们这里来了。你们不要以为平津隔我们这里还远呵，我们这里过去就是山西，山西过去，就是日本帝国主义者正在用大炮飞机轰炸的平津。所以现在全国无论何处，都应该紧急动员起来。苏区是全国抗日模范区，在这个华北危急中华民族已到最后关头的时候，我们举行这个抗战动员运动大会，是有着极重大的意义的。我们要做一个榜样，表示我们抗战的决心。很久以前，我们就两次三番地对他们说过，希望他们坚决抗战，他们不听，始终动摇不定，始终没有坚决抗战的决心。此次平津失陷，是由于动摇不定、没有抗战决心所致。华北当局始终是抱着委曲求全的态度，在军事上不作充分的准备，对于民众是怀着不必要的戒心，不发动民众，不扩大民众爱国运动。相反的，还要出告示下戒严令，要民众"镇静"，使有着满腔热血的爱国民众们，动弹不得，这样干的结果，便把平津丢掉了。我希望全国守土抗战的将士们，对于这个悲痛的教训，有所警惕！我们现在只有一个方针，这个方针就是坚决打日本！立即动员全国民众，工农商学兵，各党各派各阶层,一致联合起来,与日本帝国主义作殊死的斗争!这是民族独立与自由的不二方针。

我们今天举行这个抗战动员运动大会,就是向着这个方针迈进。我们这个运动大会,不仅是运动竞赛,而且要为抗战而动员起来。为了保卫国家、保卫领土,我们要把全国民众动员起来。同志们,准备出发到河北去,准备到抗日的最前线去,把我们这里的方针与办法,带到全国各地去,把我们的决心带到抗日最前线去!

我们高呼:打倒日本帝国主义!收复平津!保卫华北!收复东四省!"八一"运动大会万岁!中华民族解放万岁!

（原载1937年8月2日《新中华报》运动大会特刊）

全国奋起抵御日寇之新进攻

——巴黎《救国时报》社论

七月八日晨,日寇军队,悍然在北平附近卢沟桥武装挑衅,突向二十九军第三十七师兵营及民房轰击,致我方军民死伤二百余名,使我北方政治经济文化中心之平津均受极大之震撼。幸赖首当其冲的二十九军将士,深明大义,当机立断,英勇抵抗,续以肉搏,使日寇遭受迎头痛击之下狼藉败退。二十九军将士,这种抗敌御侮、保土卫国的精神,应受到全国人民之赞扬与钦仰。我们敢代表海内外一切爱国同胞,谨向抗日卫国的二十九军三十七师将士们表示万分的敬意与拥护!

日寇在卢沟桥的暴行,不是偶然的又一"事件",而是日寇夺我北方亡我全国的侵略政策中一个有计划有准备的步骤。日寇久已视我国北方为"帝国必要的原料场与缓冲地带",所以在"华北特殊性"这样无耻的藉口下,不断对我国北方作多管齐下的侵略,得寸进尺,毫无忌惮。然而,日寇侵略愈急,我国民众反抗亦愈烈。近年来抗日高潮,澎湃发展。因之,南京政府以至冀察当局在全国民意督促之下,在对日政策上,虽仍未能尽符民意,实行坚决抗日国策,但亦不复如前所之一味退让,予取予求,日寇所谓"华北特殊性"的各种要求未能尽达目的。日寇情急智短,乃决施用所谓"断然手段"。善于"乘机应变"的日寇近卫内阁,趁着日英瓜分中国的谈判仍在进行,趁着德意法西斯更加公开侵略西班牙,欧洲局势紧张,趁着我国国共及其他党派合作、和平统一尚未完全成功的时机,就计划、准备并发动了对我的武装挑衅。很显然的,其目的不仅在威胁我国当局接纳对北方之各种要求,而且欲一举占领我国北方之咽喉,以便侵占平津,进而再囊括冀绥晋陕鲁豫等省以至全中国。日寇的挑衅,既然是原定的计划,既然有巨大的阴谋,则日寇绝对不会因在卢沟桥遭受挫折而放下屠刀。可见日寇所以签订停战协定,只是一种缓兵之计,以便更加调集大军,扼占要隘,乘机卷土重来,向我大军进攻,以求达到其预定的目标。形势危急,真到了空前的地步。

乃卖国无耻之亲日派分子竟极力宣传,谓卢沟桥的冲突为"地方"事件。这显然是企图麻痹我国的人心,阻挠及破坏我国援助二十九军及全国御侮抗战的运动,以便利日寇从容实现其侵占北方、灭我全国的毒谋。谁都记得,在"九一八"事变、上海战争、长城抗战等事变当中,亲日派分子都会施用这种伎俩在所谓"地方"事件名义之下,拒绝了全国动员的援助,以至国土丧失,耻辱重重!国人如不善忘,如不愿永沦为日寇之奴隶,则对于亲日派这种卖国无耻之狡谋应立即予以一致之打击。

当此万分紧急关头,负国家重任的南京政府之一举一动,其影响于国家民族者殊为重大。据九日电讯,南京当局对于日寇之挑衅,表示三项愿望:(一)双方停止军事行动;(二)避免事件扩大;(三)和平解决。南京当局于事变发展过程中有何重要设施,电讯简略,一时难得详尽之报告;但只就电讯所说而言,不能不使人感觉到南京当局在这样万分急迫的生死关头,仍未能坚决实行抗敌卫国的政策,而仍在亲日派挟持之下,做其"和平解决"的迷梦。既然日寇在我领土上悍然挑衅和武装进攻,则所谓双方停止军事行动、避免事件扩大、和平解决等等的主张,不特是损辱我国应有的国度,而且简直是等于与虎谋皮。"九一八"以来多次血的教训证明这种让步投降的"和平",只是更加助长日寇的凶焰,放肆其侵略野心而更无所忌惮。这是全国人民特别是南京政府应当永矢不忘的教训。

我们要大声疾呼告我海内外全体同胞:卢沟桥的事件,实为民族生死存亡的严重关头,只有全体同胞一致奋起,抱宁为玉碎、勿为瓦全之决心,实行全国之总动员,准备全国之总抵抗,才能保卫国土,熄灭日寇的凶焰,并进而收复失地,争取中华民族的完全独立与自由。

首先我们希望南京政府能坚决改变其退让误国的政策,立即为实行全国总抵抗之动员:第一,在军事上立即动员全国军队,首先是沿平汉、津浦两路的军队,迅速北上,增援二十九军,同时加强沿海各地之防御;立即恢复张学良将军之军职,使更加巩固东北父老所寄托的东北军之团结与抗日的决心;立即恢复有沪战经验之十九路军,并派赴前线抗战;立即允许红军东出抗日,使抗日前线能得此有觉悟、有纪律、最英勇坚决之人民红军为之中坚,以更加兴奋士气,而摧毁日寇之进攻。第二,为着更加巩固和平统一与全国之团结,须立即罢斥卖国无耻之亲日派,驱逐托洛茨基匪徒分子,以肃清南京政府中之日寇奸细,并巩固整个后方;立即实行国共合作,摒斥亲日派破坏国共合作、破坏民族团结之诡谋(如要求红军领袖毛泽东、朱德辞职之无理由的有害于民族的条件),以便集中全国人才,巩固抗敌御侮之全国最高领导。第三,为动员全国人民一致赴敌,须立即开放全国救国运动与言论出版集会结社之完全自由，首先是释放救联七领袖和全国一切政治犯，使四万万同胞能各自发挥自己的意志与能力，为抗日救国而牺牲。

在东北各省的地方当局方面，首先是冀察政务委员会及二十九军当局，必须负起守土卫国之天职，坚决抗战到底，不对日寇作任何之退让妥协。晋绥鲁豫各省当局，必须了解，在民族大难之前，实无"闭关自守"之可言，而且"唇亡齿寒"，冀察不保，北方各省势必随之俱亡，因此须立即奋起，动员各省的力量，增援二十九军，以抵御日寇之进攻。

在全国人民方面，首先是在抗日前线上的北方各省的民众组织，工人和学生的团体，必须发挥前此援助上海抗战、绥远抗战之经验，与日寇抗战的军队以一切精神上物质上的援助；同时更加统一自己的力量，肃清一切日寇奸细和托洛茨基匪徒分子，以巩固自己的组织，并要求政府武装民众，以便参加对日抗战。

有在喜峰口抗日光荣历史之二十九军，现在又为抵抗凶横日寇之新进攻而英勇喋血了。我国上下，必须明白，抗敌御侮不只是二十九军的责任，而是全国人民特别是政府当局与全国军队之共同天职。必须大家把国家兴亡的责任负担起来，学习东北抗日联军与日寇奋斗到底、誓死不屈的民族英雄的榜样，动员四万万之力量，筑成比钢铁还坚固的反日民族统一战线，发动积极的、全国一致的自卫抗战，才能打出一条民族的生路。

（原载1937年7月10日巴黎《救国时报》）

快快斩断屈服妥协的道路

胡愈之

我们要不要抗战，应该早已不成为一个问题了。现在，从蒋委员长起，每一个中国人，都已抱定了抗战到底、牺牲到底的决心。除了抗战的道路，只有屈服妥协的道路。在这个时候，屈服妥协，那就是亡国灭种。所以除死心塌地准备当亡国奴的以外，再不会有主张不要抗战的了。

但是我们不能否认，在全民族抗战开始的前夜，许多人都在十分苦闷着：为什么全面的抗战到现在还没有开始呢？为什么平津失陷了之后，我们的军队不开始反攻呢？到底我们能不能抗战？我们要到什么时候才抗战呢？……诸如此类的问题，萦绕每一个人的心头。苦闷和怀疑的毒菌，布满了战争前夜的空气中。

这种苦闷和怀疑的心理，是有毒害的，因为这种心理足以动摇一部分人的抗战决心，足以使一切抗战的准备工作弛缓下来。但是这一种心理的产生，并不是没有原因的。一般人苦闷和怀疑的根源,是由于目前虽然全国一致主张抗战,可是屈服妥协的道路并没有完全斩断。

我们不否认抗战是要有准备的。(即)便在抗战已经发动之后,同时也必须积极进行准备。但在准备时期最要紧的,是斩断屈服妥协的道路。这样全国军队和人民才能抱定破釜沉舟的决心,再没有丝毫的犹豫动摇。不幸到今天为止,我们并没用一切方法,去斩断屈服妥协的道路。在军事上只有正规军队的开拔调动,并没有把全国人民总动员武装起来。在外交上,中日双方的正常关系,显然没有断绝。在政治上,一部分亲日派依然各据要津。对于华北的通敌卖国的汉奸,政府并未明令惩办。在经济上,一部分奸商还依然在和敌人贸易往来,而没有用民众的力量去制裁他们。

因此在目前,我们必须做,而且不可不做的事是:

(一)召回驻日大使领事;

(二)对外宣布在平津收复之前,拒绝一切对日谈判;

(三)立即实行全国对日经济绝交;

(四)明令严惩通敌卖国官吏;

(五)赶快把后方民众动员、武装起来,作为抗战的后备队伍。

这样,把屈服妥协的道路,完全堵塞,全民族抗战的决心,才有了行动上的表现。而目前一般人的苦闷和怀疑,自然完全解消了。不然,大家尽管空谈抗战,前途依然是难以把握的啊!

一九三七年八月

(选自《胡愈之文集》第3集,生活·读书·新知三联书店1996年版)

我们为什么抗战

郭沫若

东方有一大群疯狗,这一大群疯狗便是日本国的飞扬跋扈的军人。

日本的军人,尤其他们的领导者,他们自幼年时便受着偏颇的军事教育,他们的头脑异常简单,除掉侵略、占领、轰炸、屠杀之外,没有其他的字汇。他们自中东之战[①]、日俄之战,屡次的战役获得了战胜的甘饵以来,他们只知道战争的利得而不知道战争的惨祸,这,

---

① 中东之战,即中日甲午战争。

早昏迷了他们作为人而存在的良心，他们是把人的血液当成醇酒了。

欧洲大战对于日本也有了偏惠，世界的均势渐渐地失掉平衡，日本的军人便愈加跋扈起来，他们在他们的本国是早已施行了军事的统制的。连那号称为自由主义者的日本的惟一的元老，西园寺公爵，都早已失掉了他的政治上的发言权，而且连生存权都时时要受着危害，其他是可以不言而喻的。

和平的日本，理智的日本，建设的日本，是早已窒息了。

日本就在这一大群的狂暴军人的统制之下，在吐放着他们的毒气。他们的野心是没有止境的，他们不仅是想吞灭我们全体的中国，而且是想混一我们整个的世界。这，我们是明确地知道的，就是全世界的具眼的人士也是早已知道。

我们晓得，人类的福祉是在人类生活得到理智的统制时的和平状态之下所建设起来的。人类自脱离了兽域以来，他的目标是正确地向着人类的协和，泯除着各个民族、各个社会的偏狭的传统，尤其个人所禀赋着的先天的兽性而前进着。以往的人类文化是这样建设了起来，今后的人类文化也当这样建设起来。

我们中华民族素来是嗜好和平的民族，我们的祖宗替我们建设了四千年的文化，以仁义为大本的文化。这文化我们作为礼物赠送给了日本，使日本人早于千年以前脱掉原始的畛域，和我们达到同一的水准了。

我们中华民族在最近的三百年内，曾受过一度原始民族满洲人的蹂躏，受了他们的无理的统制束缚，聪明才智之士迭受摧残，因此对于世界文化几乎没有丝毫的贡献。然而深赖欧美民族在和平的统制之下建设了新兴的科学文明，补偿了我们的缺陷。这文明又由欧美民族作为礼物赠给了日本，使日本早于五十年以前脱掉封建的畛域，又和欧美人达到同一的水准了。

然而日本人，在狂暴的军部统制之下的日本人，所回答我们的礼物是什么呢？是毁坏文明、摧残人类福祉的飞机大炮、毒气细菌！

日本的狂暴军部是世界文化、人类福祉的最大的威胁，这，是明而且白的事体。

不仅我们中国民族是达到了生死存亡的关头，就是整个人类都是达到了生死存亡的关头了。

过往无数的志士仁人为谋人类福祉，费尽无数心血所创建的文化利器，都为日本军阀所逆用，用来毁灭我们全人类了。

我们中国民族本着他爱好和平的素质，我们被逼迫到忍无可忍的地步，我们现在提着正义的剑，起来了，我们不仅是为要争取我们的生存权，为要保卫我们的祖国而抗战，我们并且是为要保卫全世界的文化、全人类的福祉而抗战。

我们知道，我们的力量很薄弱，但我们的意志却很坚强。我们也明确地知道，日本军部的强悍是因有日本经济为粮台，而日本的经济基础是奠设在我们中国身上的。我们中国能制日本经济的死命，同时也就是能制日本军部的死命。古语云："时日曷丧，予及汝偕亡。"我们要拼却我们的一切，至少是要达到与日本军部同归于尽的一步。

我们就牺牲了自己的生存权，牺牲了自己的祖国，而使全世界的文化、全人类的福祉得到保障，我们能遂行着这种使命，我们是感觉着无上的光荣的。

全世界爱好和平的朋友、保卫文化的战士，请你们一致起来和我们携手，为世界的文化而战，为全人类的福祉而战，歼灭这东方的一大群疯狗！

1937年8月17日草于上海飞机大炮的轰击中
（原载1937年8月23日上海《抗战三日刊》第2期）

下 编

一 关于抗战前途

《抗日游击战争的战略问题》早期版本

抗日战争爆发后，不愿做亡国奴的人们纷纷行动起来，投身到抗日救国的洪流中。然而，抗战初期国民党军队在正面战场的节节败退，又使某些中间阶层和一部分劳动人民对中国能否战胜日本充满疑虑，更有甚者，以汪精卫为代表的国民党亲日派集团则宣称"抗战必灭"。"亡国论"论调一时甚嚣尘上。与此同时，一些人持有"速胜论"观点；还有一些人对英美列强抱有幻想，把夺取胜利的希望寄托在西方大国的干预上。

对于上述事关中国抗战前途的重大问题，国共两党虽然都认为抗战是持久战，但对如何进行持久战，双方认识则不尽相同。

以蒋介石为代表的国民党当局，把抗日战争的基本战略确定为"持久消耗战略"。1937年8月，淞沪抗战爆发，蒋介石认为，"倭寇此次的企图，在倾其全国可能对华的兵力，运用飞机大炮战车的威吓，要求速战速决"，"所恃的是他强横的兵力。我们就要以逸待劳，以拙制巧，以坚毅持久的抗战，来消灭他的力量"①。随后，国民党军事当局即把"持久消耗战"思想归纳为"以空间换时间"，"积小胜为大胜"。"持久消耗"战略虽然符合两国国情和军事力量对比，但它从根本上忽视了全国抗日军民在抗战中的决定作用，又未将有效地消灭敌人的有生力量作为实现持久战略的首要目标和主要手段，而且这种"持久消耗"战略，缺乏正确的战场作战方针作为基本支撑。

1938年5月，毛泽东发表《论持久战》，系统地论述了中国共产党持久战的战略指导思想。毛泽东深刻地分析了中日双方存在着互相矛盾的四个基本特点：敌强我弱，敌退步我进步，敌小我大，敌失道寡助我得道多助。指出这些特点"规定了和规定着战争的持久性和最后胜利属于中国而不属于日本"②，驳斥了"亡国论"和"速胜论"，预见了持久的抗日战争将经过战略防御、战略相持和战略反攻三个不同的作战阶段和总体进程。为了实现持久战的战略总方针，毛泽东还提出了一套具体的战略方针，这就是主动地、灵活地、有计划地执行防御战中的进攻战，持久战中的速决战，内线作战中的外线作战。毛泽东还着重阐明，坚持持久战的基础是发动全民族的武装自卫战，实行人民战争。"兵民是胜利之本"③，"战争的伟力之最深厚的根源，存在于民众之中"④。《论持久战》不仅对八路军和新四军在抗日战争中有着重要的指导意义，也是中国克敌制胜的最高战略方针。

抗战的前途

——《申报》社论

我中华民族只有经过了壮烈的民族解放战争，才能够自存。这早已是全国上下一致的认识了。

因此卢沟桥的炮声一响，抗战的呼声立即响彻了全国。我们不怕暴敌的威胁，我们不怕暴敌的进攻。敌人一切凶横残暴的手段只有使我全国同胞的团结精神与抗战决心愈益巩固而加强。

可是在平南战事失利以后的今日，我们却见到抗战的前途上，还浮现着几许暗云。第

---

① 蒋介石：《敌人战略政略的实况和我军抗战获胜的要道》（1937年8月18日），见《先总统蒋公全集》第1073页。转引自严如平、郑则民著《蒋介石传稿》第318页，中华书局1992年第1版。

②③④《毛泽东选集》第二卷第450、509、511页，人民出版社1991年第2版。

一是近年来对于我国建设很多帮忙的某友邦,在短视的政治家主持之下,深恐远东的战事扩大会使他们的商业利益蒙受进一步的损害,不惜对侵略者做可耻的让步,而有劝告中国暂时容忍的企图。第二是国人中间还有一部分悲观论者,从平南战事上过分敏感到敌人机械化部队的威力,因而唱着"战亦亡不战亦亡"的论调。

关于第一点,我们认为在这存亡关头,固然应该审慎运用外交的机能,但是我们的国策却不能因友邦的意旨而轻易转变。国际的情势很明显的(地)在眼前展现着。在我国全面抗战以前,虽是跟中国命运最有利害关系的苏联,因为要顾虑到欧洲方面外交关系的缘故,也不能切实地援助中国。如果真正的全面抗战发动了,那么,除了侵略国家以外,全世界的同情一定在我们方面。只要我们不屈不挠,他们自然会尽力援助的。

关于第二点,我们认为在今日的形势之下,一切失败主义者的悲观心理最要不得。二十九军这次的失利,就为的是一部分高级长官中了这种心理的毒害,因而一再的(地)上了敌人的圈套。我们必须人人抱着坚定的自信心,才能在抗战中搏(博)得最后的胜利。当然这不是说我们可以无视敌人的军事力量,但凭一股旺盛的勇气而轻率地向前直冲。我们知道我国陆空军虽比十年前充实了好几倍,但是在现代武器的对比上还不及敌人。我们知道我国对于战争的准备还没有敌人那样的充分。因此,我们也承认在抗战上必须小心谨慎,就全面的利害关系来决定战略,不应轻举妄动作无谓的牺牲。可是我们却不能不认清我们是被压迫的民族,近百年来所遭受的暴敌侵凌的惨痛已经使全民族的抗敌意志统一起来。这一种铁一般的意志绝不是敌人的飞机大炮所可征服的。东北沦亡以后,当地的义勇军还摧毁了日军十余万的实力。最近通州保安队张庆余部,在虎口之下,居然一天以内,杀死了敌军二百余名。这都是显著的例证。现在我们的抗战所凭藉的就是这一种坚强的民族意志。我们即使武器再差些,我们即使对于战争的准备再差些,只要抗战的意志不因一时的挫折而懈怠下去,一定可以获得最后的胜利。因为在被压迫民族的抗战中,正同在革命战争中一样,决胜负的力量在民众方面比在军队方面更大。而武器和战士的补充在军民澈底地打成一片的时候是很容易的。

现在全国上下眼见到平津的失陷,正由于东北失陷以后,我们对于侵略者的暂时容忍。大家觉得如果再容忍下去,偏安的局面也决不能保持的。因此在政府领导之下,全国军民不但呈现着空前的精诚团结的现象,而且大家还都下了莫大的抗敌御侮的决心。在这时候,我们希望政府赶速廓清那些影响着抗敌情绪的暗云,利用着国民革命的宝贵的教训,来策动民众,组织民众,与侵略的敌人作艰苦的持久的搏斗。

(原载1937年8月8日上海《申报》)

抗战以后

章乃器

抗战开始了，抗战的初步胜利已经到手了。中华民族的伟大力量，在国际上已经显现出来灿烂的光芒。在战争爆发之前，少数人所散布出来的悲观空气，被光荣的胜利扫荡无遗了。民族的自信力重新建立起来了。自然，战争的前途是很艰苦的，我们不能希望一帆风顺的（地）胜利。我们不害怕一时的挫折，也不骄矜一时的胜利。然而我们不能不指出，在这次胜利当中，包含一个重大的意义：它继承了"一·二八"战争，更确实的（地）证明最后的胜利一定属于我们。

在战争爆发之前，有些人怀疑国际对于我们的态度。我在那时的意见是这样：战争的最后胜利，主要的靠我们自己的力量去争取，国际对于我们的态度，主要的靠我们的决心去转移。换句话说，要我们自己有力量，才能动员国际上的援助力量；要我们自己有决心，才能坚定国际上的援助决心。半月来形势的发展，大致和我所说的差不多，而且我相信今后的发展，也逃不出这个途径。

自从卢沟桥事件发生以后，法国对我们的同情态度，可说是再明白没有了。苏联对我们的援助，虽然还不曾表面化，但是，从它国内舆论所表现的，我们也可以看出几分的内容了。我们倘若再想一想三十万的远东红军所对付的究竟是那（哪）一国，便可以进一步明白：它是不能坐视日本帝国主义侵入绥远的。它目下只须（需）给我们以较小的物质援助，将来便可以节省更大的物力和人力的牺牲。中苏两国在蒙古和西伯利亚一带对日本的边防，在地理上已经存在着两位一体的形势了。

英国固然也不愿中国的完全独立，然而尤不愿日本征服中国。中国完全独立了，至多不过使印度民族受着一种精神的刺激而增强它的独立运动。日本如果征服中国了，印度、马来西亚和澳洲都可能马上受到武力的威胁。因此，在中国决心抗战以前，英国利（意大利）在压制中国抗战的怒焰以维持现状；而在中国决心抗战以后，两害相权取其轻，是宁可帮助中国的。当然，在战争过程中，在初期它还要不断的（地）进行和平运动，但是，和平的可能性必然要一天一天的（地）减少，一直到它和日本帝国主义破脸为止。

美国的态度是很足以影响英国的绅士态度的。为了将来的投资，倘美国目下要对我们表示三分好意，英国或者（许）要来表示四分。为了过去史汀生联合英国干涉远东问题的失败，美国在卢沟桥事件发生以后，特别和苏联接近，直接警告日本，间接警告英国，一向极端忍让的美国，既然为了旗舰中弹的问题，也闹得满城风雨了。美国不能在日本军事行动中损失一些在远东中的利益。这虽然是第三者的报告，也许足以代表现阶段美国的态度吧？那样，它的积极性就出于一般人的意料了。英国在这时候，倘不急起直追，恐怕真要再不能过问远东问题了。那是它万万不肯的。

今后怎样呢？趋势已经很显明了，那就是我们多一分决心，我们的友邦也多一分决心。初步的胜利已经戳穿了所谓"皇军"的纸老虎了，友邦的决心也许更不成问题了。

目下的和平运动会不会有结果呢？我们的答案是：日本政府所能提得出的条件，是我们决不能接受的条件；我们所能接受的条件，是日本政府所最不愿提出的条件。具体点说：日本军阀决不能容许他们的外交官提出一个比《上海协定》(《淞沪停战协定》)、《塘沽停战协定》和《何梅协定》更低的条件，而我们可是已经决不能接受和这三个协定同样的条件。就是英国，也不曾敢用和《上海协定》同样的条件向我们提出。这样，我们最聪明的办法，自然还是对于友邦的提议不赞一辞（词），用抗战到底的决心继续打我们的死仗，让日本军阀去答复它一个"不"字。

在我们国内，岂止是万众一心，而实在是四万万五千万万众一心——抗战到底。团结的巩固，可说是历史上所未有。抗日必然可以统一，已经有铁一般的事实证明了。在从前，是主战者不敢言战；现在，是主和者不敢言和。即使真有少数人还偷偷摸摸的（地）在那里进行和平运动，我们不管他们是善意还是恶意，是目的还是手段，可以密切注意，然而不必过份（分）忧虑。我们只须（需）在积极方面巩固四万万五千万人的团结，从四万万五千万人的口中同时喊出"抗战到底"四个字去答复他们。

（原载 1937 年 8 月 25 日《救亡日报》）

蒋介石答外国记者问

"中国军队之战斗力量，较前增加不止一倍，武器的质量与数量之增进，均为众所共知之事实。目前中国民气之发扬，及民众对于军事认识之进步，使军事当局得以完全根据军事上最高策略，而决定作战计划。动止进退，可完全以减少我军无谓消耗，而有效的（地）打击敌人为基准。中国在初期战争时，固守据点之壮烈牺牲，已炼出强劲的士气与民心。已往作战的经过，更足证明在阵地战上我军力量之坚强，此在上海与鲁南各阵地战中，皆足证明。故作战上不必以一城一地的得失进退为重，而要在自动的（地）选择有利的作战地区，此已成为一般军民之常识矣。敌军到处残杀平民、轰炸城市，以为如此必可威胁我民众抗战的心理，消灭我民族抗战的力量，不知此种不人道的野蛮暴行，只有激起我四万万五千万同胞共生死同存亡与敌拼死到底之决心，何能减弱我抗战的心理于万一。以后阵地转移，更必能强韧坚持，愈战愈强。我军民上下，深信必得最后之胜利。"

"过去十一个月抗战的结果，增加了我们全民族抗战的决心，同时也增加了我们对于抗战胜利的信心。一则因为中国全民族已经实现空前的团结，此种团结，到处都可看出。在敌人占领地区内更为明显，敌人在其占领地域，只能拉引若干地方匪徒，与在社会上信用破产的政客，扮演傀儡的组织。至于地方正人，即以前对国民党不满者，今亦与全体民众一致拥护国民政府，反抗敌军及其伪组织。二则因为我们的军事力量较前倍增，战事初起时，敌人预计我们战斗能力，必一天削减一天。据其判断，最多不能支持到三个月之久，今乃适得其反。敌人侵略一日不止，我们抗战一日不休，决不可以年月计。我民族斗争持久性之强烈，在历史上可以证明，况今日民族意识已普遍发扬于全民，三民主义实已深入于人心。我民族对外斗争力量之强烈，更当倍蓰于往昔。凡我国民莫不自信我伟大之民族，决无被敌灭亡或屈服之理。加以兵力士气，与武器质量数量，均较前增进数倍，更非敌军意想之所及。三则今后作战地域的形势，利于我而不利于敌，现在战局关键，不在一城一地之能否据守。最要紧的是一方面选择有利地区，以击破敌人主力；一方面在其他地区以及敌军后方，尽量消耗敌人的力量，凡我军放弃的地点，皆所以减少无益之牺牲，避开敌人的企图，同时逼迫敌人入于我方自动选择之决战地域，予以打击。长期抗战，此为最大要着。今后战事，即将转入山地与湖沼地战。于天时地利，均于我为有利，我之所利，即敌人害也。"

"以上诸种事实，使我们对于战事前途的乐观，确实增加了无限的自信心。不过战事本为人类的惨剧，中国为争国家民族生存而战，本非得已，但为使抗战胜利，即正义人道之胜利早日实现，中国国民固当加倍奋斗，同时希望以我们之努力，能促进诸友邦尽其对华援助的义务。国联援助中国的决议案，通过已经数月，此项决议案之切实实施，自可缩短中国抗战所需之时间。日军轰炸平民，虐杀俘虏，甚至使作毒气，均中外共见共闻的事实。此种行为，显然违背国际公法及各种国际公约，各友邦之出而反抗暴行，对于被侵略的损（受）害国，可说是负有条约的义务；对于侵略的施害国，可说是赋有条约的权利。况日本今日侵略的行为，不仅为中国一国之敌人，而实为公约各签字国之共同敌人。各友邦若由抗议进而施以制裁，不但减少中国人民无辜之牺牲，实为增进世界人类和平正义之保障所必要。至于我各友邦人民，迭经要求其政府禁止军用品输往日本，或发起排斥日货运动，这足以代表人类之同情，与正义人道之主张。今日本暴行日益加甚，想各友邦政府对此要求与运动，必不莫视也。"

（原载 1938 年 6 月 10 日《武汉日报》）

地大物博　人口众多

郁达夫

中华民族，所持以抗战的最大凭借，是地大物博、人口众多的几个基本条件。外国的新闻杂志记者，以及到过中国的外籍观光者，曾屡次的（地）在欧美各大报上著论申说，谓中国的（与）日本的战争，你们只知道中国已经失去了几千方里，或几区地域，但是你若打开地图来一看，则中国所保有的完整省份，每一省之大，仍旧可以比欧洲的一国而有余。像这样的省份，中国在现在还有十几省之多。

至于中华民族的忍耐性、坚毅性与反拨的弹力性呢，完全是由于我们丰富的资源与悠久的文化所赐予的大宝；到如今抗战已及一年二阅月，而各乡村以及各内地的民众生活，仍旧是丝毫没有影响，除了有飞机不时来残杀妇孺的威胁之外，他们仍在安居乐业，不改他们的常态。所以，外国人也老在说，中国人民所暗藏以及含蓄着的富庶，就是抵抗的力量，非但外国人看不到，便是最狡猾细心奸诈的日军阀，也大吃了轻视灭估的亏；并且从这一次抗战的结果看来，恐怕连中国人自己，当抗战开始的时候，也许还不自己觉得的。这潜在的国力、民族力，真是世界上的奇迹。

说人口呢，谁也晓得中国有四万万七千万，日本只有七千万。若以动员可能的壮丁全数来说，照全人口的四分之一计算，中国总有一万万人以上，而日本却只一千万零一点。再以上战场的战斗员，须有特别训练的人才行的话来折算，无论如何，日本总只有二百万人可以送出，而中国则两千万人是不成问题的。

可是，上面的三大基本条件，并不是囫囵吞地便可据作万无亡理的铁律来论的。土地要利用，富藏要开发，民众要训练之后，才能发挥，增进它们的固有力量。而利用土地，开发资源，训练与组织民众，都要以政治的发动机来推动。我所以屡次的（地）说，我们这一次在过去抗战中的失败，并不是军事上的失败，如战略不行，统帅无力，士兵少勇等；也不是物质上的失败，如炮火不继，运输不灵，给养不足等；归根结底，却要归罪于政治的不澄清、民众的不训练与不组织、国是国策的不确立这三点。

这些弊病，现在大家都已经看到了。上自中央起，下而至于极偏僻的农村，甚至已沦陷的地域内，大家正在一心一德，注意于这谬误的纠正。中国若果是一只睡狮的话，现在已经在张眼睛，振精神，预备怒吼了；中国若真是一个病夫的话，现在也已经离病榻，断药饵，在试浴、试步的时候了。×人用以刺探我国情的一种药品的广告文上，有"起死回生"

的四个大字，现在我们却有了一个上联的对句，叫作"抗战建国"。

八月十八日

（原载 1938 年 8 月 31 日香港《星岛日报·星座》第 31 期）

坚持持久战

——《新华日报》社论

广州陷落，武汉危急，前线的紧张的消息，使许多人悲痛，使许多人愤激，使许多人张皇，也使许多人丧气。是的，一个富庶繁华的省会现在落在敌人的魔手中，怎能不使我们悲痛？是的，目击着敌人残酷的暴行、同胞的苦难，怎能不使我们愤激？但是光是愁眉苦脸的（地）悲痛、血脉奋起的（地）愤激，是无济于事的；张皇失错（措）更是用不着；悲观丧气尤其是不应该。前线的一时的挫折，个别大城市之损失，只能够激起我们更增强百折不回的斗志、同仇敌忾的义勇、最后胜利的信心。

抗战领袖蒋先生在台儿庄胜利时，教训全中国民众说："闻胜勿骄，闻败不馁。"是的，我们要闻败而不馁，何况不是"败"，更不应"馁"。我们在目前虽有局部战事之失利、个别城市之丧失，然而从整个过程来说，那么应该说我们得着了重大的进步与胜利，而敌人则日陷不能自拔的泥沼中。只要我们坚决抗战到底，最后胜利一定是我们的，——这一个从抗战爆发之日就成为全民族的一致的坚决信念，决不为战局之一时变动而摇撼。

一年多的战争中，我们民族的各方面的进步是超过过去数十年甚至几百年。在战争烈火中我们锻炼出了真正统一的国家、统一的军队，我们创建了牢不可破的国内团结。我们的军队在一年多来的战斗中不仅数量未尝减少，而且质量上（包括装备武器、政治觉悟、战术战略上）获得空前的长进。我们的民众，在抗战中，有着最广泛的民族觉醒和强大的战斗力量。在沦陷区中几千百万的人民是觉醒起来组织起来了，拿着武器和敌人斗争，在后方的人民坚决地拥护抗战，支持抗战。我们的内部政治，尽管还存在着严重的弱点，然而正向着国家民主化的道路上前进。经济上，我们虽受着敌人的封锁，然而我们保证了作战军队之补给。

反观敌人方面怎样呢？一年多的战斗使敌人愈陷愈深地陷入于长期战争的漩涡中、日趋紧张的经济危机中，陷入于日益尖锐的内部矛盾中。速战速决的迷梦是被打破了，长期战争的进行，暴露出了敌人之一切弱点。在农村经济上，将近百万的农村壮丁之征发，大大地削弱了农村的劳动，加上百分之二十五的马匹的征发，肥料价值之昂贵，今年日本的歉收在一百万石以上。以言非军事的工业生产部门,则丝织厂之机器百分之四十五、棉织厂百分之五十三、人造丝厂百分之四十四、毛线厂百分之六十停止了。失业工人的总数已达一百八十万人,为日本历史空前的数目字。以言对外贸易,则一九三八年上半年较之去年上半年减少了百分之二十一点五,进口减少了百分之二十五点一。如除去满洲、关东、华中、华北的数目字则出口减少了百分之二十八点九,进口减少了百分之四十八点一。以言财政,则自去年8月至今年6月运入美国之黄金已值八万万七千八百万日元,黄金储备在这十个月中已减少了百分之六十左右,国债已达一百三十七万又二千一百万元[①]之巨额。以言物价,则普遍地有百分之五十至百分之二百之增高。以言内部的不安,则虽在严重的压迫下,但在1937年还有一九五六次的罢工。仅在今年2月底一次就逮捕了四千五百个不稳分子。泥足的日本更加上心腹的沉疴,这是武士道一年侵略战争之收获。

这是进步的民族解放战争和退步侵略战争一年来的总结的比较。是的,在目前我们还有一些困难,须要坚持沉着地去克服,然而敌人的困难更大,而且无从克服。因此,我们不应该仅仅悲痛愤激,亦不应该张皇丧气,我们应该更鼓励我们的勇气去战胜暂时的困难,克服一时的困难,坚持持久抗战,坚决全面抗战,以达到最后的胜利。

(原载1938年10月26日《新华日报》)

---

① 似应为一百三十七万万又二千一百万元。

二　抗战初期正面战场国民党军队的防御作战

上海会战期间，在宝山壮烈牺牲
的守军姚子青营长

上海会战期间，坚守四行仓库的
守军谢晋元副团长

从1937年7月7日卢沟桥事变到1938年10月广州、武汉失守的1年零3个月，是抗日战争的战略防御阶段。这一阶段，日军凭借军事上的优势，倾其主力，向华北、华东发起进攻。国民党军队在正面承担了防御作战任务，先后进行了平津战役、淞沪会战、太原会战、徐州会战和武汉会战。在这些战役中，涌现出无数可歌可泣的英雄事迹。1937年8月，日军沿平绥铁路西犯，企图占领察哈尔、晋北及绥远地区。位于平绥铁路南段，距北平40余公里的南口易守难攻，战略地位重要，汤恩伯第十三军据守南口至居庸关沿线，凭险阻敌半个月，毙伤日军15000余人。淞沪战役中，第九十八师五八三团第三营自8月24日进驻宝山城以后，加紧构筑工事，储备粮弹，枕戈以待。9月5日，日军在战机和舰炮炮火掩护下，以战车为先导，向宝山城发起进攻。中国守军在姚子青营长率领下，沉着应战，日军久攻不下，竟于6日向城内施放大量硫磺（黄）弹。后日军冲入城内，姚子青率部与敌展开巷战，阵亡于东门附近。战至当天上午10时，全营除一名士兵乘隙越城得以生还外，全部（其余）壮烈殉国。9月，日军第三次增兵上海，中国军队转入守势，撤出闸北。为掩护大军撤退，第八十八师五二四团800[①]名壮士，在副团长谢晋元指挥下，进驻苏州河北岸"四行仓库"阵地。四行仓库是一座7层楼的钢筋混凝土建筑。当时，日军已占领了仓库的东、北、西三面，

---

① 实为452人。

而苏州河南是公共租界。10月27日起,日军在炮火掩护下,进攻四行仓库。谢晋元率800壮士与敌激战4天4夜,打退敌人6次围攻,毙敌200余人,在完成掩护任务后奉命撤入公共租界。1937年12月日军占领南京后,将其作战重心转移至津浦线上。中国军队在第五战区司令长官李宗仁指挥下,在山东省南部同日军展开一次较大规模的较量。1938年3月下旬,中国军队一部据守徐州东北30公里的台儿庄,日军第十师团濑谷支队和赶来增援的第五师团坂本支队猛攻其地。守军顽强抵抗。第五战区抓住敌孤军冒进的弱点,调集重兵从外线迂回包围,经过半个多月激战,歼灭日军10000余人。这就是台儿庄大捷。它是抗战以来国民党正面战场所取得的最重大的胜利。在战略防御阶段,虽然中国军队自身伤亡很大,丢掉了华北及长江三角洲大片国土,但同样使日军损失兵力约70万,财力、物力均遭到极大消耗,粉碎了日军叫嚣的"三个月灭亡中国"的狂妄计划。

在平津、淞沪、忻口、徐州、武汉诸战役中,涌现出一大批英勇部队。许多高级将领和千千万万不知名的下层官兵,在"宁为战死鬼,不做亡国奴"的誓言下,与日寇作殊死搏斗,直至流尽最后一滴血。他们的英雄事迹不仅激励了全国人民的抗战斗志,而且也受到国际舆论的赞誉。

慰勉南口将士

——《中央日报》社论

正面抗战展开以后,全国领土以内,已没有前方后方的分别。三天来北自长城线,南至上海、杭州,各处地上与空中的战斗,都表现国军的雄风。昨天北方战报,南口激战,从十二日拂晓至十四日下午,未曾中止。敌军两日间死伤甚众。我军俘获对方军用品尤多。这次伟大的战绩,全国同胞,应对守御的国军将士,表示真诚的崇敬及慰藉。

在我们的眼光看去,日本的武力侵略,已将全中国造成广大的战场。这个战场,当然各点都重要。但是这大战场中,其重要程度仍有分别。南口是北平的后路,尤其是察绥的门户。敌人在北方侵略目标,志在察绥,甚至再向西推进,已是数年来极显明的企图。这次平津的陷落,在敌人心目中,更以为(是)实现那种企图的机会。所以这几天用重兵向那方面压迫。我们忠勇的国军将士,在国防前线,能够奋勇抗战,使敌人蒙受极大损失,使察绥门户得以保持,平津规复的后路不致断绝,这个功绩,应当引起全国的重视。

几日来上海的抗战,接连着首都的空袭,全国目光,似乎偏注在东南这一角。这固然与交通及地域有关系,然在东南人士的眼光中,尤其京沪两地的人民,虽然直接受着侵略的压迫，我们决不对北方的事态稍加淡漠，北方民众所受的痛苦，数年来比较东南人民深酷得多。东南人民，时时不忘北方。东南人民，对于守御北方疆土的将士，尤其表示拥护与敬仰。平津局势变化后，南方的人，时时刻刻想念北方、忧虑北方，北方事势的急转是促成全面抗战的大动力。全面抗战后，全国的力量方可总表现，全面力量的总表现，可以救北方，也可以保存南方，北方守土将士忠勇的功绩，必将益加促发全国力量之总表现。

上海抗战的进展，与南口抗战的大捷，在全面抗战开始时，正是南北声应的好消息。中国是整个的，中华民族亦是整个的，整个局面中任何部分被人家侵略，必须激起我们整个的抗争。今天的侵略国家，不要再做各个击破或分离割裂的迷梦，南口与上海的抗战，是整个抗战中的两面。全面抗战局面愈延长，抗战阵容当然愈有多面的发展。今天首都空袭中，我空军将士的勇敢作战，又是这抗战阵容的一面。

昨天一天中，南口、上海、首都以及各地的抗战情形，都可使我们对抗战前途愈加乐观，我们特别提出南口的战况，所以使全国人民，在全面抗战进展中目光时时注意到全面，尤其特别关系全面整个局势的战事。南口的胜利，是今日整个局势最有关系的一事。

（原载1937年8月16日《中央日报》）

民族人格之表现

——吊宝山城中六百义士

——《中央日报》社论

宝山县城七日沦陷，城中守军姚子青营长部下六百人，以一营兵力，守城中弹丸之地，与敌人相持达两昼夜，卒以弹尽，全营六百人全数死难，此抗战开始后中华民族之人格之又一表现也。

好和平，尚节义，本为中华民族固有之性格，自来遭逢艰危，志士仁人，心存匡济，杀身成仁，以申大义于千百年后者，其事其人史不绝书。此种民族人格之表现，在当时足以震慑敌胆，发扬士气，而在后世，尤可激厉（励）民志，树立风声，田横宾客之肝胆，张巡许远之声气，千载而下，犹足使人闻风兴起，中华民族血液中，实含蓄此种精神之质素。凭此精神，吾族乃能屹然自立于东亚者垂五千年。五千年中，吾族为生存为光荣而奋斗，其精神背景具（俱）在于此。

宝山城中义士六百人，此黄帝子孙之充分表现其民族性。军人之职守为捍卫土地、抵御外侮，所以尽其职守之道，不以自身所具力量为衡，不以敌人加于吾之压力为度，竭吾之所能，尽吾之所有，以与敌人决死，事之不济，以身死之，率吾之同志死之。呜呼，宝山殉城义士六百人，其行已立身，乃尽得吾族圣贤之道，生逢非常，忠贤奸贼，相去只在寸心，男儿一死，圣贤仙佛，尽备于一身。六年以来，大地膻腥，山河易色，过去旧案重重，今日无从再提，宝山县城一幕之壮烈，足以知吾国民族元气之未衰，六年来锻炼教训之不徒然矣。

此次淞沪战争经过，我国与异族战争之剧烈，未有过于今日。前方将士以血肉捍卫国家之疆土，屏蔽民族之安全，此种大勇大仁之精神，惟在革命政府领导之下，方得充分表现，惟在革命领袖指导之中，方得尽量发挥其力量。后方官民，日日见闻此种歌泣之事实。若复有人，只知个人禄位身家，而漠然于其所应尽之责任，此正义与法律所不能容忍，弄戮重典，惟其所宜。由宝山六百义士之壮烈，吾人愿大声再告于全国曰：凡为黄帝子孙，无论为官为民，身处前方后方，必使此身不负所生，不辱其先，竭忠尽智，杀敌成仁，以复兴吾五千年之宗邦！

（原载1937年9月11日《中央日报》）

庆祝台儿庄胜利

―—《新华日报》社论

据中央通讯社电讯，我军在台儿庄获得空前的胜利，消灭敌军万余，缴获步枪、轻重机关枪、步兵炮、大炮、装甲车甚多。这一胜利是我国第二期抗战中一个重大的胜利。

我们向前线英勇抗战军士们致敬，我们向指挥这次战斗的将领们致敬！

这次胜利正当二期抗战达到紧急的关头，这对于提高前线士气，提高全国人民胜利的信心，给以极大的兴奋！这次胜利正当各个战线均有新的转机的时候，这对于今后采取较大规模的运动战，以与阵地战和游击战求得适当的配合，更给以新的榜样！

我们对于这次胜利应当给以确切的认识，这次胜利在第二期抗战中，有着重大的意义。同时我们不应因胜而骄，我们要在这次胜利中学习经验，求得更大的胜利，以粉碎日寇第二期进攻的计划。

这次胜利的经验：第一说明我军机动性的发挥，采取较前更活泼的运动战。从第二期抗战以来，我军在各个战线上都表现向这方面前进，这是对于我国争取抗战胜利，有着极重大意义的。第二说明参加作战的各个部队间协同动作，互相配合，亦较前有更大的进步。第三说明日寇深入我国内部，随时有被各个击破歼灭的可能，这次深入台儿庄之敌被我军包围后，陷入弹绝粮尽之困境。第四说明日寇军队在中国的堕落行为，必然使敌军的战斗力逐渐削弱，而敌军中反战的情绪亦随之增长。

这次胜利正是说明我国军队正在抗战中壮大和坚强起来，而日寇军队则反而在侵略的战争中一天一天削弱下去，士气降低。只要我们坚持抗战到底，我们的优点将更加发扬，而敌人的弱点则更加增长。这正是我国取得最后胜利的重要条件。

这次胜利的意义是很大的。但是我们应当了解，日寇在这次惨败之后，必然更将增加部队，向中国进攻。我们要巩固这次的胜利，要扩大这次的胜利，必须要全国人民和军队用更大的努力，来争取更大的胜利，以达到粉碎日寇的第二期进攻计划。

台儿庄的胜利，正当军委政治部举行扩大宣传周的第一日，我们应在这一宣传周中，把这次胜利的意义，加深和扩大宣传，以达到提高民族自信心，提高抗战胜利的信念。同时应在解释这次胜利中，来扩大慰劳前线将士、救护受伤官兵、优待军人家属、抚恤阵亡遗族的运动，使前线将士安心作战，使后方的人民踊跃参加到前线上去。

这次胜利虽然有着如上所述的重大的意义，我们还当清楚的（地）了解，在军事上我们的胜利，还不过是局部的开端，敌人的损失和挫折也还不过是部分的开始。敌人在中国作战虽开始陷入困难的境地，但并没有失去对我继续进攻的能力，而且敌人更会因他的部分挫败，而作报复的反攻。因此，不仅决定中日胜负的大决战还在前面，就是敌人第二期作战计划也未（被）完全打破。因此，我们在解释这次胜利中，应当是在这次胜利的基础上，提高胜利的信心，紧张抗战的努力，而绝不能（因）部分胜利而发生丝毫骄惰的情绪。因此我们庆祝胜利的礼物，就是加紧抗战的动员，争取更大的胜利，以达到根本粉碎日寇的第二期作战计划，争取抗战的最后胜利。

（原载1938年4月8日《新华日报》）

三　国共两党宣誓共同御侮

"七七"事变后，中共代表团应邀在南京参加国防会议
（左起：张群、叶剑英、黄琪翔夫人郭秀仪、黄琪翔、周恩来、朱德）

抗日民族统一战线是在日本发动全面侵华战争、抗日救亡成为时代主旋律的情况下形成的，是与中国共产党的积极推动分不开的。

1937年"七七"卢沟桥事变爆发前，国共两党就合作抗日问题曾举行过多次谈判，但由于国民党方面持"溶共"及"收编"红军的立场，以致两党在合作宣言和红军改编后的编制、指挥等问题上达不成共识。7月底，平、津相继失陷，蒋介石和平解决中日争端落空，遂决心抗战。8月，应国民党方面的邀请，中共领导人周恩来、朱德、叶剑英到南京参加国防会议，共商抗日大计。同时，就改善两党关系、实行团结抗战的若干重大问题，继续同国民党谈判。8月13日，日军向中国最大工商业中心上海发起进攻，直接威胁国民政府首都南京。为了减轻淞沪战场的压力，蒋介石急需红军开赴前线抗敌，被迫在红军改编问题上做出让步。8月22日，国民政府军事委员会宣布，将中共领导的西北工农红军改编为国民革命军第八路军，设立总指挥部，统辖3个师；并答应每月发给军饷50万元，另拨开拔费20万元以及部分物资装备。8月25日，中共宣布红军改编命令。军事指挥权问题解决后，双方就国共合作宣言、南方红军游击队改编、边区政府人选及其他问题继续谈判，在国民党方面做出新的让步后，亦最终达成一致。

9月22日，国民党中央通讯社播发了《中共中央为公布国共合作宣言》，各报纷纷转载。第二天，蒋介石在庐山发表谈话，承认"此次中国共产党发表之宣言，即为民族意识胜过一切之例证"，"是民族抗战胜利的征兆"，宣言所举"均与本党二中全会之宣言及决议案相合"，从而承认了中国共产党在全国的合法地位。国共合作宣言的发表和蒋介石的谈话，标志着以国共两党合作为基础的抗日民族统一战线的正式形成。

第二次国共合作的建立，受到一切不愿做亡国奴的人们的热烈欢迎，对于全民族抗战新高潮的到来起了积极的促进作用。

国共统一运动感言

宋庆龄

这几天读了中国共产党共赴国难宣言和中国国民党领袖蒋委员长团结御侮的谈话，使我异常地兴奋，异常地感动。回想国民党和共产党这两个兄弟党，在最近十年以来互相对立、互相杀戮，这是首创国共合作的先总理孙中山先生生前所不及意想到的。到最后，这两个兄弟党居然言归于好，从新携着手，为中国民族的独立解放而斗争，中共宣言和蒋委员长谈话都郑重指出两党精诚团结的必要。我听到这消息，感动得几乎要下泪。

孙中山先生生前主张着：只有在中国国民党领导之下，唤醒民众，组织民众，实现民族主义、民权主义、民生主义，才能救中国于危亡。但是要实现三民主义。只有对外联合以平等待我的民族，对内联合革命的政党，共同奋斗，才能得到最后的胜利。孙中山先生这个主张，一直到临终的时候，并没有丝毫改变。孙中山先生主张国共合作，因为共产党是代表工农大众利益的党。没有广大的工农群众的拥护与积极参加，中国国民党所担任的国民革命使命，是不可能完成的。孙中山先生虽然于一九二五年离开我们长逝了，但是他遗留给我们的中国国民党，依然与中国共产党合作，根据孙中山先生手定的三民主义政纲，共同致力于国民革命，因此便有一九二六至二七年北伐的大胜利。假如孙中山先生国共合作的主张，以及联俄、联共、工农利益三大政策能够继续到底，则中国国内封建势力早已铲除净尽，帝国主义也早被驱逐出去，而中国已成为独立自由的中国了。

但是不幸得很，十年以来，国共两党分裂。国民党放弃总理三大政策，共产党提出推翻国民党政府的口号，以致两党互相残杀，牺牲无数有为的青年，损失无数宝贵的精力，以从事内战，致令国家民族的真正敌人——日本帝国主义——乘隙而入。诚然如蒋委员长所称："十年以来，一般人对于三民主义不能真诚一致的（地）信仰，对于民族危机亦无深刻之认识,致使革命建国之过程中,遭受不少之阻碍,国力固因之消耗,人民亦饱受牺牲,遂令外侮日深,国家益趋危殆。"这不是一二人的责任,也不是任何党派的责任,凡我国共两党同志,都要内心自责,愧对我先总理孙中山先生在天之灵。

前事不忘,后事之师。在这民族危机千钧一发的今日,一切过去的恩怨、往日的牙眼,自然都应该一笔勾销,大家都一心一意,为争取对日抗战的最后胜利而共同努力。但是过去国共分裂这一段悲惨历史,却仍然值得我们的记取。国民党同志应该谨记着:要是不顾先总理遗教,抛弃了工农大众利益,将成为民族罪人,等于国民党的自杀。共产党同志也应该记住:只有在孙总理遗教领导之下,和中国国民党真诚坦白合作,把全民打成一片,才能完成反帝反封建使命。我相信两党同志,经过十年以来长期的惨痛教训,再加上日寇无情的残酷的进攻,一定能够本"兄弟阋墙,外御其侮"的古训,诚信地友爱地团结成一体。惟有这样,才能使中华民国走上独立解放的胜利途径。孙中山先生死而有知,也应该含笑九泉了!

一九三七,九,二十四·上海

(原载 1937 年 9 月 26 日《抗战》三日刊第 12 号)

四　八路军出师华北抗日前线

八路军的前身是活动于陕甘宁边区的中国工农红军。自西安事变和平解决到1937年7月卢沟桥事变爆发，国共两党为谋求第二次合作和全国抗日民族统一战线的建立，举行过多次谈判，内容之一涉及红军改编问题。"八一三"淞沪抗战爆发后两党谈判步伐加快，基于在北方牵制日军、减轻上海方面作战压力的考虑，蒋介石被迫暂时放弃"收编"红军的企图，同意中共提出的红军改编原则。8月22日，国民政府军事委员会正式宣布将中国共产党领导下的西北工农红军主力改编为国民革命军第八路军，设立总指挥部，统辖3个师，委任朱德、彭德怀为正、副总指挥。国民党不再向第八路军派遣政治部主任和参谋长，仅向总部和各师派联络参谋。23日，朱德总指挥在陕西云阳镇亲自主持红军改编大会。红军改编完毕后，八路军3个师主力陆续开赴山西，东进杀敌。

八路军初建时，只有3个师4万余人，其数量只占全国军队的极少一部分，亦未引起日本侵略军的重视。八路军一一五师挺进晋东北后，针对日军攻势凶猛、山西境内阎锡山部队已丧失锐气的情况，决定利用山西繁峙县东北平型关一带的有利地形，从侧面伏击向平型关正面进攻的日军板垣师团。9月25日，战斗打响，一一五师在友军配合下，经数小时激战，歼灭日军1000余人，击毁敌汽车百余辆，缴获步枪、机枪数百支，首战告捷。

八路军出师作战，对支持山西抗战、支撑华北战局起了重要作用。平型关大捷是八路军出师后的第一个大胜仗，也是抗战以来中国军队首次取得的胜利，它的重要意义在于打破了日军"不可战胜"的神话，振奋了人心，鼓舞了民气士气。

1937年9月初，八路军总部由陕西泾阳县出发，东渡黄河，开赴抗日前线
（左起：左权、任弼时、朱德、邓小平）

八路军第一一五师挺进敌后

庆祝红军大胜利

——延安《新中华报》社论

近十多天以来，战争形势是更加紧张了。敌人集中几个师团，由晋北向太原急进，企图一下子夺取太原，所以连日来长城各口（如平型关、雁门关、凌云口……）发生最激烈的战斗。同时平汉线日军占领了保定城以后，主力迅速向南进攻。津浦线日军占领沧州，将迫近山东境，同时一部又往西移，占领献县，企图配合平汉线敌人会攻石家庄，来威胁山西我军翼侧。绥远日伪军已经占领了陶林、丰镇、凉城等处，晋北我军扼守在长城之线，战争局势是愈来愈紧迫，我们边区已经处在直接抗战的形势下面了！

红军自出师抗战后，在晋东北已经取得了开始的第一个大胜利（详情见本报三九三期），击溃和消灭敌人一个联队，这一胜利在战略上有它极重大的意义。因为当日军占领大同后，即向太原猛进，并没有受着任何严重的抵抗，满以为可以一举而进太原。红军在晋东北一战，击溃了该路进攻的敌人，巩固了长城各口的阵地，使日军遭受到严重打击，因而影响到整个战线敌人，不敢放胆冒进。同时这一战斗的胜利，更加提高了我们的士气和友军的士气，大家知道了日本军队并不像有些人所说得那样厉害，大大地增强了战胜日寇的自信心。

红军这一开始的胜利，证明了红军的数量虽少，然而红军在抗日战斗中，将成为决定战事最后胜败的一支主要力量。红军战斗力的顽强、政治认识的高尚、质量的精良，是超过了中国（其他）任何军队的。这个道理没有别的，就是在于红军与人民打成了一片，取得了广大人民的同情，保持了他十年来为群众利益及为民族利益奋斗的意志，指战员间的团结，这是取得战争胜利的重要保证。

红军的数量，今天还不能在抗战中起决定的作用，但是在政治上是已取得了全国人民的信仰，变成了一支壮气的军队。今后我们要争取抗战的胜利，必须在数量上来充实红军。边区人民应该紧急动员起来，涌上前线去，使红军真正成为民族解放战争中的主力军。红军更加扩大与充实，抗日战争的胜利，将更有保证。

（原载1937年10月4日延安《新中华报》）

五 日军妄图以狂轰滥炸、血腥杀戮摧毁中国人民的抵抗意志

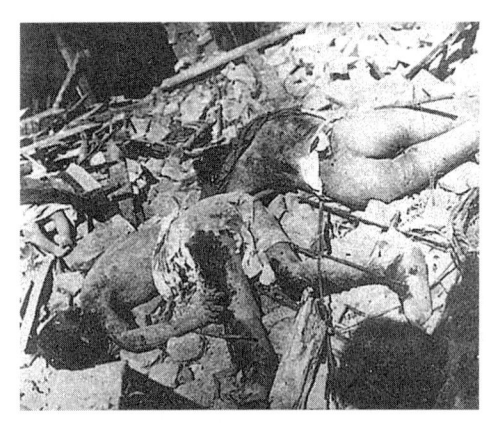

日军对我国大后方进行狂轰滥炸
（图为上海南站被炸死的平民）

日机轰炸后引起的漫天大火

　　日本发动全面侵华战争后，十分重视空军的作用，将其视为实现其军事侵略目标的重要手段。中日战争初期，日军出动飞机对天津、上海、广州、武汉等大城市进行狂轰滥炸。日军此举在于展示侵略者的强暴，摧残中国人民的抵抗意志。1937年7月29日，日机轰炸天津，毁坏房屋2545间，南开大学等院校也变成一堆瓦砾。8月13日，日军在上海点燃战火，至1938年1月3日，日机共轰炸淞沪地区6000次，炸死炸伤无辜平民及非战斗人员数万人，沪江、复旦、同济等上海著名高校在日机的轰炸及炮击下全部或大部沦为废墟。1938年五六月间，日军飞机对广州市区进行了13天的密集轰炸，炸死市民近1万人，伤者无法统计，大批商店及民房被毁。在武汉，自1937年秋起至武汉沦陷一年左右的时间，日机侵袭武汉61次，投弹4590余枚，炸死炸伤8600余人，摧毁房屋4900余栋。中日战争转入战略相持阶段以后，日军出动飞机对中国战时首都重庆进行了长时间、大规模的"战略轰炸"。1939年"五三、五四大轰炸"震惊全国，日军飞机在这两天共向重庆商业区和住宅区投弹292枚，炸死5400余人，伤3100余人，毁损房屋数千间。进入1940年，日本乘欧战爆发的有利时机，企图加速解决中国战事，准备南进，遂制订了轰炸重庆的"第101号"作战计划。从5月至10月，日机空袭重庆80次，投弹10587枚，炸死4149人，伤5411人。1941年日军又对重庆实施更加野蛮、更加残酷的"第102号"作战计划，酿成6月5日骇人听闻的较场口防空大隧道惨案。据不完全统计，从1937年7月起至1943年7月止，全国因日军空袭而死亡的人数为335934人，受伤者为426269人，合计伤亡总数为762203人。

对于中国共产党所领导的敌后根据地,日本侵略者实行野蛮的烧光、杀光、抢光的"三光"政策。凡日军"扫荡"之处,人畜、财物一扫而光,许许多多的村庄变成了废墟。凡认为有"敌意"的15岁至60岁的男子一律杀戮,妇女则遭到肆意凌辱。据不完全统计,1937年至1945年晋绥、晋察冀、冀热辽、晋冀鲁豫、山东、苏皖、中原7个根据地,共被杀害318万人,被抓走276万人,致伤致残296万人,合计890万人;房屋被烧毁1952万间,粮食损失1149亿斤,牲畜损失5431万只(头)。

总计,在日本发动的长达八年①的侵华战争中,中国军民伤亡3500多万人,财产直接损失1000亿美元,间接损失5000多亿美元。

敌机惨杀无辜民众

——上海《申报》社论

溯自沪战爆发,迄仅兼旬,而日军所加于我国无辜民众之暴行,已属屈指难数。而先施公司与南火车站之炸弹为最惨矣。南火车站难民之被害者,不下六七百人。先施公司民众之被害者,不下四五百人。此皆无辜之民众,而非前线战斗员也。此外如附近城邑,不问有无军队驻扎,不问有无防御工作,炸弹横飞,惨无人道,甚至运输难民之火车汽车亦加以袭击,即(使)红十字会之救护人员,亦有被其惨杀者。此种情形,非特天理所不容,抑亦法律所不许。

查国际公法规定,不论在战区内外,凡对于非战斗人员,任何直接或故意行为,均在禁止之例,而飞机袭击,自亦不可视同例外,所以崇人道而昭信义也。今敌军专以轰炸无辜良民为能事,专以隳毁毫无设防之城邑为得计。苟世界而尚有公理,尚有人道者,则此种暴行,无论何人岂忍坐视。英大使突被狙击事件,即其明证。其地既无军队驻扎,其人又非战斗人员而竟被袭击。日方犹强自掩饰,一则谓旗帜过小,不易见及;再则谓事出偶然。明明故作遁词,藉以卸责,但我国数千之无辜民众,肝脑毁灭于炸弹之下,则又何说!

上海为远东最繁盛之国际市场,号称东方纽约。英法美诸国投资于此者,其价值不可以数字计。今受日军炮火之洗礼,沪埠商业完全停顿,英法两界几如死城。即使立即停止战争,而欲恢复以前之营业状况,亦恐绝不可得。盖日机到处轰炸名城大邑,如嘉定、南翔、太仓、苏州、松江等处。试问各地城邑成为焦土,上海市场安能独享繁荣?开战未久,已

---

① 抗日战争实为十四年。这里的八年是从七七事变算起。

呈若此现状，万一战事延长，则英法两界不成为无人之乡者几希。故此次日本之行，直接则欲毁灭我国民众领土，而间接则欲毁灭英法美诸国在华之商业与财产，已无疑义。

再查战时国际公法，凡一方有非法暴行，对方可取报复行动，但我国决不愿意出此。宁人负我，毋我负人。我国政策本来如是。我今敢告日人曰，若日本而果以文明国自诩者，则应遵守文明国之法律，当立即制止其惨无人道举动。若日本而（以）野蛮民族自居，则惟有任自为之而已。我国惟有尽我人之力量，出而自卫。任何威胁暴行，绝对不会屈膝于日人。

（原载1937年9月3日上海《申报》）

敌机轰炸文化机关

——南京《中央日报》社论

暴日的飞机，昨天又到广州，轰炸中山大学，损失颇重。毁灭学校，摧残文化机关，早已成为敌人的惯技。这种卑劣举动，从侵略战开始到今天，已经数不胜数。天津南开大学、河北女师及河北工学院，首先受到炸弹的轰击。还感到不足，再用煤油来焚烧，毁灭成一堆灰烬。上海沪江大学，接着受到暴敌炮火的摧残，成为断瓦颓垣。吴淞同济大学，一·二八之役，已经敌人一度蹂躏，近几年稍复旧观，重罹浩劫。还有南昌的葆灵女学、武昌的文学中学，都成敌机轰击的目标。南京中央大学，先后被轰炸到四次之多。中山大学，总算是最后临到的一个。暴敌这种毫无人性的行为，除了充分暴露其野蛮和丑恶外，我们没有言语来形容，更没有方法可以解释其心理。遭受这次打击以后，人类进化的程序，要退后几百年，时代文明因此留下不可湔涤的污点。

近几天的报纸，常常登载暴日遣派使节赴欧美游说的消息，似乎敌人疯狂进行其屠杀工作的时候，还想在国际方面博取同情，这真是最滑稽而可耻的事。我们所怀疑的是，他们这次遣派的使节，到底用什么方法来掩饰其本国军人的疯狂和丑恶。国际信义，在他们早已不算一回事，即如不轰炸非战斗员及与军事无关的区域的诺言，他们的政府当局已一再向各国担保，英大使受伤以后，他们对英提出的复文，也明白加以承诺。但是事实证明暴敌的行为，只有变本加厉。非但非军事区域屡受摧残，就是以倡导学术为世界文明公例所维护的文化学术机关，也成为他们仇视毁灭的对象。到这个时候，再掮着国际信义的幌子，用巧言来欺骗人，恐怕没有那（哪）一个国家会上当吧！否则他们惟有用种种方法，来解释他们行为的正当。而前述文化机关，都与军事区域相距极远，并且丝毫未作其他用途。横施轰炸，究将何以自解！

敌人所执以进行侵略的理由，为我民族反日情绪的高涨。根据这种错误的心理，所以对我们的智（知）识分子，十分仇视。其轰炸文化机关的原因，大抵在此。我们要正告敌人，你们这种办法是错误的，你们的飞机炸弹，至多只能毁灭我们的物质，丝毫不能摇动我们文化的精神。你们的每一枚炸弹，胜过了一百万本反日书籍（中大罗校长有此语），使中国青年深切地认识了你们居心的毒辣，永远不能忘记。中日两民族，从此结下深仇宿恨，完全是你们这般野心者造成的。中国智（知）识分子，不能负责。就是你们国内的大多数人民和智（知）识分子，又何尝愿意。快些停止这种自掘坟墓的行动吧！否则历史的裁判终究要临到你们头上的。

（原载1937年10月3日南京《中央日报》）

抗议寇机暴行

——《新华日报》社论

最近几天，寇机成群结队西飞袭渝，不论市区乡壤均成肆虐目标，其中尤以工人平民区域和文化机关之被摧残最惨。复旦大学、重庆大学皆遭滥炸，学者如孙寒冰先生，各学校青年学生多人，竟被惨炸罹难。而连日来无辜同胞之断肢解体血肉模糊者，亦比比皆是。我们对这一笔难以计数的血账，表示极大的愤怒，誓必与日本万恶军阀，作最后的总清算。我们对那些牺牲的同胞表示沉痛的哀悼，对那些牺牲者的家属表示亲切的慰问，并希望政府救济机关对被炸者及其家属予以及时的救济。

日本帝国主义者最近连续不断的（地）狂炸我战时首都重庆，目的只有一个，便是要想赶快结束对华战争，好趁此欧洲混战之秋，浑水摸鱼！日寇资产阶级的舆论，近来特别强调所谓"全面的和"。日本军阀妄想逼中国屈辱言和，所以最近特别要用它最残忍的恐怖政策，藉此以图破坏我后方经济建设，摧毁我文化机关，来动摇我们的意志，增加我们的困难，以达其早日结束中日战争的目的。

可是日寇的暴行，决计不能实现其政治阴谋！只有汪逆精卫之流，会因日寇肆虐而走上动摇投降之路，至于我们广大的民众，对日寇暴行，只有愈加愤怒，抗战意志愈加坚决。在我们广大人民坚决抗战到底决心之下，我们充分自信能够粉碎日寇的这一兽行！

日寇妄想摧残我们的文化事业，试问抗战三年来达到了目的没有？没有！虽然过去堂皇富丽的学宫可以被炸成灰烬，然而新兴而蓬勃发展的文化事业，却在华北江南敌人后方，在茅屋中，在窑洞中，更光辉地茁壮起来了！

日寇妄想破坏我抗战的经济基础，也没有成功的希望。我们还有许多城市的工业和乡村手工业正在发展，我们的工业合作运动正在推广，我们的抗战基础日寇是无法破坏的！

这几日来许多同胞的惨罹不幸，这是值得痛心的。我们应该从这血的教训中检讨：我们的防空知识已经深入到下层劳苦大众否？我们老弱妇孺的疏散工作，进行得怎样？我们的肃奸工作做到怎样？救护工作怎样？这一些都是负责当局该认真注意、极力实行来加强我们的防空，避免无谓的损失。

昨日报载重庆、中央、复旦等三大学校长联合致美国人民书，吁请他们阻止美国的钢铁石油输往日本，籍（藉）以减少中国无辜人民的伤亡，制止日寇在华暴行，这说出了全中国人民的真意。我们看到，美国政界和国会中有不少议员，口口声声以维护和平正义为己任，这种情景与他们对三年来美国广大进步民众所进行的反对军需品输日运动的采取默默无言态度，这是何等矛盾的对比！对于这一矛盾的现象，如果他是了解美国政治本质的人，是不会找不到解释的。

寇机连日来的暴行，使我们深深地感觉到在寇机疯狂投弹之下，不分阶层，不分党派，大家的利害与共，休戚相关。我们在此应该特别强调团结，强调进步；只有团结与进步，才能战胜困难，战胜日寇。我们更要特别培养同仇敌忾的精神，只有全国民众加强这种风雨同舟的精神，才能共同努力完成抗战必胜的大业。

敌人残酷的暴行，当然使我们愤怒，同胞的惨被屠杀，当然令我们哀痛，但我们决不气馁，因为我们的抗战原是要以热血与头颅争取自由，牺牲与困难原是在我们意料之中，因此决不能给我们以任何威胁。只要我们能够团结，能够进步，我们一定能够逐渐增强我们作战的力量（包括空军的力量在内），而根本消灭日本帝国主义这只疯狂野兽！

（原载 1940 年 5 月 31 日《新华日报》）

太行山的血债

袁勃

在"反扫荡"中，有过一个这样的插曲：晋察冀子弟兵(在)有名的毁灭井陉煤矿的战斗中，收容了一个日本女人跟她不满周岁的乳儿做了俘虏，在同一战斗中我们又收容了一个名叫安子的五六岁的孩子。这些女人孩子跟所有的俘虏一样，都受到了优待，特别是那不满周岁的孩子和安子，聂荣臻将军以牛乳和鸡蛋来喂养他们。第二天，聂荣臻将军写了一封信，托一个农民把他们送往井陉城。当天夜晚，正太路战争正紧张，子弹在满天飞啸，那位农民冲过了战线，把一担孩子送给了日本兵。

这之后，我看见了那位农民挑着担子送这两个孩子的照片，安子坐在一个装满水果的筐里，正玩着手中的大甜梨，天真地笑着。同样的情形，我们在正太路南，在××军××师师部，也曾经看到一百多被俘虏的日本人，有日本军官和士兵，有正太铁路联络职员，有男人、女人，也有小孩子，他们受着优待，过着欢快的生活。

我们是以高度的人类爱对待了日本人民，即是华北的一个普通农民，也知道了我们应该这样做的道理。我不愿再更多地叙述这些，现在，我提着笔，请恕我，我的心正流着血！我想再一次向世界赋有强烈同情心的人们，说一说日本军队在华北是怎样对待了我们的没有武器的人民、妇女和孩子……

正如一般人们所知道的，华北有好几个巩固的抗日根据地，在山地、在平原，有我们强大的军队、英勇的人民，与敌人进行不停息的斗争。这种战斗是犬牙交错的，直到今天还把敌人的占领停留在几条交通线和几个县城与市镇，他的由点线扩大为面的占领的企图，并没有获得成功。正因为如此，日寇在今天显著地表现了绝望的疯狂、兽性的凶暴。

罪恶像一个魔鬼弥漫在敌人的统治区。成千累万的事实中的每一个事实，都会令人流泪，令人愤怒。有一次，一个昔阳县城附近的老农民，嗡（嚅）着泪述说他曾坐过的敌人的政治监狱。他说：那是一间用大石头塞住门窗漆黑的大屋子，满满堆挤了一百多人，连并排坐着的位子也没有。这些人一走进这个屋子，就不能吃到一口饭，活像一群饿鬼，横七竖八地躺在一堆，一个压着一个，被敌人砍伤皮肉的人也混在里面，蛆虫在他的全身蠕动，同样也蠕蠕地爬到别人的身上。本来一个人在没有咽下自己的一口气时，是要吃要喝的，没有办法想，有的人竟然喝别人的尿，吃别人的屎。我们不要笑话这些同胞的可怜吧，当他喝过别人的尿还说："你今天的尿比昨天的好，不咸也不酸。"就这样，一个旧的人死去，一个新的人进来，这些人几乎全是无辜的老百姓，有男的，也有女的……在沦陷区，敌人就这样掌握着我们同胞的"生死簿"。今年秋天的一个夜晚，平汉路某地损坏了一段电线，第二天早晨，敌人开来一列铁甲车，沿途炮击每一村庄，名为"膺惩护路村"。一个十七岁的少女，正坐在村头禾场上削谷穗，这膺惩的炮弹片刺穿了她的背，身上滴着血，她爬回家去，向她慈爱的妈妈呼救，等她妈妈惊慌地最后抚摸她的时候，她就奄奄地断了最后的一口气。

我们的根据地是光明的象征，在华北每个根据地都是充满了人民自由的欢笑，真理的嫩芽从山峦的每一个小石缝里生长了出来。

但去年十月间，日本强盗又一次惨（残）酷地对待了晋察冀豫我们根据地的人民，敌人反复"扫荡"这个区域，到处是孩子的受难、妇女的受难、无辜人民的受难。不久以前，我在辽县看见一个三个月的乳儿，是一个可爱的乳儿，他的年轻母亲吻着他的小脸，述说她在敌人"扫荡"时，日本兵一度走到他们蔽身的僻静的山洞口，她曾用乳头把这不满三个月的孩子闷死，以后才慢慢救醒。最后她说："孩子，这不是我的罪恶，那是日本鬼子的罪恶！"

是的，那是日本鬼子的罪恶。敌人的罪恶太多了，真让我们无从说起。还是从孩子说起吧：武乡砖壁村一个八十岁的老太婆怀抱幼孙躲在山坳，被敌人用马刀削去孩子的两足掷入山沟。在黎城某村，一群日本兵强奸着一个年轻女人，她旁边的铁锅里却正烹煮她三岁的幼儿。在涉县井店，日本兵把小孩子和老太婆一起放进火焰，甚至以闪耀的刺刀威胁做母亲的把孩子掷入火焰，威胁做丈夫的把妻子掷入火焰，最后"皇军"再把所余的人一齐投之入火，共杀死二百一十七人，名之谓"肉体的苦刑"，再加上"精神的膺惩"。

日寇的屠杀，仅襄垣、黎城、辽县三县，即达六百三十人，屠杀甚至及于猪狗、耕牛、羊群，满山满谷，尸骸狼藉，残酷凶狠，超出古今中外一切黑暗屠戮史。试问，古今中外的军事家谁曾见过这样的战术组织？除了专门作战的战斗队还有专门杀人的掩护队、专门放火的放火队。敌人就以这样组织的部队"扫荡"晋察豫区，到处杀人放火，单单襄垣、黎城、辽县三县即烧毁房屋50874间之多。在作战时期，日寇每次出发前，敌酋即召集战斗队、掩护队和放火队的队长，在作战地图上指点给他们新的任务，而且，每次归来还要作总结报告，每次日本军官还进行严厉检查。黎城县有过一个被敌人捉去的民夫，曾亲眼看见一个放火队长（是一个汉奸），因为没有完成任务，当场即被拉出去砍了头。日本军官教育他的士兵，杀人越多越好，烧房越多越好，少者就要受严厉的处罚。

这一篇血泪帐（账），我们没有方法写详尽。最后，我想说一说，日本法西斯想用屠刀毁灭我根据地，那是一个空梦。我们有善战的军队，有广大的有组织的人民，我们根据地"多战斗一次，多一次战斗的锻炼，它会更加日益巩固"。民房虽然是烧毁了一部分，但我所有的人民还都有房子住。黎城井陉附近的一个山窝铺，五六个老太婆在一间劫后仅存的房子里生活得很好，她们说："现在我们更团结了！"更团结，这是华北人民对日寇"大烧大杀大抢"的一个总的有力的答复。

一九四一年一月五日于山西辽县

（原载1941年2月26日《新华日报》）

六 震惊中外的南京大屠杀

1937年12月《东京日日新闻》上刊出的在南京进行杀人比赛的新闻报道，及刽子手向井敏明和野田毅

日军随意残杀中国民众和被俘士兵

南京大屠杀是抗日战争时期日本军国主义者一次有组织地屠杀中国平民和被俘士兵事件，其残暴程度与二战时期纳粹德军在奥斯维辛集中营屠杀犹太人相比有过之而无不及。

1937年11月12日，日军攻占上海后，趁中国军队尚不能组织起有效的防御之机，决定立即进攻南京。日本华中方面军司令官松井石根大将指挥数个师团，兵分三路，向西逼进。12月13日，国民政府首都南京陷落。日军入城后，即把大街小巷手无寸铁的平民和被迫滞留城中的散兵、伤兵当作靶子，用机枪、步枪和手枪猛烈射击，成千上万的人随着枪声纷纷倒下，"大街小巷都遍地横陈被害者的尸体"。在6周时间内，日军集体屠杀中国平民和被俘士兵28次，被害人数约19万；零星屠杀858次，约15万人遇害。

在大屠杀中，日军使用各种暴戾残酷的手段，如砍头、活埋、水溺、火烧、挖心等。12月12日的日本《东京日日新闻》还以《紫金山下》为题，公开报道两个日军少尉以谁先杀死100个中国人进行"杀人竞赛"的实况。日军第六师团军官田中军吉手持一把"助广"军刀，在南京城西一带，竟连续砍杀中国贫民老幼300多人。

在残暴屠杀中国军民的同时，日军还将其侵略魔爪伸向中国妇女。日军占领南京后的一个月中，发生了约2万起强奸、轮奸事件，上至六七十岁的老妇下至八九岁的女童都难以幸免，许多妇女被奸淫后又遭枪杀、毁尸，惨不忍睹。

除了屠杀和奸淫外，日军还大肆抢劫和焚烧。许多店铺被哄抢一光，全城所有私人住宅都被日军光顾，劫掠一空。政府机关、学校、商店、医院、民房甚至教会、寺庙等建筑物都成了日军纵火的目标，全市约有三分之一的房屋被毁。

日军在南京城的屠杀、纵火、奸淫、抢劫，充分暴露了日本军国主义者完全丧失理性的疯狂和野蛮，激起了中国和全世界人民的强烈愤慨。战后，制造南京大屠杀惨案的刽子手们受到了正义的严惩。松井石根被远东国际军事法庭判处绞刑，另一主犯第六师团长谷寿夫、在南京进行"百人斩"杀人比赛的向井敏明和野田毅以及杀害平民三百多人的田中军吉则被引渡中国处决。

一个美国人口中的日军在南京之暴行

汤德明　译

　　三月初，在吴铁城主席所举行的一个小小茶会中，一个新自南京归来的美国人将日军占据南京的情形，详细的（地）作了一个报告。参与茶会的有很多外国人士，但没有邀请新闻记者。

　　下文便是他所报告的一个总结，对于在南京所亲眼看见的许多恐怖，叙述得栩栩欲活。如一班人民与解除了武装的兵士之被屠杀，以及抢劫、焚烧、奸淫……

　　在一九三七年十一月二十八日以前，各国大使馆与华军指挥官唐生智将军，对于在南京设立中立区一事即有所商议。此后数日，日本因屈于外国大使馆的压迫，遂签约尊重此区域的中立。所有华方军政机关开始由此区域迁出。此区域之大小，计南北两英里，东西一英里半，位于南京城的西北方。

　　在十二月十日，南京城开始遭到炮轰，但是唐将军已将军政机关完全迁出中立区域，所以城南炮轰甚烈，但日军炮火尚避免侵犯中立区，仅有二十弹落于此区域的边界，即此区域的南面，死四十人。

　　在十二月十三日，日军进城。美国办事员在中立区的边界去见日本军队，当经日军表示在其占领地带中该区还是中立的，但这些美国人刚刚出来，日军就对这区放一排枪，死普通人民达二十人。不过，在大体上，日军头一二天还没有殃及中立区，但南京东南有许多不及逃入中立区的人民却都被屠杀了。

　　南京卫戍司令是在十二月十二日逃走的。因为发觉他走了以后，城防随即瓦解。不过撤退的华军，除了从几家米店取些食粮以济急需外，既没有为害人民，也没有抢劫。有些撤退的士兵则逃入中立区域。他们满以为只要是解除武装了，一定和普通人民一样被看待的，所以把武器和军服都交给了中立区的当局。

尸积如山

　　华军经下关而撤退，以为日军是跟踪而至。所以城内各处，弃满了摩托卡（车）和辎重车。

卡车着了火，其中所满载的许多人大半都被烧死了。在日军陷城以后数日，中立区的一个负责人，得着了到下关去的机会和允许，但因该处堆集的尸体达三尺之高，以致无路可走，不得已，唯有在尸体上驱车而过。大概当日城陷的情形是：城门的一部分因被燃烧着的摩托卡（车）封闭了，有些在逃的难民便被烧死了，但在人群中窒息而死的人比这更多，还有一些爬墙的，因为失足而坠死了。人们蜂踊（拥）的（地）上船，船因为负担太重而沉没了。更有较多的人沿江而下，正遇着日本兵上来，日兵便用机关枪对他们扫射。

这许多尸体，有好些正堆在国际出口贸易公司（位于江边）的下方，为数达一万五千具之多。此外还有一处，是一部纪律很好的军队，正在北上三泌河的时候，遇着了日本兵，被杀死在那里的，其中仅有一人生还，为我述及此事。在十二月十四日，有个日军联队长前来中立区办公处。据他得到的消息，有六千个解除了武装的中国兵士，躲在中立区内。究竟他们的个性和现时的倾向怎样，中立区当局应当通知他，但这个要求是被拒绝了，于是日本的搜查团实行搜查。因在中立区总务处附近的一个宿舍中发现了一堆华军的制服，就把住在这堆制服周围的一千三百人包围起来，准备枪杀。

中立区总务处提出了抗议，但日军却说，这些只是叫他们去替日军作（做）劳工的。此项抗议，并差人送达日本大使馆。送差到傍晚才回来，看见这一千三百个囚徒已经（被）用绳索捆绑起来了。他们既没戴帽子，也没有被盖，并且自己的什物一点也没有。这才知道日军要把他们怎样了。他们被迫走开时，其中绝无一人说了半句不是，然而却在江边被处死刑。

在日本陷城第三日，又有成千的人（被）从中立区的许多宿舍中提出来处决，其中有五十个是南京市的警察。原来南京市派了四百五十个警察到中立区维持秩序，这五十个便是那里面的一部。于是又提出了强硬的抗议，但事实很明显，日本大使馆的本身对于日本军人也就是软弱无能的。无论那（哪）一个中国人，只要是有短的头发，只要是因驾船挽车而手生水泡，或者是有其他因劳动而生的痕迹，那么这些辨认的记号，就无异于他自己的死刑执行命令。

惨不忍睹

看了这些人被日本的搜查团从他们妻子的旁边架出去，不觉凄然心酸。估计在各宿舍中，被捉去了丈夫和儿子（这些都是无辜的民众呵）的妇人为数达千个之多。更令人寒心的是在中央大学所见的一件事情。这里有一座中立区所置备的宿舍，可容难民三万。在占领南京已有两周的时候，日人前来登记住在中立区的华人。当经三令五申，凡退伍兵士不得登记。假若是违反了这个命令而举行登记，以后一经查出或被举发，即行就地枪决；但如奉行这个命令，不举行登记，而且由难民群中向前走出来一步，那么他们的生命倒是可以饶恕的。这样的命令，对于曾经替中国军服过务的劳工也一样适应。先之以命令，继之以威胁，并且对于惟命是从者又许以饶恕之望。因为这是说了又说，说得很明白的，所以有二百四十个人就向前走出来一步，但他们却一齐被捆绑起来，当夜就给屠杀了。

这样大批的（地）屠杀，常常是毫无顾忌的（地）执行着。曾经有一个人，他死里逃生而到中立区，眼睛是被烧瞎了，耳朵是被烧掉了，他的头呢，是烧焦了而且炭化了。他说他是被捉去的一群中之一个。日军先把汽油沥浇他们一身，然后用火焚烧。再又问到这些被烧者是否事先遭到机关枪的扫射，他回答他已经记不起来了。但另外有第二个死里逃生者，他看见一个医院是烧成焦土了，而他自己的嘴也被狠狠地穿了一弹。又有一人，他刀伤五处，匍匐而入中立区。再有一位火伤甚重而烧焦了的人，他爬了一个很长的距离而死在途中。把这些被杀者的尸体焚烧，那是日本的一种习俗。由此，我们可以假定，这些人被活活的（地）烧死，在日本看来是满不在乎的。（未完）

（原载1938年3月16日香港《华南晨报》）

《明妮·魏特琳日记》① 节选

1月26日②，星期三

今天早晨，几架轰炸机向西飞去，傍晚时又飞了回来，它们显然是从句容起飞的。我们为杭州、武昌、重庆等城市担心。

今天，我们的几位难民要铺盖。有些难民想呆（待）在家里，但日本兵仍来要铺盖和花姑娘。王先生兄弟和岳母的铺盖前天晚上被抢走了，他们想住在水西门附近的家里。

今天上午和下午的部分时间，我一直在写一份题为《第一个月的回顾》的报告，但被打断的次数太多，没法全神贯注地写下去，有时写一段就被打断三四次。一直忙到差不多5时，我们壮起胆子，决定到金陵女子文理学院西边的一条叫做"虎踞关"的路上去散步。路边的房屋都关了门，上了门板，街上几乎荒无人烟。第一个见到的是阿文森的厨师的母亲，由于担心日本兵再回来，她不敢进自己家，而是和一个熟人住在她家对面的房子里。她一

---

① 明妮·魏特琳（1886—1941），美国人。早年在本国接受教育，获文学学士和硕士学位。1912年初来华服务，1919年秋起在南京金陵女子文理学院任教。南京陷落时，她留守学校，并将学校改成战时收容所，专门救黩妇孺，被称为"活佛"。《明妮·魏特琳日记》，书名实为《魏特琳日记》。

② 指1938年1月26日。

直在监护着家,这样,老百姓就不会拿走她为数不多的剩余物品。我去了龚家——明朝第一代皇帝赐予的府第,这里已成一堆烧焦的木头和焦黑的瓦砾。年老的看房人出来招呼我,并讲述了他对房屋被烧毁原因的看法。日本兵偷了一头牛,牵到屋子里来烧,在一间屋子里生起火。他们离开时没有把火熄灭。烧焦的木头和牛骨架证实了他的说法。从此,又一座有趣且具有历史意义的遗迹消失了。

离开那座废墟,我遇到一位熟悉的妇女,她问我是否听说在杨家附近山谷池塘里有大量尸体。我告诉她已经听说了一些情况,并想去看一看,她愿意带我去。不久,我们遇到了她的丈夫,他说要跟我和工人一道去。我们找到了那个池塘。池塘边有许多具焦黑的尸体,尸体中间还有两个煤油或汽油罐。这些人的手被铁丝绑在身后。有多少具尸体?他们是不是先被机枪扫射,再遭焚烧?我不得而知。在西边小一些的池塘里还有20到40具烧焦的尸体。我看到这些人穿的是平民的鞋,而不是军人的鞋子。山丘上到处都是尚未掩埋的尸体。

(选自《明妮·魏特琳日记》,南京师范大学南京大屠杀研究中心译,江苏人民出版社2000年版)

《东史郎日记》[①] 节选

二十一日奉命警戒城内,我们又离开了马群镇。

中山路上的最高法院,相当于日本的司法省,是一座灰色大建筑。法院前有一辆破烂不堪的私人轿车翻倒在地。路对面有一个池塘。不知从哪儿拉来一个支那人,战友们像小孩玩抓来的小狗一样戏弄着他。这时,西本提出了一个残忍的提议,就是把这支那人装入袋中,浇上那辆汽车中的汽油,然后点火。于是,大声哭喊着的支那人被装进了邮袋,袋口被扎紧,那个支那人在袋中拼命地挣扎着、哭喊着。西本像玩足球一样把袋子踢来踢去,像给蔬菜施肥一样向袋子撒尿。西本从破轿车中取出汽油,浇到袋子上,在袋子上系一根长绳子,在地上来回地拖着。

稍有一点良心的人皱着眉头盯着这个残忍的游戏,一点良心都没有的人则大声鼓励,

[①]《东史郎日记》,日东史郎著,张国仁等译,江苏教育出版社1999年版。东史郎,1912年出生于日本京都府,1937年8月应征入伍,在日军第十六师团服役,参加过攻占南京的战斗,1939年9月因病回国。1944年再次入伍参加侵华战争直至日本投降回国。1987年,东史郎公布了他的战时日记,其中包括记录当年南京大屠杀情景的材料。《东史郎日记》问世后,在日本、中国引起强烈反响,但也遭到日本少数右翼分子的忌恨。本篇选自东史郎1937年12月21日的日记。

觉得饶有兴趣。

西本点着了火。汽油刚一点燃,就从袋中冲出了令人毛骨悚然的惨叫声。"袋子"以浑身气力跳跃着、滚动着。有些战友面对如此残暴的玩法还觉得很有趣。"袋子"像火球一样满地滚,发出一阵阵地狱中的惨叫。西本拉着口袋上的绳子说:

"喂,嫌热我就给你凉快凉快吧!"

说着,在袋子上系了两颗手榴弹,随后将袋子扔进了池塘。火渐渐地灭掉了,袋子向下沉着,水的波纹也慢慢地平静下来。突然,"嘭!"手榴弹炸了,掀起了水花。过了一会儿,水平静下来,游戏就这样结束了。

像这样的事情在战场上算不上什么罪恶。只是西本的残忍让我们惊诧。一会儿,这伙人便将上面的惨事统统忘记,如同没事人一样又哼起小曲走路了。

《拉贝日记》[①] 节选

12月17日[②]

两个日本士兵跳过院墙,打算闯进我的住房,在看见我出现后就为自己的闯入找借口,说是看见有中国士兵爬过了院墙。我把我的党徽指给他们看,他们才从原路退了回去。在我院墙后面小巷子里的一所房子里,一名妇女遭到了强奸,然后又被刺刀刺中颈部。我好不容易才弄到一辆救护车,把她送进了鼓楼医院。我的院子里大约有200名难民,他们像供奉神祇一样尊敬我们这些欧洲人。只要看到我们从他们身边经过,他们就跪下来,我们

[①] 约翰·拉贝,1882年11月23日出生于德国汉堡。抗战时期,他是西门子公司驻南京代表。南京沦陷之际,他为保护南京25万平民,约集德国、美国、英国、丹麦的15位人道主义人士(他们中有教授、医生、传教士、商人等),组成南京国际委员会,拉贝任主席,建立了南京安全区。从日军入侵南京,到他1938年3月应召回国,他保护和救济了成千上万逃到这里的南京难民,也目睹了日军在南京进行血腥屠杀、强奸、抢劫、放火的日日夜夜,并将他亲眼所见,详细地记录在日记中。他回国后,由于受到法西斯当局的监视和迫害,因而不能将日记公之于世,一直到他1950年1月8日逝世,这本记录日军南京大屠杀的铁证,有如石沉大海。1996年12月13日,美国纽约召开南京大屠杀纪念会,拉贝的外孙女赖因哈特女士,在美籍华人作家张纯如女士等的协助下,将两千多页的拉贝日记副本贡献出来,才使这部惊天动地的正义巨著重见天日,并成为控诉日本军国主义滔天罪行和鞭挞今天日本右翼分子的有力武器。

[②] 指1937年12月17日。

难受得不知如何是好。有一个美国人这样说道:"安全区变成了日本人的妓院。"这话完全是符合事实的。仅昨天夜里就约有1000名姑娘和妇女遭强奸,仅在金陵女子文理学院一处就有100多名姑娘被强奸。此时听到的消息全是强奸。如兄弟或丈夫出来干预,就会被日本士兵枪杀。我们耳闻目睹的全是日本兵痞的残酷暴行和兽行①。

12月19日

今天夜里我们房子里很平静。在我们宁海路总部旁边一栋房子的防空洞里大约有20名妇女,有几个日本士兵闯了进去,想强奸这里的妇女。哈茨跳过院墙,赶走了闯入者。广州路83号和85号的一个收容所写来求救信,内容如下:

致南京难民区国际委员会

我们这些签署本信的540名南京难民被安置在广州路83号和85号,拥挤不堪。

从本月的13日到17日,我们的房子多次被三五成群的日本士兵搜查和抢劫,今天日本士兵又不断地来抢劫。我们所有的首饰、钱财、手表和各类衣物都已经被抢劫一空。每天夜里都有年轻妇女被抢走,日本人是用卡车把她们拉走,第二天早晨才放她们回来。到目前为止,有30多名妇女和姑娘被强奸。妇女儿童的呼喊声日夜不绝于耳。这里的情况已经到了语言无法形容的地步。请救救我们!

难民
1937年12月18日于南京

我们不知道该如何来保护这些人。日本士兵好像完全失去了控制②。

12月26日

昨天我这里没有发生入室行窃和抢劫,这在两个星期以来从未有过,看上去情况似乎有些好转。今天下午结束了我这里的难民登记工作,日本人甚至很慷慨地又给另外20个后来偷偷摸摸塞进来的人发了身份证。我开车把生病的刘先生和他的一个病了的孩子送到鼓楼医院的威尔逊大夫那里。因为特里默大夫也病了,目前,他一个人负责全院的工作。威尔逊大夫让我看了一起日本士兵的新暴行:一名中年妇女因为没有给日本士兵弄来姑娘,而使下身遭到了枪击,造成撕裂,有3块手掌那么大的肉被掀掉,能否痊愈到现在还很难说。刘先生和他的孩子因为只是得了感冒,所以我们就一起回家了。宁海路,我们的总部也在

---

① 《拉贝日记》第134页,周娅等译,新世界出版社2009年版。
② 《拉贝日记》第145页,周娅等译,新世界出版社2009年版。

进行登记工作。这里是由菊池负责的，因为他态度温和很得我们的好感。

在我们安全区的其他一些地区，日本人把居民招集成数百人一群，然后把他们带到登记办公室。我听说，约有两万人被清理出来，一部分送去做劳役，其余的被枪决。对于这些暴行，我们只能默默地摇摇头耸耸肩，很遗憾，我们无能为力。许多德国顾问的佣人来请求我们帮助他们保护那些已遭劫的德国人的住宅能够不再遭到进一步抢劫。其实我们对此也无可奈何，我们没有力量和这些强盗对着干。如果我们动武，就会被遣送出去，这对任何人都没有好处。

城南再次升起滚滚浓烟，纵火者又开始了他们的罪行。我前面已经被抢劫一空的一排房子(中山路)让我感到担忧，我担心他们也会将这一排房子烧掉。我帮高玉警官借到一辆车，他虽然打了一张借条，可我也没指望他能把车还回来。韩先生为此有些伤心，他将自己的车给了辛德贝格先生，而高玉警官现在得到的这辆车是韩先生的一个朋友离开南京时送给他的。我也已经做好了准备，如果这辆车不能归还，我将从其他渠道给他换或赔他一辆车。

街上的尸体不知道什么时候才能被清理掉，那个被绑在竹床上枪毙的中国士兵的尸体10天前就躺在了距我房子不远的地方，直到现在也没有清理掉。没人敢接近这具尸体，连红十字会也不敢，因为这是一具中国士兵的尸体。

今天是节日的第二天，为了保护我的难民，我选择留在了家里，可是明天我就得去总部上班。在安全区内养活20万难民的问题变得异常棘手，斯迈思博士估计到我们储备的米也只能维持一周。我不那么悲观，但是还是应该做好应付不测的准备，以备灾难降临时难民会有足够多的食品补给。我们曾向日本当局提出的在城内寻找粮食储备并运到安全区来的申请至今也没有得到答复。日本人的想法是让中国人离开安全区，回到自己家中。如果日军不再抢劫、焚烧民宅，那当然再好不过了。如果再不恢复秩序，那将会有三分之一的人不知道该怎么活下去。

12月28日

纵火事件不断！人们觉得自己像个重病人，以恐惧的目光注视着时针走动，感觉它走得太慢了，一天不是24小时而好像有100小时，没有谁知道自己何时会康复。

这一夜很平静，明天白天也会这样吗？我们一天又一天地盼望着。所有难民都害怕新年，因为他们知道那时日本士兵会喝得烂醉，又会胡作非为。我们试图安慰他们，但我们的安慰话是无力的，连我们自己都不相信！

有人散布消息，说今天是登记的最后一天，此后数万人涌向登记处。安全区的街道上非常拥挤，即使步行也无法通过。我靠着汽车上的德国国旗费劲地从人海中开辟出一条路。安全区内的每一个人都认得出我挂有卐字旗的汽车。为了留出一个空隙，人们互相挤挨着，为的是好让汽车通过。就这样我缓慢地驶向目的地，我后面的空隙立即又闭合了。假如汽车发生故障，我肯定不容易从人群中挤出来。我们从各个方面得到的报告令人毛骨悚然，简直让人无法记录下来。因估计人群中有以前的中国士兵，因此在难民住的几所学校的登记开始前，日本人要求以前的中国士兵主动站出来，答应保护他们，并称只是要把他们编进劳工队伍。有一些难民站了出来，其中一处大约有50人，他们立即被带走。据一个幸存者向我们报告，他们被带进一所空屋子里，值钱的东西和衣物全被抢走，身上的衣服被脱光，每5人为一组，被绑在一起。之后日本人在所在的院子里点燃了一大堆木柴，然后一组一组地分别牵过去，用刺刀刺他们，并把他们活活地扔到火堆上。这些人中有10个得以挣脱绳索，翻出墙外，逃进了人群，而人们很自愿地给他们衣服穿。我们从三处得到了同样的消息。还有一组比前一组人数多，据说被刺死在城西坟场[①]。

1938年1月14日拉贝致W.迈尔的电报：

上海理事会文及：W.迈尔经理先生1938年1月3日的电报。您上面所说的电报经过德国大使馆的转递，我已经在今天收到，特此确认。收到您要我到汉口的消息的时候，德国人早已乘坐"库特沃"号船前往汉口去了，因此已经太晚了。

另外我认为，在危难的时刻不抛弃逃到我这里的像韩先生一家和其他装配工的中国职员，是我应该尽的职责。在回答您上一份电报的时候，我就告诉过您，我担任了这里成立的国际委员会的主席的职务，该委员会的任务是组建一个为20万中国平民提供最后的避难场所的安全区。日本人一直拒绝给予安全区以全面的承认，他们是以中国高级军事人员及其参谋部一直到最后（也就是说到撤离南京前）都驻扎在安全区为理由，所以安全区的组建工作是相当困难的。我们真正开始遭难是在轰炸以后，也就是在日本人占领城市以后。日本军事当局就好像是失去了对部队的指挥、控制权一样，军队在进城后抢劫掠夺很多个周，大约有两万名妇女和姑娘被强奸，成千上万的无辜平民（其中也有43名电厂的工人）被杀害（用机枪大规模地进行屠杀已经算是人道的方式了）。他们还无所顾忌地闯入到外国侨胞的房屋里，在60处德国人的房子中大约有40处被不同程度地抢劫，4栋被彻底地烧毁。整个城市大约有三分之一都被日本人纵火烧毁了，直到今天，纵火事件还在继续不断地发生。城市里每一个商家的店铺几乎都被日本人打、砸、抢了。整座城市里，随处可见被枪杀的或被用其他方式处死的人暴尸街头，日本人甚至禁止我们殓尸安葬。（我们不知道为什么这样！）在离我的房子约50米的地方，从12月13日起那具被捆绑在竹床上的中国士兵的尸

[①]《拉贝日记》第192、193页，周娅等译，新世界出版社2009年版。

体就一直横在街头，而离尸体只有数米远就有一个日军岗哨。许多池塘里都漂浮着被枪杀的中国人的尸体，多的里面就达 50 具。我们委员会到现在为止还能用设立的粥厂和米面分发点来养活拥进安全区的 20 万南京居民。

但是现在日本人下达了命令，强迫我们关闭粮食出售点，因为新成立的自治委员会想要接管救济难民的工作，而且因为用这种方式还能强迫难民离开安全区，返回到自己原来的住处。前面已经提到过，安全区以外的城区里已经几乎没有没被损坏的房子了，所以在仍然不时有日本士兵在街上横冲直撞、烧杀抢夺的情况下，难民们根本不知道他们应该投身到哪里，难民们见到日本士兵就害怕。我们委员会竭尽全力希望能和日本人以及由日本人新成立的自治政府达成协议，起码要保证供应难民的粮食。另外，若日本人以及新成立的自治政府能够接管我们的工作，我们不会有任何意见，而且我们希望能够越早越好！假如市区内恢复了秩序后，当局允许我离开南京，我就将前去上海。到现在为止，有关这件事的所有的恳求都遭到了日本人的拒绝。

在这里我补上我的恳求，恳求同意我在安全区委员会解散之前留在南京，因为有几个欧洲人的去留实际上决定了许多人的命运。仅仅在我的房子和院子里就有 600 多名非常贫困的难民，自从 12 月 12 日夜以来，他们纷纷逃到我这里躲避那些兽性大发的日本匪徒一样的士兵的污辱和残杀。他们中大部分的人住在这个院子里的草棚里，靠每天定量的救济粮生活下去。我们委员会一共管理了 25 个难民收容所，大约有 7 万名难民，其中有 5 万人必须要靠我们的救济过日子，因为他们已经一无所有了。您可能根本无法想象出这里的情形。攻占南京以前，在南京日本人进行了数月之久的狂轰滥炸，但是这与占领南京的城市后日军造成的苦难是无法相提并论的。今天我们自己也感到不可理解，我们怎么能够安全地活到今天。请求您不要公开这封信；否则，很可能这样会给我们委员会带来灾难性的后果。

致以德意志的问候！

签名：约翰·拉贝

南京

约翰·H.D. 拉贝

1938 年 1 月 14 日

七 海外侨胞积极支援祖国抗战

美国华侨掀起航空救国运动
（图为美洲华侨航空学校第一期学员）

华侨义勇军从海外到上海参加一·二八抗战

抗战前夕，侨居海外的侨胞有1000万人左右，亚洲的南洋地区，华侨人数最多。卢沟桥事变后，著名侨领陈嘉庚出面领导了南洋华侨的抗日救亡工作。由他任主席的"新加坡筹赈会"和"南侨总会"成为当时南洋地区最具有影响力和号召力的华侨救亡团体，在发动华侨踊跃捐款、倡用国货、组织华侨回国服务以及开展抗日救国宣传等方面都作出了突出贡献。欧洲、美洲、澳洲、非洲地区的华侨也在抗战爆发后建立起各种华侨抗日救国组织，积极组织侨胞捐助祖国抗战。

以财力、物力竭力援助祖国抗日是华侨抗日救国运动的核心内容。财力支援主要包括捐献、购买公债、侨汇以及向国内投资等。据统计，太平洋战争前，海外侨胞月捐1350万元法币，其中南洋华侨月捐总数居世界各洲之首，平均达734万元法币。美国华侨月捐人平均数最多，每人大约为50.6美金。在国民政府发行的第一期总额为5亿元的救国公债中，海外侨胞认购一半，陈嘉庚一人购买10万元。物力支援则是向祖国捐献大宗物资。此外，南洋侨胞数千人还舍家弃业，回国参战，在祖国大地洒下了自己的汗和血。

海外侨胞的救亡活动，对祖国的抗战作出了重大贡献，成为祖国抗战的重要组成部分。

在抗战中的侨胞

石 农

自去年"七七"事变我国发动神圣全面抗战以来，凡是中华民族的男女，无论在国内或国外，莫不义愤填膺，敌忾同仇。因为这是国家民族的生死存亡关头，这一关打过了，国家民族将永远处于独立自由平等之域；这一关打不过，不仅国土沦亡，民族将永为奴隶，而且有灭种的危险，所以自中央揭起全面抗战的旗帜后，无论国内国外的同胞，一致的（地）拥护抗战到底，争取最后胜利。在国内的不说，在国外的侨胞，他们的救国工作，或许比国内还来得狂热，来得实际！

南洋侨胞的救国工作，就是一个很好的实例。其他各地的侨胞，当然也一样的（地）热烈。本报驻港记者昨自香港寄来一篇通讯，关于"南洋侨胞的救国工作"，叙述得相当详尽，特郑重地介绍给全国同胞，俾知道侨胞在抗战中的努力，我们在国内的就应更加倍的（地）努力了！

南洋侨胞自抗战军事发动后，捐款援助祖国的运动，极为踊跃，在去年半年内捐款达一千七百余万元，平均每一侨胞捐到八元上下，而菲律宾的侨胞每人平均捐到十一元以上，这是国内同胞所望尘莫及的。然而他们还以为不足，现正在筹募赈济祖国的难民，这是怎样的（地）关心祖国、关心难胞。

其次他们的实际救国工作，也来得非常有力，如马来亚的铁矿，大部为日人所经营而矿工则多为我侨胞，他们为了祖国，宁肯牺牲自己的职业，不为敌国做工。如"龙运铁矿"一家三千多华工，都自动的（地）离开了矿厂，使日人经营的公司不能不关门，在这种情势之下，相继关门的有七八家之多。他们抵制日货运动，也是非常热心，非常认真的！侨胞实在太可敬可爱了。

以上是介绍侨胞的爱国情形给全国同胞看。现在还要介绍国内抗战的一个大概,给我们可敬可爱的侨胞看,因为有许多的侨胞,还在期望着国内的报纸看,尤其是有关抗战情况的。敌国军阀几十年来的处心积虑,无非是想征服中国,独霸东亚。所以他趁我国力未充的时候,不惜破坏和平,不顾人道与公理,挑起战端,企图一举压倒中国。但是他的企图,终归会变成泡影的。自去年"七七"到现在,经过了一年多的战争,在这一年的过程中,他有许多的计划都被我粉碎了。这是事实,而且是有证据的事实。第一如敌国军阀原拟在平津一动手,华北即可坐得。然而事实却绝对不然。平津陷落了一年,而四郊的游击队以及我英勇的武装民众,还在不断的(地)袭击敌人,敌人始终只能在交通线上占据一点或一线,广大的乡村,他还是不敢越雷池一步的。这是事实,这是绝对的事实。第二如敌国军阀原拟以三分之一的兵力,即可征服中国。但现在已用到两个三分之一以上的兵力,还不能完成他的迷梦,而且陷入泥泞深处,已到"进退维谷"的境地了。目前虽在挣扎,但终于是挣扎而已。这是事实,这是绝对的事实。第三如敌国军阀原拟在三个月内征服中国,然而现在一年多了,他不但不能征服中国,而且有被征服的危险。这是事实,这是绝对的事实。第四如敌国军阀原想速战速决,拼命攻占南京后,以为中国则可屈服。然而事实又恰恰相反,南京陷落后,我们的抗战力量反益越坚强。第二期徐州会战的时候,敌军板垣、矶谷两师团几全部覆灭。现在进行第三期战争,我们的准备更加充实,力量更加雄厚了。敌国军阀也感觉这一点,不再喊"速战速决"的口号。近卫更手忙脚乱,马上变换腔调,喊"长期战争"的口号了。这是事实,这是绝对的事实。以上四点,是我国英勇抗战中,粉碎敌人计划的一个梗概。

至于国内其他方面的情形,也得叙述几句。敌人的估计,始终认中国是一盘散沙,军队不堪一击。但是自全面抗战发动以后,国内各党派,无不精诚团结,对最高领袖蒋委员长以及中国国民党所制定的抗战建国纲领,无分上下一致的(地)拥护。全国各界以及广泛的民众,正在积极动员,准备抗战到底,非达到最后胜利,决不终止。这些都是足以告慰我们可敬可爱的侨胞的。

(原载 1938 年 7 月 22 日长沙《大公报》)

八　献金运动

妇女积极参加献金活动，募集抗日经费

抗战爆发前，国民政府的财政收入主要依靠关税、盐税和统税，三税占每年国家财政收入的 80%。日本发动全面侵华战争后，沿海沿江重要商埠及产盐区大半沦陷，三税收入锐减，而战争的爆发，又使军费开支剧增。为削减财政赤字，国民政府除实施"增税与募债两者并重"的政策外，还采取各种捐款献金的办法。

有组织的献金运动始于武汉，是由周恩来、郭沫若领导的国民政府军事委员会政治部第三厅发起的，属于"七七"周年纪念活动的一部分。1938 年 7 月 7 日的早上，武汉三镇献金台前人头攒动，人们争先恐后地前来献金。献金中既有纸币、银元、铜板、银元宝，又有耳环、手镯、戒指、珠宝等金银首饰，后来更发展到献银盾、银盘、奖杯，还有药品、衣服、食品等。献金的人中，有工人、农民，还有船员、人力车夫、店员、小贩，甚至还有乞丐。短短 5 天内，参加献金的达 50 万人以上，献金总额超过 100 万元。献金运动后扩展到了大后方各地。随着沦陷区的扩大和运动的深入，1939 年以后，国民政府将献金运动的重点转向海外，动员广大侨胞捐款。

献金运动不仅弥补了战时收入之不足，而且激发了民众的爱国热忱和抗战决心。

献 金

——上海《大公报》社论

中国的儿女们！现在国家大危难中，我们不能坐看前方将士流血杀敌，也应该挺起腰来为国家做些事情。

我们要给国家做事有两条路，一是献身，二是输财。投效服役是献身，毁家献金是输财。服兵役，上前线，平时要有战时的训练，在国家的统一组织及命令之下活动，才有效，不是只凭一时感情冲动便要求扛枪上前线所可济事的。后方民众最容易做的是量力输财，尤其有效的是献金，把你藏金藏银拿出来，献给国家。

现代的战争是消耗战、持久战，谁能持久的（地）消耗不竭，胜利便属于谁。现代的战争，与其说是军器的战争，毋宁说是经济的战争；谁的经济能力能支持到最后，胜利便属于谁。在现代国家中，政府账簿上的国富（就是说政府可以拿来对外打仗的国富）是有一定限度的，国民如果把他们所私藏的现金现银以及金银首饰献给国家，马上便能增加国富，增加抗敌的力量。

我们为什么这样注重献金，我愿意稍加解释。记得月前记者参加庐山谈话会时，因为大家很热烈的（地）讨论研究战时的后方工作，我就说：战事爆发后，后方民众一定要起来做事，投效、服役和捐款等等。前两种要有事前的训练，更要有守纪律听命令的习惯及肯牺牲的最高道德，才有效；否则，毫无准备训练及组织的动，事实上非徒无益，而又害之。以捐款说，也应该选最有效的做。说到捐款，我们用的钱是法币，我们若是捐法币，事实上只等于法币搬家，并不能增加国富和国力。因为法币准备金早已集中在国家银行里，流通的法币是政府信用的筹码，只代表国内的购买力，对外的购买力必须是硬的金银。法币尽管揣在我们的荷包里，在国家的大关头中，政府尽可以动用法币准备金，从国外购买军火，买粮食。当时我这话颇引起少数人的误会，以为我是浇冷水。其实我是要大家做最有效的事。我也不根本反对用法币捐款，因为就对内购买力的意义说，这种捐款对救护伤兵、慰劳将士、救济难民等等，还是绝对有效的。

我们的物资有限，如何开辟对外的购买力，对于战争的前途关系非常重大。关于战费的计算及筹措，据专家估计，根据欧洲大战各国动员数目及军费用额计算，我们对日战争，每天的战费约需三百万元。战费的来源最可靠而且最现成的是法币准备金。我们储蓄在国家银行里的法币准备金数约十万万元，按每天战费三百万计，这笔款子便可同敌人打一年。法币准备金是政府账簿上的国富，在战时，政府可以用这笔款子买军火，购粮食，划拨外汇上的差额。但是，民间的藏金藏银是在政府账簿以外的。法币实施以来，流散在民间的银元并没有全部集中，内地的人民多有把银元熔成银块埋藏在地窖中的，收藏现金的也不少，再加上金银首饰及金银器皿，其数目一定很可观，少说有数万万元，多说竟许也有十万万元。假设这个数目有十万万，若把它集中起来，马上增加一大块国力，原来可以支持一年的，这样一来便可以同敌人打两年了。这是最有效的一个办法。这事可从两面做起，一面由人民自动献金，一面由政府征发。政府可以用法币、救国公债及关金债券等调换民间的藏金藏银，这样对于不愿意无条件牺牲的人也可以叫他们把现金现银贡献给国家。

我们久想发起一个献金运动；我们还没有做，人们已在自动的（地）做了。最近有一对新订婚的男女，把他们的订婚戒指捐到本报，叫我们转送给政府，我们当时就很兴奋。其后开封一个八岁的女孩子，把自己的小金戒指并劝募到母亲的银镯银币寄到本报，转献给国家，这女孩子的纯真更使我们为国家的前途喜慰。昨天又看到苏雪林女士把她的历年教俸及著述所入积存价值国币六千多元的黄金送到本报，叫我们把她的十年心血献给国家，我们感动极了。这才是中国好儿女的纯真行为！

我以为这几个人的行为，在目前国家的大危难中，至少有以下三种意义：一增加国家的抗敌力量；二求得个人良心上的慰安；三扩大社会教育的影响。这是一种活教育，它的影响一定是很痛切而深刻的。中国的儿女们！我们对于这几个人的行为，都应该含着感激的热泪，也把自己的藏金藏银拿出来，献给国家！

（原载1937年8月24日上海《大公报》）

九　汪精卫集团叛国投敌

大汉奸汪精卫（中）、王克敏（左）、梁鸿志（右）在青岛

汪精卫集团脱离抗战阵营，投向敌人怀抱是抗战期间的一件大事。汪精卫投敌，固然与日本侵略者的分化利诱有关，同时也与当时国民党内的"和""战"分歧有关。

卢沟桥的枪声响后，在国民党内地位仅次于蒋介石的汪精卫对抗战前途悲观失望，多次主张对日妥协。1937年7月29日，汪精卫发表《最后关头》讲话，大谈抵抗就是"牺牲"，就是要全国同胞一齐牺牲，"我们牺牲完了，我们抵抗的目的也达到了"。8月3日，他又在南京发表《大家要说老实话，大家要负责任》的广播讲话，散布"和呢，是会吃亏的，就老实地承认吃亏，并且求于吃亏之后，有所抵偿"。在国民党内持有同样观点的还有国民党中央执行委员陈公博、周佛海等，他们集结在汪精卫周围，形成所谓"低调俱乐部"。

南京失陷前，日本凭借它在战场上的优势地位，通过德国政府对国民党政府进行劝降活动，以求避免对华战争长期化。汪精卫认为日本提出的"议和"条件，中国可以考虑接受，并以国防会议副主席身份主持国防最高会议第54次常委会会议，通过了接受日本停战条件的决议。日军攻占南京后提出的"议和"条件更加苛刻，汪精卫仍主张全部接受。由于中国政府拒绝答复日本的要求，日本外相广田扬言："日本将从一个完全新的立场来处理目前的条件。"1938年1月16日日本首相近卫文麿出面发表"今后不以国民政府为对手"的第一次对华政策声明。近卫声明表明，日本决心以武力灭华并扶植和成立汉奸政权，以实现对中国的殖民统治。

第一次近卫声明发表后，汪精卫仍向蒋介石建议："和平之门不可闭。"随后汪派成员在香港、上海、日本东京等地暗中与日方人士联系。1938年7月，汪派骨干分子高宗武在汪精卫、陈公博指使下，绕过蒋介石，直接去东京与日本政要接触。日方正式表态希望由汪精卫出马实现中日"和平"。11月3日，日本发表第二次近卫声明，希望中国"更换人事组织，取得新生的成果"，暗示要利用汪精卫取代蒋介石。汪精卫终于下定决心投日。11月中旬，汪精卫指定代表赴上海同日方代表会谈，主要涉及汪伪政权成立事宜和汪精卫出逃行动计划。上海会谈标志着汪精卫与日本的勾结已最后完成。12月，汪精卫一伙乘飞机离开重庆，经昆明飞赴越南河内，踏上了叛国投敌的不归路。

汪精卫叛国

——重庆《新华日报》社论

近卫声明之狠毒和恶辣，就如蒋委员长所指明，是"敌人整个的吞灭中国，独霸东亚进而企图征服世界的一切妄想阴谋之总自白，也是敌人整个灭亡我国家灭亡我民族的一切计划内容的总暴露"。我全国国民对近卫声明认识和决意亦诚如蒋委员长所示："凡明大义，认识事势之国民断无一人再存与日本妥协和平之想。"因而本报去年十二月十八日社论认为："如果在近卫这种无耻的声明发表之后，凡是一个中国的国民，对于近卫声明存在丝毫幻想者，必为全国人民所唾弃；只有伪满及南北傀儡——今天的小秦桧小吴三桂之流的无耻叛徒才会替近卫声明作（做）可怜与卑鄙的应声虫。"

文后一日，汪精卫居然通电叛国，在替近卫声明作（做）可怜与卑鄙的应声虫。在今日小秦桧小吴三桂的名单中，竟赫然有汪精卫三字在矣！汪精卫竟然配上了李完用郑孝胥而成了东亚的第三"杰"了。

在对于日寇灭我国家亡我民族的总暴露的声明之后，汪精卫竟大胆无耻的（地）响应，公然通电，向敌求和，要求以近卫声明为"和平谈判之根据"，欣欣然以为"和平谈判之门已开"，肆意咒骂抗战为"创巨痛深"，而对占领我土地、破坏我主权、屠戮我同胞、淫污我妇女之万恶日寇，则倡言"睦邻善友"，觍颜无耻，恬不为羞。尤可恨者，电文之中任意颠倒是非造谣惑众，且丧心病狂，竟在睦邻善友之名词下，承认割让满洲内蒙，允许在一切重要都市中寇兵常驻，将神圣伟大之中华民国沦于日寇殖民地之地位；在共同防共名词之下，挑拨内争，为敌人以华制华鬼（诡）计做先导；在经济提携的名词下，将中华民国沦为日本经济上奴隶之牛马。总观其电文内容，诚如中监委决议所云："处处为敌人要求曲意文饰，不惜颠倒是非为敌张目,更复变本加厉其欺蒙,就其行为而言,实为通敌求降,充其影响所及,直欲撼动国本。"其自绝于中国民族,自绝于黄帝子孙,其甘心事仇,其甘心卖国,已无容置疑。因之,中执委与中监委决议:"汪兆铭此种行动,其为违反纪律,危害党国,实已昭然若揭,大义所在,断难姑息,即予永远开除党籍,并撤除一切职务,藉肃党纪,以正视听。"实为惩处叛逆应有之初步步骤,为全国人民所极端拥护的。

汪兆铭之叛国,他堕落到民族叛贼的地位,当然是有来由的。他从抗战开始起就充满着妄自菲薄的民族失败主义,他看到的只是敌人的武力比我们强,敌人目前的政治力量经济力量比我们占优势,对于其他决定胜负的因素特别是敌人正在削弱、我军正在增强的因素,弃而不谈。因此,对抗战的前途,丧失信心,以为中国抗战会亡,再战必亡;以为中国的抗战地必焦光,人必死尽。在这种结论之下,他便不相信中华民族有着光明的前途,因而或明或暗时隐时现的(地)破坏国策,阻碍抗战,一遇机会,就响应诱降,侈言和平,尤其在武汉、广州弃守之后,竟倡言无忌,攻讦国策,到如今,就公开的(地)背叛民族国家,公然地与傀儡合流。

像这种分子之被淘汰,我们不必为抗战前途作任何杞忧。因为这种人之淘汰,可以减少坚持抗战的障碍,可以开展一切有利于抗战的工作,可以减少敌人挑拨造谣的机会。伟大的抗战,已经大大地锻炼了我们民族,广大的民众的民族觉醒,已经有充分的雄伟的力量,可以保证坚持着抗战的光荣旗帜,而达到最后的胜利;任何个别的叛贼,通敌投降,固无损于抗战营垒之毫发。我们深信:无耻叛逆之肃清,只会使抗战营垒阵容日坚,团结益固,力量更增,而使我们能够更加迅速地把叛贼汪兆铭之流及其提线人——日本帝国主义驱逐出中国去!

(原载1939年1月2日重庆《新华日报》)

十　国共两党联合中的斗争，局部武装对抗

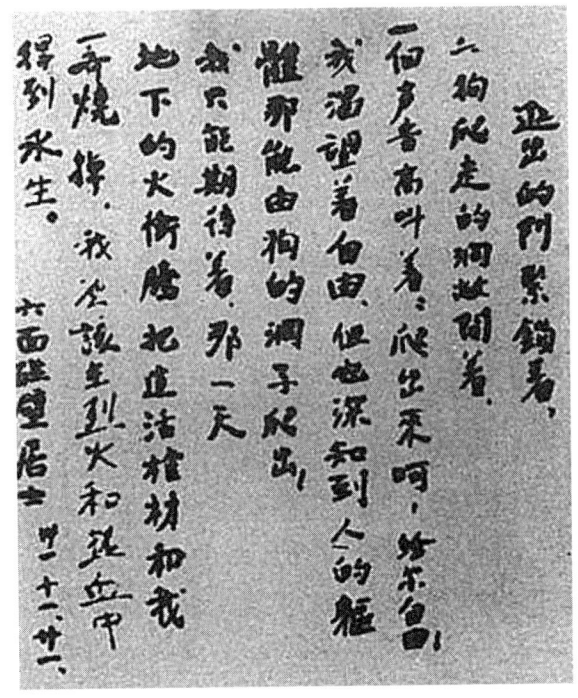

叶挺在被国民党长期监禁期间，威武不屈
（图为叶挺在国民党监狱中所写的囚歌）

新四军全称为国民革命军陆军新编第四军，其前身是红军主力长征后，留在南方8省13个地区坚持斗争的红军游击队。全面抗战爆发后，根据国共谈判达成的协议，南方红军游击队改编为国民革命军陆军新编第四军，军长叶挺，下设4个支队，并在南方各区设立留守处或办事处。新四军成立后，所属部队陆续开赴抗敌前线，到1938年10月武汉战役前后，创建了苏南、皖南、皖中和豫东等抗日游击根据地，部队由成立时的1万余人发展到2.5万余人，逐渐开创了华中敌后游击战争的新局面。

日军占领广州、武汉后，由于战线过长，兵力不足，被迫将其陆军作战重心由正面进攻转移到占领地区，以期确保占领区的安全。日军对正面战场的压力相对减轻，使国民政府获得了暂时宽松的环境。在此背景下，国民党虽然还主张继续抗战，但又忧虑和恐惧人民抗日武装力量的迅速发展，其限制、削弱以至取消共产党的企图愈益明显。1939年1月，国民党五届五中全会制定了"溶共"、"防共"、"限共"、"反共"的基本方针。4月，国民党中央秘书处秘密颁布《防制异党活动办法》文件，要求其"各地党政军机关应采取严格防制

异党非法活动的政策,不可放弃职守"。6月12日,国民党军杨森部包围设在湖南平江嘉义新四军留守通讯处,杀害新四军上校参议涂正坤、八路军少校副官罗梓铭等6人,制造"平江惨案"。1940年下半年,国际形势发生剧烈变动,日、英、美、苏出于各自的战略目的都想拉蒋介石入伙,国民党顽固派暗自得意,企图乘此机会,一举"解决"新四军问题。他们见新四军在苏北只有9个团8000人,认为力量较弱,争夺华中可先从苏北下手。9月3日起,国民党江苏省政府主席韩德勤倾其主力南下,向已由苏南渡江北上的新四军陈毅、粟裕部进攻,企图乘新四军立足未稳之际,将其歼灭。新四军一再退却,但韩视为软弱可欺。10月4日,韩德勤以多于新四军守军一倍的兵力向黄桥地区发起进攻。新四军奋起反击,激战4天,歼灭韩部主力1.1万人。黄桥之战后,国民党顽固派在苏北已无力与新四军进行较量,便将其军事进攻的重点转向皖南。

10月19日,蒋介石以国民政府军事委员会参谋总长何应钦、副参谋总长白崇禧的名义,致电八路军总司令朱德、副总司令彭德怀、新四军军长叶挺,强令在大江南北的八路军和新四军于一个月内全部开赴黄河以北(即"皓电")。11月9日,朱德、彭德怀和叶挺、项英复电何、白(即"佳电"),据实驳斥了"皓电"的种种污蔑不实之词,但为顾全抗日大局,同意将皖南新四军部队"遵令北移",但需宽限时间。12月8日,蒋介石又以何、白名义发出"齐电",声称"调防"是"军令",必须执行,要求黄河以南的八路军、新四军"迅即遵命","悉数调赴河北"。9日,蒋介石发出"手令",限长江以南的新四军12月31日开到长江以北地区,翌年1月30日以前开赴黄河以北地区,限黄河以南八路军所有部队于12月31日开到黄河以北地区。10日,蒋介石又密令国民党第三战区司令长官顾祝同按原计划部署围攻新四军计划。12月下旬,根据蒋介石的命令,顾祝同调集7个师8万余人的兵力,准备围歼新四军皖南部队。

1941年1月4日晚,皖南新四军军部及所属部队9000余人按照拟定的路线,从泾县云岭出发绕道北上。6日行至泾县茂林时,突遭埋伏在这里的国民党军队的拦击,并随即陷入重重包围之中。新四军被围部队顽强抵抗7昼夜,终因寡不敌众、弹尽粮绝,除2000余人突围外,一部被俘,大部牺牲。军长叶挺在同顽军作最后谈判时被无理扣押,政治部主任袁国平牺牲,副军长项英、参谋长周子昆突围后遭叛徒杀害。

1月17日,蒋介石以国民政府军事委员会名义发布取消新四军的命令,把叶挺交军事法庭审判,这就是震惊中外的"皖南事变"。

抗议无法无天之罪行

——《解放》周刊社论

元旦朱彭叶项抗议包围皖南新四军通电称:"我江南新四军军部及部队万人遵令北移,由叶挺等率领行至泾县以南之茂林地区突被国军七万余人重重包围,自鱼至文,血战七昼夜,死伤惨重,弹尽粮绝。"电讯传来,闻者心惊,读者发指。此等自毁军令、自坏国法、自相鱼肉、自损国力之举,实可谓无法无天之至!

溯自新四军奉令成立以来,以新组之师,武器服装极其残缺,即奉令开赴前线,抗御劲敌,屡建战功。论功行赏,对此抗战有功之部队,理应予以补给扩充,使之成为抗日卫国之精锐部队,保卫东南半壁。不意补充既不可得,当时(局)竟一再下令,强使北移。朱总司令等前为顾全大局挽救危亡起见,苦心说服新四军皖南部队遵令北移,并遵守第三战区司令长官顾祝同指定路线,向苏南转移北上。不意所谓命令移防者,竟是诱我聚歼之计。据朱彭等元电所称:"在战斗中据所获包围军消息,此项聚歼计划,蓄谋已久,全为乘我不备,诱我入围,其所奉上峰命令有一网打尽生擒叶项等语。""同时,全国正准备大批逮捕,大批杀人,与袭击八路军各办事处,在西北则筑万里长城之封锁线,在华中则派遣20余师正规军实行大举进攻。"由此可见:亲日派阴谋家和反共顽固派分子,正实行制造内战破坏抗战、制造分裂破坏团结之滔天罪行!

何应钦、白崇禧等曾以军委会正副参谋总长之资格,发出皓齐两电,要求皖南新四军军部及部队北撤,不料遵令北移之日,即阴谋进袭之时!既下命令强人以撤退,又下命令进攻遵令撤退之国军,出尔反尔,命令之尊严何在?总长之人格何存?

军委及第三战区顾祝同等,既再三下令新四军军部及皖南部队北撤,又指定苏南为移防路线,乃遵令向苏南移动之日,即七万大军乘机包围之时!手段毒辣如此,何白所称中央之仁义道德何在?

当新四军军部及江南部队被诱被围之时,军事当局一方面下"一网打尽,生擒叶项"之命令,另一方面又作沿途驻军绝不留难之诺言,口是心非,惨无人道,国家之法纪何在?当局之信用何存?

呜呼!命令!命令!军纪!军纪!天下无穷罪恶,均假汝之名以行!

由此可见:违令者即下令者,毁法者即造法者,而今而后,全国军民当更能洞悉此辈平日高唱军令森严国法神圣之滥调,无非借作损人利己祸国殃民之遁词!

当德意日批评罗斯福援英为违反国际法时,罗斯福在其致七十七届国会咨文中公开宣称:"独裁者们所说的国际法,只是片面的东西,它缺乏互相遵守该法之精神,而仅仅成为压迫之工具。"罗斯福的这种说法,我们也可借用来赠给我国平日最敬佩罗斯福的那些独裁者和阴谋家们,也就是说:"这些口是心非之徒所说的军令国法,只是片面的任意杜撰的东西,它们缺乏互相遵守该等法令之精神,而仅仅成为压迫摧残异己之工具。"

言行不符,损人利己,本是此等人所代表的阶级之天性,对根本没有仁义道德之人,本不应责备他们不仁不义不道德。中国古谚所说的"说的是仁义道德,做的是男盗女娼",恰可作为此辈人的写照。此等人之所言所行,正如鲁迅所说:"有悖于中国人为人的道德!"

但是,此等人今日之所为,非仅关他们个人的道德信誉问题,而实关整个国家民族命运问题。他们以分裂代团结之阴谋,以内战代抗战之罪行,实为帮助敌伪和危害民国之大不韪!对此辈此等无法无天之罪行,不仅我们共产党八路军及新四军绝不能容忍,即全国爱真理论公道之大多数军民同胞亦绝不能坐视,我们呼吁全国军民同胞和全世界公正人士与我们团结一致:

为惩办阴谋祸首而奋斗!

为撤退华中剿共军而奋斗!

为平毁西北反共封锁线而奋斗!

为停止全国大屠杀惨变而奋斗!

为挽救中华民族危亡而奋斗!

我们深信:正义一定战胜罪恶!光明一定战胜黑暗!

(原载 1941 年 2 月 1 日《解放》周刊第 124 期)

十一　八路军坚持华北抗战

活跃在冀中的白洋淀雁翎队

抗战爆发后，中共领导的八路军开赴华北抗日前线，在正面战场配合国民党军队作战的同时，分兵发动群众，开展独立自主的山地游击战，逐渐开辟了广大的敌后战场。经过一年左右的艰苦作战，八路军在华北建立了晋察冀、晋西北、晋冀豫、晋西南和山东抗日根据地，八路军也由出征初的三四万人发展到十五万六千多人。敌后抗日根据地的存在严重威胁着日本侵略者占领区的安全，迫使日军不得不于1938年10月占领广州、武汉后，回师华北，加重对敌后抗日根据地的进攻，华北遂成为敌我激烈争夺的重要地区。

日军占领武汉后，即从华中、华南正面战场及日本国内抽调兵力加强华北方面军。至1939年4月，华北日军总兵力达到15个师团、9个独立旅团，占关内侵华日军半数以上。为强化"治安"，巩固殖民统治，日军对抗日根据地展开频繁的"扫荡"。从1938年11月至1940年底，出动千人以上的大规模"扫荡"就有109次，使用兵力总计50万以上。日军以大规模的武力"扫荡"为前提，占据根据地的中心区，然后广泛建立据点，并依托据点，深入根据地寻歼游击队，以期确保华北地区的安定。

八路军依靠广大人民群众，开展广泛分散的游击战，粉碎了敌人的"扫荡"，使抗日根据地得到巩固和发展。

在困难的前面站立起来!

——《新华日报》社论

抗战已踏进了第四个年头,抗战的空前困难也随着到来了。这是由于种种原因所促成的。

最近以来,日本帝国主义利用欧战的复杂环境,利用我国抗战的严重困难,从各方面向我进攻。在敌后的扫荡战,是加紧对晋西北的进攻,企图造成渡河的巩固据点和条件,威胁我西北。河北和江南敌后的扫荡,亦未放松。在前线的正面进攻是更积极了。鄂西占领宜昌后,企图溯江西进,威胁行都。浙东方面,宣布封锁宁波、温州等地后,积极向镇海甬江两岸进攻,与萧山的军事行动配合,企图打通沪杭甬铁路与切断浙赣路对内地的交通。闽东南方面,积极进攻三都澳与崇武、永宁一带,企图切断我在这方面之海口。西南方面,占领龙州,一面控制我西南国际交通线,一面企图深入云贵。而在大后方,则从天空不断的(地)滥炸,企图造成大后方的破坏与动摇人心。政治上的诱降,经济上的榨取,日汪谈判与汪逆伪组织的积极活动,对英法美加重威胁,缅甸公路和香港运输被切断,滇越铁路货运被封锁等,所有这些事实,说明日本帝国主义在现时对我侵略的特点,是从各个战线和各方面,同时扩展进攻,企图以对全线的进攻,以对我国加重困难和加重压力的办法,加速抗战营垒的动摇与分裂,分化和瓦解我国抗战部队,达到逼迫我国屈服投降的目的,这是目前主要的危机和困难的来源。我们不应该轻敌,应该充分估计到这一点。

全中国的人民,应该正视这种危机与困难。可是,全国的人民,应该在这种空前的困难面前站立起来,不垂头,不丧气,咬紧牙关,站稳脚跟,去认清困难,迎接困难,克服困难,不失掉抗战胜利的自信心,因为我国具备了克服任何危险与困难的一切必要条件。

中共中央在抗战三周年纪念时对时局正确指出:"空前的投降危险与空前的抗战困难是到来了,我们必须克服这种危险与困难。中国共产党坚决相信,这些危险与困难,是完全能够克服的。中国存在着克服任何危险与困难的一切必要条件,只须(需)中国政府与中国人民善于去利用。中国是土地广大资源丰富人口众多的国家,当非阿比西尼亚与西班牙可比,更非荷兰与比利时可比,亦非法国可比。而日本则远不如德国。中国还保存着数百万大军,有国共两党及全国大多数人民的团结,有帝国主义相互间的矛盾可以利用,有强大的苏联与世界革命斗争可以为援。中国从鸦片战争以来的整整一百年中,经历了无数的危险,取得了丰富的经验,而孙中山先生的英勇奋斗又成为我全民族的模范。当此民族危险深重之秋,我们一定要执行孙中山先生的伟大遗教,执行他的革命的三民主义与联俄联共扶助农工的三大政策,执行他的临终遗嘱,打破一切悲观动摇没有出路的情绪,不屈不挠再接再厉的(地)奋斗下去。这样,投降危险必然克服,抗战必然胜利,建国必然成功,中华民族的前途是无限光明的。"

然而，这只是说明，我国有克服任何危险与困难的条件，只是说明我国抗战建国有胜利成功的可能前途。中国政府和中国人民的任务，就是要及时正确利用这些条件，及时采取一切必要办法，去争取胜利可能前途的实现，而不是让这些有利条件空过去，让可能的时间空过去。所以问题在于把握着有利的条件，争取迫不及待的时间，从外交党派政治军事经济各方面加以及时的决心的调整与改造，以适应目前的严重环境，这才是重要的问题。

同时，我们要指出，中国政府与中国人民仅是认清目前困难与有克服困难的信心还不够，在今天情况下，必须争取时间来克服困难，在抗战的第一阶段，甚至在现时的相持阶段中，我们已失去相当大的领土，然而我们是以空间换时间，为什么要如此呢？这是因为赢得时间，准备力量，生长力量，以便有足够的力量，去取得胜利的反攻，所以暂时牺牲空间，为的是赢得时间，而赢得时间的目的，为得（的是）争回空间。我们抗战已经三年了，在这三年里，固然我们大大消耗日本帝国主义，然而我们要问，在这三年时间里，我国对于反攻力量的准备和生长——不仅是军力，而且包括人力物力，达到了什么程度？一切政策的决定、一切实际的设施，是否都围绕着为着生长新的力量与准备反攻这一中心任务的？这是值得当局和每一个战士反躬自问的。

抗战的第四个年头，将是最困难的一年，在目前的国际形势与国内环境下，一切待决的问题，如果犹豫不决，拖延时间，对抗战都是极其不利的。时间与速度，对现时的抗战是太重要了。我们应该记取古人"一寸光阴一寸金"、"时乎时乎不再来"之训，千百倍的（地）努力，千百倍的（地）紧张起来，以革命的速度、敏捷的手段、明确的方针、果断的决心去迎接困难，克服困难，争取胜利。

（原载 1940 年 7 月 24 日《新华日报》）

十二　东北人民的抗日斗争

东北抗日联军第一路军总司令杨靖宇

东北人民革命军第三军第二团政治委员赵一曼

抗日战争全面爆发时，以抗日联军为主体的东北抗日游击战争已独自坚持了6年多。卢沟桥事变后，日本侵略者出于把东北变成大侵略战争稳固的后方基地的需要，增加兵力，对抗日武装进行持续的残酷的军事"讨伐"；同时在抗联部队活动的区域大力推行"集团部落"政策，"归屯并户"，实行"三光"政策，借以隔离人民群众同抗联的联系，断绝抗联的兵源和供给，使抗日武装失去生存的物质条件。尽管抗联的处境越来越困难，但是他们转移到长白山和小兴安岭的深山密林，依托有利地形继续坚持抗战，部队发展到11个军3万余人。到1939年5月，抗联部队先后分别编成第一、二、三路军，在东满长白山地区、乌苏里江左岸、完达山麓一带和黑龙江、嫩江平原开展游击战争。1939年底，日军把在东北地区的关东军增加到10个师，重点"讨伐"抗联第一路军。第一路军总指挥杨靖宇率部浴血奋战50余天，作战40余次，仍未突出重围。1940年2月23日，杨靖宇只身一人在蒙江县保安村三道崴子壮烈殉国，时年35岁。残暴的敌人解剖了他的遗体，看到腹中无一粒粮食，只有树皮、草根和棉絮，大为震惊。到1940年春，抗联各部所活动的游击区和根据地大都丧失殆尽，部队由原来的3万余人锐减到不足2千人。在此危急关头，中共南满、吉东、北满3个省委先后确定"逐渐收缩，保存实力"的方针，将三路军所属11个军缩编成10个支队。从1940年冬起，抗联部队陆续转移到苏联境内休整。若干抗联游击小分队留在原地坚持斗争，直到日本投降。

发扬东北军民英勇奋斗的精神

——纪念"九一八"九周年

——《新华日报》社论

"九一八"是中国这次空前的困难的开始,这九年是日寇得寸进尺、步步加紧侵略的时期,同时也是中国人民团聚力量、为民族解放而进行前所未有之大规模斗争的时期。中国人民反对日本帝国主义的斗争,前六年大体上是非武装的,最近这三年,则发展为全国的抗战。现在,这个斗争,已经到最重要的、有决定意义的关头了。日寇也打得疲敝(惫)不堪,我们的困难与危险也将达到最大的程度。"九一八"九周年,全国军民就是在这种环境中来纪念的。

今年我们都带着沉重的心情,来迎接这个有重大历史意义的日子,我们特别要怀念到在东北、在日寇魔掌下进行英勇斗争的英勇军民们。虽然有万里关山的阻隔,虽然两地情愫未能常通,但今天我们特别感觉到他们是我们血肉相连的弟兄,是我们这个伟大战斗队伍的有机的一部分,他们的命运和我们是不可分的,他们的奋斗和我们也是不可分的。"九一八"的纪念,不仅更增加我们抗战到底、打到鸭绿江边的决心,而且使我们发扬东北英勇军民艰苦奋斗的精神,为度(渡)过我们当前严重的难关而努力。

日寇把东北作为灭华攻苏的根据地。他对东北九年来的经营,正是本着这样的方针。中国人的土地,如今变成了十足奴化的地狱。善良的东北同胞,受尽了暗无天日的痛苦。日寇在那里所施行的政治的压迫,简直达到了难以想象的程度。为了抗日与游击队的嫌疑,时常有大批人民遭受屠杀,整个村庄,惨被血洗。挨打受骂,是家常便饭。青年更受日寇宪警暗探的注意和查究。为了防止人民斗争,实行着连环保的办法。"偶语弃市"是常有的事。另一方面,日寇在东北榨取我人力物资,发展军需工业,广设铁路及公路网,并且强迫征派我青年壮丁受军事训练,为他充当炮灰。奴化教育、"协和会"、烟、赌、娼都是日寇维持统治的法宝。此外,还要加上任意没收中国人民的土地,夺取中国人民的财产。这一切,都使东北同胞们所受的痛苦,比任何地区更为厉害。每年在抗战大后方纪念"九一八",东北籍人士们特别凄楚,此中隐痛是可想而知的。

东北的同胞们,就是在日寇用压迫、榨取、奴辱所交织成的铁环中,生活了这九年。这种情形,在某些失败主义者看来,以为是完全无出路了,完全绝望了,任何斗争都不可能了。然而事实并不是如此。这种汪精卫派的思想,只是极少数人的思想。大多数人,绝不是这样。他们受了中国革命斗争的锻炼,受了进步政党与进步政策的影响,在似乎不能克服的困难前面，已经昂首挺胸，站立起来。他们冲破了一切障碍，完成了历史的奇迹。九年来艰苦奋斗的东北军民，正是走的这条道路。

抗日联军和游击队已经发展成为强大的队伍。他们有十一个军。他们是日寇的心腹之患，是东北同胞与全国同胞的宠儿。虽然他们的力量与日寇有不能相比的差别，但他们常向敌人袭击，给敌人以很大的杀伤。可惜我们的材料很少。据极不完全的统计，去年三月到八月，抗日联军与日寇打了二十次大仗，敌人损失近一万人。十月到十二月，单在吉林一省，就有四十次战斗，敌人被击毙者二千四百人，游击队夺获日炮二十七门、机关枪三十三挺、步枪一千二百余支及其他军用品甚多。配合着游击队武装斗争的，还有广大农民的罢耕运动，这是对于日寇在经济上的严重打击。在东北人民这种斗争的高涨之下，日寇派遣到东北去的移民，常常感觉前途无望而返回到日本去。这证明九年来日寇对东北的奴化政策，并未成功。东北到底还是中国的。

东北军民的困难，是目前中国任何地区所没有的。一方面，他们完全处在日寇四面包围之中，与我抗战后方失去联系；另一方面，日寇的力量则比别处更强大，日寇的统治比别处更巩固。但在这些困难面前，东北军民并没有悲观失望、束手无策。为什么？因为他们有克服困难的办法。他们依赖民众，可以解决兵员与给养的困难；他们有灵活的战略战术，可以以少敌众、以寡胜多；他们实行统一团结互助互让的政策，可以将各种各样的力量集合起来；他们有良好的军队政治工作，可以提高士气，保证军民合作。一切都有办法。有了办法，自然就有斗争的勇气和决心了。

东北军民的英勇精神，应当鼓舞我们，激励我们。他们的斗争经验，应当帮助我们，增益我们。我们也要学习他们那样有办法而不屈服于困难。因此发扬他们艰苦斗争的精神，研究他们丰富的战斗经验，巩固我们对于胜利的信心，肃清悲观失望的情绪，迅速而有效地采取一切必要办法，粉碎敌人的新攻势，这就是今年大后方同胞们纪念"九一八"的切要任务。

（原载 1940 年 9 月 18 日《新华日报》）

十三　百团大战

八路军副总司令彭德怀百团大战中在前线指挥

  百团大战是 1940 年八路军在华北战场发动的一次规模空前的反击战，它的发起与当时的国内外形势密不可分。

  1940 年上半年，希特勒德国采用闪电战术征服了大半个欧洲，法国投降，英伦三岛危在旦夕。德军在欧洲战场上的胜利刺激了日本侵略者，他们看到资源富饶的南洋一带已成为英、法、荷等国无力防御的"真空地带"，企图趁火打劫。为准备实施南进，日本侵略者急欲尽快从中国战场上脱身。为了逼迫重庆国民政府屈服，日本政府一方面对蒋介石施以政治诱降；另一方面发动枣宜作战，占领宜昌，威逼重庆。同时出动飞机重点轰炸重庆。继之，日本运用外交手段，于 7 月迫使英国签订关于封锁中国西南交通线、关闭滇缅公路 3 个月的协定。日军还扬言要"南取昆明,中攻重庆,北犯西安"。日军咄咄逼人的攻势,造成大后方震动,投降派活跃,中间派悲观,中国处于"空前投降危险与空前抗战困难的时期"。

抗日战争进入相持阶段以后,日军进攻的重点是华北中国共产党领导下的各敌后抗日根据地。华北日军大力推行"治安肃正计划",实行所谓"以铁路为柱,公路为链,碉堡为锁","引点成线,集线成面"的"囚笼政策",特别在横贯太行山、连接山西太原至河北石家庄230公里长的正太铁路沿线密布重兵,严密设防,借以封锁和隔绝各抗日根据地的联系。

为了影响全国战局,激励抗战斗志,打破日军的"囚笼"封锁,1940年8月,八路军总部命令华北八路军所属部队向华北日军发起大规模的进攻作战。随着战斗的展开,陆续参战的部队增加到105个团,约20万人,被称为"百团大战"。

瞻望北方胜利

—— 《大公报》社论

宜昌战役以后,三个月来各线无大战事。这战况的沉闷,在敌人方面,照例是在整理补充,以准备下一次的攻势;在我们方面,也是在观察敌人的动向,针对敌人的企图,以从事新的部署。就在这夹缝中间,传来北线胜利的捷音。自上月二十日以来,我军在北方发动了大规模的运动战。平汉、正太、同蒲三路同时发动反攻,铁路到处被破坏,冀晋豫三省同时报捷。斩获既多,并克复了重要据点,尤以娘子关的克复为最。据报,井陉煤矿已被我军彻底破坏,所有矿井机器全部炸毁。敌军发言人曾承认我军此次出动规模之大,并承认平汉、同蒲、正太各路破坏之巨。不但如此,我军前天更深入敌军心脏地之平津,在廊坊、落垡之间将铁路破坏,使平津交通为之阻断。这个攻势,方在发动,已凌厉无前,收获佳果;而三军用命,人人奋勇,攻势正猛,战果必仍将扩大。北方的胜利方在开始,而在全局上的意义尤其重大,试略言之。

(一)中日战争三年余,战场扩展十几省,而其根干则在华北。暴日虽有鲸吞全华的梦想,而最后目的地则在华北。试看敌人的措施,在华中、华南,是鬼混与掠夺,而对北方,则经济建设、军事部署,一切皆作百年之经营。敌人之志如此,可见将来善后的症结,必以北方问题为最主要的焦点。将来敌人失败之时,一切地方皆将偃旗息鼓而走,而对我北方必为落肚之肉而甘心。中日战争的根干既在华北,而最后的结穴点也在华北,我们的抗战,必始终抓住北方不放,随时给它以打击,随时给它以破坏,使它不能安心掌握、顺利经营,以至根本摇动它的侵战根据。根本既摇,全局易覆,这是搂头灌顶的打法,在全盘战局上是极重要的一着棋。

（二）现在的军事大势，敌人正在准备秋季攻势，越南方面已有发动假道之兆，而进窥川境的梦想也正深厚。大势判断，敌人的秋季攻势将是一个最后挣扎，它必尽可能的（地）拼凑各线的兵力，以为孤注一掷。正在敌人准备这个攻势之时，我们在北方发动了大规模的反攻，这在局部战斗上是乘虚进击，而在全局上尤有牵制敌人兵力之效。三年多抗战军事，"应战"二字，可以尽之。敌军来攻，我们应战；敌军不攻，我们转战；敌军此处攻，我们他处不战，形式几乎完全是被动的。此次北线之战，敌军未战，我们先攻；敌军将南侵，我们先北战，这在战略上讲，也是一种进步。

（三）这次冀晋豫的出击，主要部队是第××（十八）集团军，对敌人的谣言攻势，也给予一个致命的打击。敌人不是常在造谣说我们分裂互讧吗？把这铁的事实给你们看，我们的枪口是一致对着暴敌的喉咙放射，粉碎了他们的谣言，更歼灭了他们的残命！我们都是中国的儿女，中国儿女一定爱护我们的祖国；为了祖国，我们可以贡献一切、牺牲一切。你盼望我们分裂，我们一定更团结；你盼望我们互讧，我们就并肩作战，打你个落花流水！

北方在打胜仗，这将是秋季会战的胜利前奏；北方在打胜仗，这将是大河黑水的儿女打回老家的先驱！我们站在抗战司令台（重庆）上，遥瞻故乡的胜利，这胜利与各战场的胜利汇合，将使疲战的敌军根本溃灭！

（原载 1940 年 9 月 6 日《大公报》）

十四 1941年太平洋战争爆发前的国际局势与中国抗战

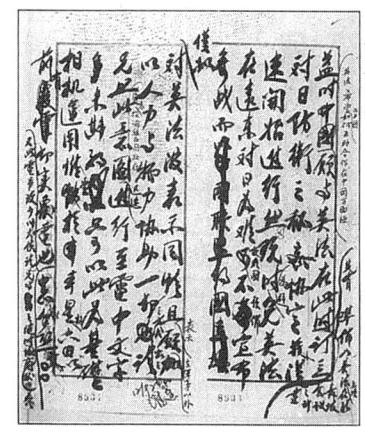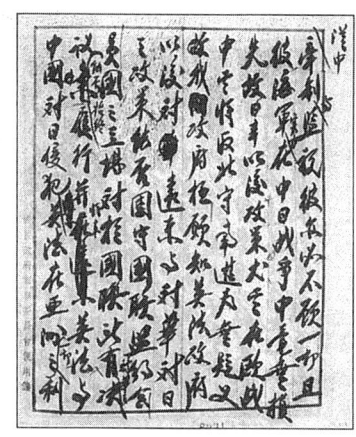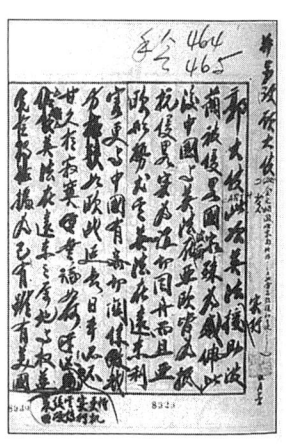

蒋介石为探听英、法对华抗战的新态度，致驻英大使郭泰祺的密电

"门户开放"、"机会均等"是20世纪30年代美国对华政策的基本原则。日本发动企图独占中国的侵略战争后，美国的在华地位和在华利益受到严重损害。但由于当时美国国内孤立主义思潮强大，美国不愿或不敢刺激日本。欧战爆发后，日本南进战略逐渐明朗化，美国援华制日步骤加快，希望借中国抗战来遏制日本在太平洋地区的扩张。1940年9月，日、德、意三国同盟订立，日本对美国的威胁大增。但基于"大西洋第一，欧洲第一"的全球战略，美国仍力图避免在太平洋上同日本摊牌。为了推迟美日之间可能发生的战争，美国采取主动，对日本进行和谈试探。就日本而言，虽然南进政策已基本确定，但最大的问题是兵力不足。在这种情况下，日本最稳妥的办法就是通过谈判诱使美国改变对华政策，以便从中国抽身，同时迫使美国允许日本获取东南亚地区的经济利益。

1941年4月16日，美国国务卿赫尔与日本驻美大使野村吉三郎在华盛顿举行谈判。5月12日，野村将日本外相松冈起草的日方修正案递交赫尔，该修正案表达了日本在整个谈判中的基本立场。赫尔虽提出了美方的修正案，但准备劝说蒋介石在下列问题上向日本让步：中日停战议和，重庆与南京政权合并，承认伪满洲国等。美国希望通过此举来换取日本停止向印度支那和东南亚其他地区进兵。美国的妥协态度一度引起中国方面的严重担心，中国驻美大使胡适向美方表示，中国目前不可能与日本议和。英国也反对美日妥协。在此背景下，加之美国只是把谈判作为推迟战争的手段，谈判最终破裂。太平洋战争爆发后，中美关系进入一个新的阶段。

1941年6月22日，希特勒德国悍然发动对苏联的大规模进攻。苏德战争的爆发，引起了整个国际关系的巨大变化。当天晚上，英国首相丘吉尔发表广播演说，表示英国将尽一切力量支援苏联抗击德国。6月24日，美国总统罗斯福在记者招待会承诺，在可能的范围内全力援助苏联。在国内，毛泽东于苏德战争爆发的第二天，就提出要建立反法西斯的国际统一战线；随后又明确宣布中共处理对外关系的基本准则："不管是否帝国主义国家，凡反法西斯者就是好的，凡助法西斯就是坏的。"7月2日，国民政府宣布断绝与德、意等轴心国的外交关系，加入反侵略联盟。中苏美英四国在反对法西斯的共同事业中，逐步走向联合。

为远东慕尼黑①质问国民党

——《解放日报》社论

一个恶魔的暗影，徘徊在太平洋上，这就是远东新慕尼黑的暗影。这不是老洋伞张伯伦先生底（的）绥靖政策简单再版，而是在欧洲与远东新局势下面产生的新的帝国主义阴谋。

这个新局势的新，首先在于德国在欧洲的胜利，纳粹的铁蹄已经席卷了14个国家，欧洲的大半已经是希特勒的天下。战火烧向着东地中海和近东，大英帝国岌岌可危，北美金元帝国的大部分投资战债与市场将化为乌有。这种情况，使得美国帝国主义者再不能继续限于在后台提线，迫得他不能不出台露面。美国统治阶级在最近特别忙于呼喊正式参战，组织特种海军部队，要求公开废止中立法，宣布非常状态等等，其原因就在这里。西方形势的紧急，参战之必不可免和日益迫近，使得美国的统治阶级不能不考虑，怎样避免两洋作战的险恶局面，就是说，不得不复活"绥靖"远东的"妙计"。这就说明了，为什么日来盛传的日美妥协之主动者，不是别人，正是那个为中国金元拜物教徒们所崇拜的美国。

在日本方面说来，则眼看着"神风"再临，却痛苦于泥足深陷中国而不能自拔，因之造成着日本统治阶级的苦闷和彷徨，激发着日本统治阶级内部的进一步的分歧和争执。近卫内阁以"革新"骑士的风度，打倒了亲英美的米内内阁，订立了三国同盟，解散了既成政党，

---

① 1938年9月29-30日，英国首相张伯伦、法国总理达拉第，加上德、意两国头目希特勒、墨索里尼在德国慕尼黑举行四国首脑会议，背着捷克斯洛伐克政府签订将苏台德地区割让给德国的协议，实际上是将整个捷克斯洛伐克出卖给德国。后人将这种对法西斯侵略活动采取纵容妥协的绥靖主义政策斥责为"慕尼黑阴谋"。

创设了"实践臣道"的大政翼赞会,似乎是气势磅礴,大有为希特勒在东方打一出手的模样。可是曾几何时,平沼入阁了,"近卫内阁的革新色彩有褪色之印象"(日本国民新闻语)。在现状维持派以宪法为盾牌的攻击下,大政翼赞会改组了。在经济困难的压迫下,旧财阀的要角——小仓入阁而为经济阁僚之首座了,池田则活跃幕后,操纵一切。激烈的少壮革新派,感慨着"暗云低迷之政局",纷纷组织自己的政治团体(如中野正刚之振东会、桥木欣五郎之赤忱会等),并呼号着"革新派大团结"、"昭和维新"、"放逐金融资本"之类的口号。这就是说,近卫内阁在掌政将近一年的后半,已经逐渐改变了他的原来性质的几分之几,如果说在近卫登台之初是"革新派"占优势的话,现在已经更是介于两大派之间的中间品了。这便反映着日本政局在各派剧烈斗争中处在彷徨未定的路途上。这给美国、张伯伦(指英国)以极好的机会,来动员其日本的喽啰们,制造东方慕尼黑,以期达到平静太平洋专力对付希特勒的目的。在美国统治人物中,有这样一部分人物,他们在西方特别危急时,甚至企图以:一、牺牲中国与荷印;二、海军平等;三、大批借款;四、无限制的资源借给;五、海上贸易自由等项,来贿买日本,以便供给日本英美派以武器,去平定德意派的反对,去拆散三国同盟,去获得日美妥协。总之,英美在西方特别危急时,为了拆散三国同盟,给日本以重大让步的可能性,并不是不存在的。

  这个新阴谋,现在已经由新闻试探进到外交接洽的程度了。其大致的经历是这样的:5月初合众社报道:"日本目下外交政策,首先,在调整对美邦交,日本政府内若干人士,希望日方迭次暗示及非正式建议,可使美国提出确定之建议……"这种非正式的建议和试探之一就是4月29日日本外交部机关报《广知报》之所谓"欧洲"和平条件,其中提到海军平等,美国势力不得逾越夏威夷以西,太平洋各岛建立共荣圈等等,而以反苏为钓饵(条件中有"苏联解除西伯利亚武装"一项妙文)。而5月初盛传的松冈访美,亦属于这种试探的范围之内。5月上旬之末,合众社华盛顿电,以极其欢乐的口气宣布了下列消息。该消息谓:远东局势有"意外好转",美国解禁了锌、橡皮及石油之输日,日荷煤油协定之缔造。5月18日,莫斯科《真理报》揭露了这个日美妥协的真相,而日美双方均不否认。相反地,5月20日松冈、格鲁又会谈于东京。27日罗斯福发表了炉边闲话,这闲话引起了重庆某些人物的对之感激泪零。可是,他对于日本的关系却声称"尚未研究",而对于中国的抗战甚至不敢提及,其抗日战争的性质被称之为"阻碍希特勒征服世界计划之因素",证明美国统治阶级仍然在力求与日本妥协。28日罗斯福在特别新闻会议之上说明:"目前美政府无意禁止石油运往日本或更加限制石油之对日输出。"同时赫尔声称:"美国对日政策并无变更。"更可以看到对于中国,炉边闲话并不是值得感激的东西,而是值得重大的(地)警惕的东西。凡此种种,均可使我们看见远东慕尼黑的车轮,是随着西方战争的紧张而加速地转动着,我们的伟大民族抗战有被人出卖之重大危险！这个危险现在比任何时候，都来得更严重些。

　　自然，这项买卖之能否成功，尚有待于各种因素和力量之斗争，尚有待于日本内部、美国内部和中国内部之各种力量的斗争及其总和。美国内部有着巨大的反战力量（从正处于日益高涨的罢工潮中的战斗的美国工人阶级起直至统治营垒内的反日派孤立派亲德派止）。在日本，则德意派不愿屈服，要成功美日妥协，日本的英美派须得经历一个重大的政治斗争，而这在日本是颇为困难的。特别重要的是日益发展着的中国广大人民的抗日战争，是绝对不允许被人出卖的，谁要在太岁头上动土，谁就得准备焦头烂额。对于中国人，只有那些寄其全部希望于美国和日美战争之上的害软骨病的人物，才会经不住这种风浪。虽然如此，但危机是严重地存在着的，帝国主义阴谋家们正在协以谋我，值得我们极大地提高警惕性。我们现在要问一问国民党当局，你们对此究（竟）抱何种态度呢？美国已在向日本提议，叫他取消1938年1月间近卫宣言中所称不以蒋介石为谈判对手一项声明，假如日本遵办了，你们究（竟）作如何打算呢？这是已经轰动了全世界的问题，何以你们还一声不响呢？全国人民在等待你们的答复呵！

（原载1941年5月30日《解放日报》）

十五　中国民主政团同盟的建立

1941年10月10日，香港《光明报》刊出的《中国民主政团同盟启事》

抗战中后期，国民党顽固派破坏抗日民族统一战线，坚持一党专政和消灭异己的政策，使拥蒋抗日的各党派极为不满和失望，也使手无寸铁的各抗日党派的生存受到了严重的威胁。在这种形势下，各抗日党派纷纷要求国民党结束一党专政，实行民主宪政，并产生联合起来共同对国民党顽固派进行斗争的迫切要求。他们深刻体会到，如果没有联合，要在中国真正实行民主宪政、坚持团结抗日是不可能的。1939年11月23日，主张抗日的党派领袖和部分社会贤达在重庆发起组织了"统一建国同志会"。会议选举黄炎培、章伯钧、左舜生、梁漱溟等人为常务干事，公推黄炎培为主席。

"皖南事变"发生后，国共两党关系十分紧张，中国面临着重开内战的危机。各民主党派对国民党大为失望，对中共所持立场深表赞同。1941年2月10日，中共代表周恩来与各民主党派领导人聚谈，各党派"深感为民主与反内战而团结之必要"。经过反复讨论，决定将"统一建国同志会"改组为"中国民主政团同盟"。

1941年3月19日下午，中国民主政团同盟成立大会在重庆上清寺"特园"秘密召开。会议通过了《中国民主政团同盟政纲》《敬告政府与国人》和《中国民主政团同盟简章》，推举黄炎培、张澜等13人为中央执行委员，黄炎培、左舜生、张君劢、梁漱溟、章伯钧5人为中央常务委员，并推举黄炎培为中央常务委员会主席（后出国，由张澜接任）、左舜生为总书记、章伯钧为组织部长、罗隆基为宣传部长。这样，包括中国青年党、国家社会党、中华民族解放行动委员会、中华职业教育社、乡村建设协会及社会贤达在内的中国民主政团同盟正式在重庆秘密成立。9月18日，中国民主政团同盟的机关报《光明报》在香港正式出版。10月10日，《光明报》发表"启事"，宣告中国民主政团同盟已在重庆成立，并公布了经过修改的《中国民主政团同盟成立宣言》。10月16日，《光明报》发表《中国民主政团同盟的成立》的社论。

中国共产党热烈支持中国民主政团同盟的成立。中共中央机关报《解放日报》及时作了报道，10月28日，发表了题为《中国民生运动的生力军》的社论。11月17日，国民参政会二届二次大会召开。会议期间，民主政团同盟参政员张澜等人根据民主政团同盟的纲领，向国民参政会提出了《实现民主以加强抗战力量，树立建国基础案》，并得到了董必武、邓颖超等20多位参政员的联署。从此，中国民主政团同盟由秘密变为公开，以中间党派身份出现在中国的政治舞台上。

中国民主政团同盟成立后，积极建立地方组织，吸收大批文教界人士参加。它要求实现民主、坚持抗战到底的立场，得到了包括国民党左派和地方实力派的支持和同情，其组织得到不断巩固、发展，成为抗战时期中国政坛上一支不可忽视的力量。

中国民主政团同盟主席张澜致蒋介石书

（1943年）

年来盱衡时局，审度内外，觉国际战事，虽胜利可期，而国内政治情形，则忧危未已。举其大者言之，人才未能集中也，民意未能伸展也，党争未能消弭也。最高当局非不宵旰勤劳，而全国所需之团结，反日形失望。察其症结，皆在政治之未能实行民主。人群之有才智贤能，原以供国家之用，群策群力，乃能兴旺。现在政府之用人，既以一党为其范围，尤偏重特殊关系，使国内无数才智贤能之士，皆遭排弃，以国家有用之才，投置闲散，已深可惜，甚或逼之使为我敌，岂云得计？必须实行民主，一本天下为公之旨，选贤与能，只问才不才，不问党籍，举全国之才智共同尽力于国事，而后可以挽救危局，复兴国家。此其一。得民必由于得心，民之欲恶，是为民意。乃现在一切民意机关的代表，都由党部和政府指定、圈定，于是只有党意官意，而无真正民意之表现。其在群众集会偶有批评政府指摘时弊之人，即被目为反动。反令纷繁苛扰，官吏敷衍惟肆贪污，从未有如今日之甚者。人民遭受压抑，痛苦百端，不能上达，压恨之情到处可见。必须实行民主，首先废除言论、思想、出版的统治与检查，使人民各本所欲所恶，对政治可以自由批评讨论，舆论有监督之力，然后政治修明，人心悦服，然后民力始能发挥。此其二。国民党与中国共产党各有主义，各有区域，各有军队，能否合作，实为国人之所深切关心。如非认真而且彻底做到政治民主，使军队国家化，专用之于国防，则此问题将无法解决。甲要一党专政，因而训练党军，以图巩固其政权，即不能禁乙之训练军队，与之对抗，必须实行民主，不能国家政权垄断于一党，则民生主义与共产主义，本有相同之点。国共合作，已往之历史亦有非无可循。设以建立真正主权在民主国家为目的，正应共同抗战，共同建国，以为求政治化，经济民主化，而达到将来世界之大同，尚可凭借武力以为内争之有？此其三。今国民政府已有宪政实施之筹备，宪法草案亦可以顺至。如或昧于大势，迁延不决，徒冒民主之名，而不践民主之实，内不见信于国人，外不见信(于)众盟邦，则国家前途，必更有陷于不幸之境者。

（选自《中国民主同盟历史文献》，文史资料出版社1983年版）

十六　中国战区的成立与中国军队入缅作战

1942年1月，中、美、英建立反法西斯同盟后，正式成立中国战区盟军最高统帅部，蒋介石担任最高统帅，史迪威任统帅部参谋长（图为蒋介石、宋美龄、史迪威）

　　1940年以后，日军迅速占领菲律宾、泰国、马来西亚、香港、印度尼西亚等地，缅甸成为东南亚惟一未被日军占领的国家，战略地位日显重要。英国希图借中国抗战的力量，支援它在远东的殖民地，特别是缅甸、印度、马来西亚方面的军事，挽救远东大后方的危机。中国为了要取得抗战最后的胜利，亦确保滇缅路这条最后国际交通运输线。自1940年10月起，英国首先开放封锁已久的滇缅路，并酝酿中英军事同盟。1941年12月23日，签订《中英共同防御滇缅路协定》，成立中英军事同盟。

　　1941年12月太平洋战争爆发以后，日军进攻缅甸，仰光失陷。英国要求中国派兵入缅作战。为协助盟国作战并保卫中国接受美援的惟一通道——滇缅公路，1942年1月正式成立中国战区盟军最高统帅部，由蒋介石担任最高统帅，美国的史迪威任统帅部参谋长，战区包括中国、越南、泰国。中国政府于1942年2月以第五军、第六军、暂编第六十六军编组成远征军，共10万人，先后入缅作战。远征军由第一路司令长官罗卓英和同盟国中国战区参谋长史迪威指挥。1942年3月，第五军在同古与日军激战10余天，给敌人以重大杀伤，但因联络和给养被切断，月底向北撤退。4月，暂编第六十六军驰援被日军包围于同古、仁安羌的英军,解救被围英军7000余人。同月,第六军先后在棠吉、腊戍等地与日军激战。由于英军作战不力,不配合作战,加之远征军指挥混乱,致使作战失利。5月中旬,远征军陆续退出缅甸,大部经过野人山及高黎贡山,撤回滇西。回撤路途异常艰险,气候十分恶劣,士兵伤病死亡的很多。第二〇〇师师长戴安澜在后撤途中遭日军伏击受伤后殉国。1942年8月,远征军大部退至怒江东岸,另一部分撤往印度。远征军此次入缅作战,伤亡过半,装备大部分丢失,损失惨重。滇缅公路也被日军切断。

中国军队第一次入缅作战失利。退往印度的军队和由国内空运去的官兵,在兰姆伽整编和进行训练。1943年6月,成立了中国驻印军总指挥部,由史迪威任总指挥,罗卓英任副总指挥。1943年4月,成立了中国远征军司令长官部,由陈诚任司令长官,黄琪翔为副司令长官,统辖第十一、二十集团军及第八军。两支部队接受了美国的训练和装备,战斗力大为加强。

1943年10月,中国驻印军为掩护中印公路,沿公路向缅北推进,1944年攻克孟拱,8月23日攻占缅北重镇密支那。1944年5月,滇西中国远征军强渡怒江,沿滇缅路向缅北实施反攻。1945年1月20日,攻克畹町。1945年1月27日,远征军与驻印军会师于缅甸芒友,打通中印公路,至3月遂将日军全部赶出缅北和滇西。3月,驻印军与英军在乔梅会师。按照事先中国与英美的约定,中国军队在缅甸的作战区域限于缅北。中国军队的作战任务完成。此后,中国远征军返回国内。

在滇西缅北作战中,中国军队把日军全部赶出云南,收复缅甸城镇50余座,驻印军前进2400多公里,歼灭日军3万余人,重新打通了中印公路,有力地配合了盟军在太平洋的反攻,为盟军在缅甸的最后胜利作出了贡献。

中国远征军进发

不杀敌不生还

——《中央日报》社论

据路透电称：英帝国军队已于七日撤离仰光，事先并曾施行必要的破坏工作。这种阵地的转移，与其谓为意外，毋宁视为当然。盖仰光太近海岸，无险可守，因战略上的关系，不得不作有计划的北撤。兹据缅甸广播称："日本对仰光以北一线重要铁路交点之威胁，现已因同盟国之集中空袭而告挫折，该交点现已完全无敌踪。"这足证盟军抵抗，仍尽最大努力，而仰光一地的得失，于整个缅甸战局虽无甚关系，惟暴敌既然发动侵缅，其志必不仅在仰光。此后日本必陆续增兵，企图侥幸，自可断言。因之，我们推测，在不久的将来，我入缅援军，当与敌人发生正面的接触。此正给予中华健儿为祖国、为盟邦、为世界，杀敌致果、争取胜利的绝好机会！我们愿于此时谨致其热烈诚恳的期望。

计自国军入缅，已有相当时日。国军将士人人早抱"不杀敌不生还"的大无畏精神；而所到之处，又备受侨胞及英缅军民热烈的欢迎与伟大的期待。此种精神的感召，更是使我援军得到最大的安慰与无上的鼓励。我们一再说过，并且事实一再证明，"精神就是力量"。在缅我军定能以一当百，所向披靡，辉煌灿烂的（地）完成与英缅盟军并肩作战的任务。

入缅的健儿们！你们要知道，不特祖国的父老兄弟姊妹，正在为你们感奋，为你们祝福，就是英美苏荷一切同盟国的父老兄弟姊妹，也必同样的（地）为你们感奋，为你们祝福。全世界的视线，现正集中于你们身上。你们在异域作战，实在无异在乡土作战；你们捍卫缅甸的锦绣河山与神圣家宅，实在无异捍卫英美盟邦的锦绣河山与神圣家宅。我们不是夸大，我们深信，现在同盟国家为着争取胜利确已打成一片，不分尔我，而且必须具有此种见解、此种心理、此种精神，始能万死不辞。惟能万死不辞，始能争取生存，获得胜利。所谓"精神就是力量"并无其他玄妙，就是第一，要不怕死；第二，要有民族意识；第三，要有世界意识。能不怕死才能取义成仁，结果则只有胜利而无失败。但必须为民族而不怕死，才是真正的大无畏精神。我们现既与盟邦共同作战，则仅仅有民族意识还是不够，仅仅有为盟邦求胜的信念亦嫌未足。我们必须认清这一真理：为盟邦作战绝对不仅为着各盟邦的利益，而是为着全世界全人类的公理、正义、自由与和平。我们建国的大理想，是救世救人。入缅的健儿们！我们一定要具有此种根本的认识、此种远大的精神。

复次，我们要了解缅甸在战略上的重要。暴敌虽然暂时猖狂，只要同盟方面，能保守澳纽北缅，能把澳纽与北缅做成反攻的根据地，则敌人愈广，兵力愈散；同盟国尽可以敌之道，还治敌人，即随处可以向它集中攻击，各地击破。在目前的阶段，誓死固守北缅，可以保持我们的国际运输线，可以屏障印度，也可以与澳纽菲律宾呼应。所以我们入缅的援军，必须明白这使命的重大。一方面具有上述根本的抗战精神，再方面认识此项战略的重要，我们的入缅军队自必能英勇作战，扫荡敌人。

更有进者，我们所与并肩作战的英缅军队现亦抱持同样的认识、同样的精神。故先之以阻遏敌寇，继之则为反守为攻，乃必然而无疑的事实。英国官方宣布，自三月五日起，缅甸英军总司令已由亚历山大中将继任。亚历山大将军作战经验至为丰富，且曾以"进攻，进攻，进攻，汝虽在防守时必须进攻"教其部属。是则我们整个阵线的战略，今已完全一致。

我们于勖勉入缅国军之余，不得不掬诚恳请盟邦，尤其是恳请美国，要把握时机，采断然的行动，用非常的方法，尽速尽量，派遣空军及运输军火，增援缅甸。罗总统一再声言，中国与盟邦的交通，无论如何，必须保持。现在仰光沦入敌手，敌军正图继续推进，侥幸一时。我们固然有的是陆军，有的是精神，但我们同时也迫切需要空军，需要物资，在现阶段中，能够尽量尽速供给此项需要者，美国应该当仁不让。

（原载 1942 年 3 月 11 日《中央日报》）

必须收复缅甸

—— 《中央日报》社论

史蒂威尔（史迪威）将军自缅甸退出，已于二十五日抵达新德里。他在新德里发表谈话："余可断言，吾人必可将缅甸夺回。"缅甸与我国比邻，为我国通国外的要道。这次我国军队入缅作战是很贤明的政策。我们入缅的军输，在军事上虽然暂时失利，但在政治的观点上却无疑的是成功了。我们已以事实表现了我们崇高的国际观念。我们不惜任何牺牲，援助盟国。在任何条件下，我们都忠于国际友谊与然诺。在敌人业已攻入缅甸以后，我们仍然不顾一切的艰难险阻，将我们的军队开入缅甸，以阻止并延迟敌人占领缅甸的全部。

我国入缅的军队作战甚勇，惟因缺少空军，故不免盲目作战；还有史蒂威尔将军所发表的谈话可资证明。当然，缺少空军的责任不在我国方面，我国入缅的军队，不仅在过去作战甚勇，而且在现时仍在缅境继续作战。我们可断言，在缅境作战的中国军队，必将继续作战至我们收复全部缅甸时为止。

从这一意义上说，我国入缅的军队，不仅在政治的观点上获得成功，即在军事的观点上，也未有失败。在这次的全面战争中，局部的胜败与一城一地的得失，本非重要。只要我们最后能战胜敌人，收复失土，胜利当然是属于我们的。

我国这次的抗战，狭义的（地）说是保卫我国国家民族，广义的（地）说是打倒侵略者并树立正义的世界和平。要树立正义的世界和平，我们必须要抱持并实行崇高的国际观念，忠于盟国，忠于条约，扶助弱小，打倒侵略——这些都是崇高的国际观念中的要素。我们要实现这些观念，我们不能专一顾及本身的利害，不能以打算盘的方式只计算代价的轻重。利害的观念过重，算计的技术太精，则仍不免流于陈腐的国际观念。在陈腐的国际观念下，正义的世界和平是无法产生的。

我国军队入缅作战，其最重要的目的，即在祛除陈腐的国际观念，其最重大的收获亦即在此。何况在战略上，因华军入缅的缘故，已延缓并阻止了全部缅甸的沦陷。只要我国有一兵一卒仍在缅境继续作战，敌人即无法巩固其对于缅甸的统治，一旦同盟国的空军在缅境恢复了优势，则我国的军队可自云南，而英印的军队可自印度，甚或美国的舰队可自海上，会攻缅境内的敌人，进而收复缅甸的全部。

这不是幻想的乐观论调。我们对于我国士兵的英勇素有信心，对于同盟国生产力的庞大决不置疑，是以我们能坚决相信，在此次全面战争中，同盟国必将获得最后的胜利。

若然，则区区缅甸一地的敌军，时机一到，何难予以全部毁灭或驱逐！我们必须收复缅甸，我们必可收复缅甸，我们必将迅速收复缅甸。我们相信，在不久的将来，事实必可予以证明。

（原载1942年5月8日《中央日报》）

祝密支那的胜利

——《中央日报》社论

中美联军经过了七十七天的奋战，从五月十七日以一支奇兵，越过了六千尺的野人山，出现在密支那城下起，到本月三日清晨三时，缅北的第一个大城——密支那，已经完全克复了！这一辉煌的胜利，是由于史迪威将军的卓越指挥，也是由于盟军的将士协同一致，英勇效命所得到的成就。我们应该向劳苦功高的史迪威将军致敬！也应该向我远征军将士、英美盟军和印缅土著健儿，遥致慰劳与祝贺之忱。

在泥泞过膝的阵地中，逐码的（地）推进，终于肃清了据守在二十尺厚的钢骨水泥的地下工事里的敌军，这不能不说是一项艰辛的成就。我们只要看在密城战事开始时，我以一与十之比的伤亡压倒敌人，到后来敌军负隅顽抗，我敌伤亡的对比，就变到由一与四而激增到我十敌一，就更可以知道：这一次的胜利得来是很不容易的了！

估价密支那胜利的收获，我们自然不能忘记史迪威将军的打通援华路线的战略，这一战略是浸透了史迪威将军对华的浓密友情的。在记者招待会上，史迪威将军以欣喜的心情，吐出心头的一块重铅说：他对日寇以前进攻孟加拉、阿萨密铁路时，曾经相当忧虑，缅北的胜利，已经使对华的空中运输量增加，运输机已经能作较低的高度飞行，而且更加安全了。从这简短的几句话里，我们体味到史迪威将军年来的苦心经营，和中美联军以及万千工人的血汗劳绩。

我们知道，从史迪威将军受命指挥中印缅战区之日起，他的事业是和建筑沟通中国的后门的雷多公路紧密结合的。中美联军以及中印缅的工人们，驾着筑路机，在丛山伏莽中，一面打仗，一面筑路，他们的共同信念就是：要把滞塞了的国际输血管畅通起来！而当日寇侵犯印缅边境的曼尼坡时，当时的情况颇有使史迪威将军功败垂成之势。幸喜曼尼坡的英印盟军坚强的（地）阻击了敌人，而史迪威将军麾下的中美联军，则冒着雨季的困难，连克孟拱、加迈，这样使日寇腹背受敌，终于扭转了战局，直到密城围攻，滇西我军强渡怒江出击，更使侵据缅北滇西的日寇凶焰大杀，开始走着下坡路。回顾这一些灿烂的战绩，我们不能不归功于史迪威将军的胆识过人的战略、坚强的意志和卓越的指挥。

现在，密支那克复了，史迪威将军相信：密支那的攻克，将予六千里外怒江上的华军以莫大的鼓舞，使他们向密支那奋进。他又说：雷多公路将准时完成，这条路将给予我们以相当的贡献。是的，这是史迪威将军的铁的信心，同时也是使我们兴奋的信息。但是，我们要向国人指出的，正是由于前面我们所说的这一次胜利获得之艰难，所以史迪威将军在胜利的乐观中，仍不忘记警醒大家："日军依然能战，不减当时！"今天横亘在这一条待通的援华路线上，还有着若干在作困兽之斗的敌军。我滇西的将士们，正应该响应史迪威的号召，奋力打出去，"向密支那推进"！

几天前，华盛顿传来史迪威将军晋升上将的消息，而且，他又第一次到了东南亚盟军总部，和蒙巴顿将军会面。同时，伦敦方面，也发表了英国本国舰队总司令福莱塞上将，出任东方舰队总司令。这些，都使我们感到盟国正在印缅战区加强实力，准备对敌反攻，因而，也就不得不马上感觉到：在炮火弥漫的衡阳战场上，敌军还在继续侵犯，我们要用国内战场上的胜利，来配合缅北密支那的胜利！

（原载1944年8月8日《中央日报》）

十七　太平洋战争爆发后的正面战场

1941年5月7日，日军集中了15万兵力对中条山附近的第一战区20万国民党军队发起进攻，是为中条山战役，又叫中条山会战或晋南会战。它是抗日战争时期正面战场上所进行的22次较大的战役中的一次，也是国民政府军队在华北地区进行的最后一次大的战役。1941年全年正面战场上共进行了4次较大的战役，即豫南战役、上高战役、中条山战役和第二次长沙战役。在上高战役中，国民党军队在罗卓英的指挥下，歼敌1.5万人，被何应钦誉为"开战以来最精彩的作战"。但是，其余几次战役皆告失败，尤以中条山战役损失最大，失败最惨。

太平洋战争爆发后，日军为牵制盟国军队在广州、香港方面的作战，并打通粤汉铁路，解除太平洋西岸陆地和空中的威胁，由驻华的日军第十一军司令阿南惟几纠集12万兵力，于12月24日发动了第三次长沙战役，声称"要到长沙过新年"。中国军队第九战区以14个军的兵力，消耗、抗击日军，歼敌5万余人，取得长沙会战的胜利。这是太平洋战争开始后同盟国一连串失败中的第一次大捷，大大提高了中国的国际地位，并有力地支援了南洋英美盟军。

长沙大捷后，美国政府宣布，给中国5亿美元的贷款，以援助中国抗战。罗斯福致电蒋介石，他说：中国军队对于残忍侵略者的抵抗，唤起了美国人民和一切其他爱好自由的人民最崇高的赞扬。中国武装与非武装人民在将近五年里实行坚决的抵抗，以反对在装备上远为优越的敌人，他们面对巨大的差异所表现出来的不屈不挠的精神，使其他联合国家的战斗人员与人民全都受到激励……

1943年冬，日本侵略军进攻常德城，守军国民党第七十四军五十七师与之进行了拉锯式的殊死搏斗。这次会战，中国军队歼灭敌军1.5万人，国民党军队也付出了5万人伤亡的代价，击退了日军的进攻，挫败了其攻占常德进而截断我通往湘西、重庆咽喉的阴谋。

1945年春，中国正面战场的军队开始酝酿对日反攻，拟定了"白培计划"。与此同时，日军开始全面退缩，抽调兵力支援运输通道和日本本土的守备。为隐匿此企图，掩护撤退与转移，日军大本营于1945年4月实施"湘桂撤退作战"。中国军队在美国空军的配合下，奋勇作战，至6月3日，给敌以重大杀伤，取得了湘西反攻作战的胜利。嗣后，又一鼓作气收复了南宁、柳州、桂林等南方重镇。

长沙会战

——《新华日报》社论

新年开始，敌人又三度进攻长沙，遇到我军抵抗，使敌之攻势遭受挫败，我军杀敌，颇有斩获，我们于祝捷之余，特向前方英勇将士，谨致慰问！敌人此次犯湘，这证明虽已冒险发动太平洋战争，其继续进攻中国的方针，是决不会变更的。因此，残酷的战争，还在前面，敌人还会在其他战场发动新的攻势，我们要闻胜勿骄，闻败勿馁，警觉敌人新的阴谋！

我们要不仅是敌来我打，限于应战迎战，而最主要的是要采取主动，集中我之主力军，在某些主要战场发动攻势，使敌人疲于应付，使敌人主力被歼灭在中国战场上，根本无法抽调南进。这一方面我们乘机收复一些重要据点和城市，另一方面正配合了友邦的作战，一举两得。但关键在于我军再接再厉，采取主动，发动战役的反攻，全国人民当以此来衡量当局新年中新的努力！

（原载 1942 年 1 月 6 日《新华日报》）

辛苦了 鄂西的英勇将士们！

——《新华日报》社论

辛苦了，鄂西的英勇将士们！是你们的血肉头颅，粉碎了敌寇"摧毁四川门户"的企图，扑灭了敌寇的"万丈凶焰"，把敌寇数万之众"打得落花流水，狼狈逃窜"；是你们的英勇牺牲，坚韧作战，收复了鄂西祖国的领土，保障了后方的安全。

辛苦了，祖国神勇的飞鹰！是你们的精彩技术和爆炸威力，炸毁了敌寇的辎重接济，阻碍了敌寇的交通运输；是你们的侦察巨眼，"发现了败逃之敌主力部队，在各处用小火轮拖带木船百余艘，狼狈渡河逃命"；是你们的神机枪手，"将敌小火轮及木船大部击沉，余亦起火焚烧"，造成了歼敌一千五百余的辉煌战果，完成了残敌泅水潜逃、"一时浮尸如萍，流水为赤"的杰作。

辛苦了，盟国的飞虎们！是你们的密集攻势出击敌寇供应线交通与军队集中地的方法，完成了击毁敌寇运兵卡车、油库、火车、船只的任务，给了我军以最大的协助；是你们的"空中炮术的优异表演"，在剧烈的空战中，以中美飞行员的合作击毁了敌机二十余架，使敌寇自傲的零式机的战斗力，名副其实的（地）到了零。没有你们的协助作战，鄂西的大捷，不会这样迅速、这样盛大。

同时，我们也不能不向鄂西的民众慰劳，向他们说一声："辛苦了，鄂西的同胞们！"军委会发言人把"民众均益踊跃帮助国军"为所以制胜之由之一，是完全可以了解的。是他们的踊跃帮助，使国军能得到作战时必要的一切便利。这益加证明抗战以来颠扑不破的真理：没有民众的帮助，是不可能打胜仗的！

鄂西大捷证明，指挥有力，将士用命，军民合作，盟国援助，就能够打胜仗。要打胜仗也非这样不行。

鄂西大捷给了敌寇的挑拨谎言以严重的打击。它以事实警告敌寇：我们决心抗战到底，直到敌寇无条件投降。我们的军队是有歼灭敌寇的战斗力的。我们的将士，是充满了对祖国的热爱、对敌寇汉奸的憎恨，而决心为民族解放流最后一滴血的。

中华民族优秀子孙的字典里，绝没有屈服和投降的卑劣字眼。全国民众，是拥护政府、拥护蒋委员长、拥护和协助国军的。我们只有团结抗战的铁般意志，没有畏惧动摇、受敌诱惑、贪生怕死的恶浊观念。我们的盟国是始终和我们站在一道，并肩作战，从空中打击日寇，并不断增加其对华援助的。谁个对这点还有疑虑，请看这次鄂西的大捷！

鄂西大捷振奋了全国同胞，也博得了盟国的赞扬。这是以血肉构成的活生生的事实，告诉全国和全世界，中国是能打胜仗的，而且，正在不断的（地）打着胜仗。

后方的同胞，随时都在关切前线，对前线有无限的期望。每天每时都在伫候着前线的捷报。现在鄂西的捷报来了，我们愉快，我们欢跃，我们对将士们的期待不虚，我们对将士们的信心益坚。我们益加相信，只要积极战斗，只要军民合作，一定会胜利。

辛苦了，鄂西的将士和民众们！各地祝捷的电报，不足以表示我们对你们的敬佩和慰劳之万一。陪都各界所组鄂西将士慰劳团和中美空军慰劳大会，或者能使你们从握手、谈话和慰劳品里，比较亲切的（地）感到后方同胞的敬意和温暖吧！然而，这又那（哪）里是我们内心所要向你们表示的一切呢？我们只有更努力工作，使后方运往前线的一切、后方生产和所做的一切，都结晶了我们的敬爱。我们是时时刻刻在你们的旁边的啊！请告诉我们你们需要什么，我们将贡献你们所需要的一切。

战斗啊，鄂西的英勇将士们，全国的英勇将士们！紧接着鄂西的大捷，又传来了湘北、鄂东、鄂北、豫东、太行山北部等地的捷报。我们益加兴奋了。现在湘鄂战事仍烈，太行血战又起，敌寇的攻势和阴谋还在层出不穷的（地）发展。我们要乘胜追击，要主动出击，不要放松一步，不要懈怠一刻。只有积极战斗，才能打击敌寇。我们以最热烈和崇高的期待，寄予更多更大的胜利。

（原载 1943 年 6 月 5 日《新华日报》）

响亮的号召

——《新华日报》社论

"同胞们，起来吧！"这是李济深先生对广西人民发的号召。他以响亮的声音号召广西人民动员起来，武装起来，声援湖南前线，保卫广西。正当湖南战争愈来愈紧，亟须用一切方法阻遏敌寇前进的时候，后方的这声号召，是很必要的！

我们在中原战争爆发以来就不断说过，人民的民主动员是打胜仗的基本办法。只有前线将士用命，为国牺牲，后方人民彻底动员，支持前线，才能阻敌前进，杀敌制胜。所以，当（从）中原战局急剧发展时起，延安方面、陕甘宁边区政府、八路军和中国共产党就号召党政军民一致为保卫西安、保卫陕西、保卫西北而奋斗。所有人民和军队都接受这个号召，热烈动员，准备和友军一道，打击和消灭敌寇，保卫我西北国土。西北人民听到这个号召，都提高了士气和信心，确信打击敌寇是有办法的！现在，西南的桂林，也发出动员和武装的号召来，只要能切实认真的（地）使人民组织起来、武装起来，一定能够发挥伟大的力量。广西在抗战中的贡献，比后方其他各省有过之无不及，在前线有过不少值得歌颂的战绩。我们希望这次在李济深、黄旭初先生号召之下，有显著的成就，也希望广西人民在民主动员之下，尽最好的努力。

动员人民的呼声从西北和西南发了出来，虽然西南方面还刚刚在桂林发出，但是，这已足够说明人民再也不能容许让敌寇前进一步了，也已足够说明民主动员人民的迫切需要了。

动员吧！只要赶快坚决实行民主动员，人民会立刻起来响应，立刻起来参加作战。一切悲观失望、消极等待的邪气，都会被盛旺的民气士气一扫而光。人民要抗战，要民主，要团结，动员起来了，他们将是不可侮的力量。目前战局的严重，是毋庸讳言的事实。可是，只要民主动员人民，就能扭转局势，转败为胜，转退为进。

现在，广西的动员号召，一定会影响广东和湖南。现在应该把民主动员扩大到湖南前线，也应该扩大到整个西南、整个后方！华莱士离渝前后发表的共同谈话，首先就说积极进行对日战争是当前急要的任务，然而，积极作战要靠前线将领的不失职，也要靠人民的动员。全国有了民主，人民完全动员了，就能完成这个紧急任务！

时间不能轻易放过，民主动员是再也不能延迟了！

（原载1944年6月28日《新华日报》）

十八　日寇在抗日根据地及大后方的野蛮暴行

1944年7月22日，第十八集团军叶剑英参谋长在《解放日报》上发表谈话，痛斥日寇使用毒气

日本帝国主义为了进行太平洋战争，需要大量的人力、物力和财力。日本首相东条宣称："日本在大东亚战争的进行中，将以中国为兵站基地。"为此，日寇在经济上残酷地榨取沦陷区，在军事上疯狂地进攻敌后抗日根据地。日寇为了确保在华北的占领地，使华北沦陷区成为它进行长期战争的物资供应地，于1941年春，把过去在华北推行的"治安肃正运动"，进一步扩展为更凶残毒辣的"治安强化运动"。

在这一活动中，日寇提出了"三分军事，七分政治"的口号，叫嚣对解放区"进行军事、政治、经济、文化思想一元化的总力战"，以达到"确切使匪民分离，掌握民心，确保华北占领"的目的。

日军将华北划分为三种地区："治安区"（即敌占区）、"准治安区"（即敌我争夺的游击区）、"非治安区"（即敌后抗日根据地）。对三种地区，分别施以不同的办法。对所谓"治安区"，日寇以清乡为主，强化保甲制度，严密施行身份证办法和户口调查，推行连坐法，设立"联合乡"、"集团村"，扩大自卫团、警备队，加强特务活动。对所谓"准治安区"，敌人以蚕食为主，恐怖政策与怀柔政策兼施。其怀柔政策，与"治安区"相同。其恐怖政策，则为普遍修筑封锁沟墙和碉堡，并实行所谓"绝缘政策"，强迫"集家并村"，制造"无人区"。对所谓"非治安区"，敌人以"扫荡"为主，实行极其野蛮残忍的"三光政策"，企图扼杀敌

后抗日根据地军民的生存条件。

从1941年春至1942年秋，敌人在华北接连推行了五次"治安强化运动"，对沦陷区人民进行了骇人听闻的摧残、劫掠和屠杀。但是，不管日寇采取恐怖政策还是怀柔政策，推行多少次"治安强化运动"，都不可能达到"掌握民心"和"确保华北占领"的目的。不仅对解放区和游击区的"扫荡"、"蚕食"被敌后抗日军民粉碎了，而且对沦陷区的各项"治安强化"政策，也遭到了失败。伪华北政务委员会委员长、大汉奸王揖唐不得不哀叹：农村村民对运动的推行"并不认真"，城市居民和一般知识分子对运动的态度"显然冷淡"，连在第一线指挥监督的官吏，也有"漠不关心，敢做袖手旁观"的。

在华北日寇推行"治安强化运动"的同时，江南日寇和汪伪政府发动了"清乡运动"。敌伪在"清乡地区"和新四军活动地区建立以竹篱、木栅、铁丝网等构成的"隔绝膜"，在"清乡地区"内进行大规模的"肃清战"。敌伪派遣警察、特务工作队、宣传工作队、封锁工作队、汪记国民党员，对群众进行挨户登记、检查搜索、捕杀威逼，推行连坐联保，同时，大力进行"和平建国"的欺骗宣传。日寇妄图通过"清乡运动"强化汪伪政权，消灭作为心腹之患的新四军，减轻日寇在占领区的军备力量，榨取江南的财富。

反对敌寇并村政策

——《晋察冀日报》社论

日寇在此次大"扫荡"中对我边区人民不仅肆意烧杀抢掠，而且企图把它在东北"归大屯"的血腥毒辣办法搬来华北实现，以配合其"治安强化运动"，毁坏我根据地。现晋东北盂县、平定、五台一带，敌已开始划分各区为"无人区"与"治安区"两种，对前者是杀个鸡犬不留，对后者则厉行强化统治，强迫我人民搬入"治安区"去。这一事实又一次彻底暴露了日寇野蛮狂暴的血淋淋的面目，这是日寇法西斯奴役我民族的得意"杰作"。它要驱逐我同胞背井离乡，入其铁釜；它要把我土地成为四境荒芜，一片焦土；它要断绝和斩断抗日部队、政权及群众团体与人民的联系；它要把群众幽囚在铁笼里，实行政治、经济、军事、文化各方面的奴隶统治。其心至险，其计至毒！十年来，华北已有血的经验，我们决不能让其毒辣阴谋实现！必须组织广泛的群众斗争来给日寇这一企图以迎头痛击！

首先，必须从政治上指明，这一办法是敌寇统治华北的亡国办法，屈服于这种办法，就是受命于日寇刽子手，听其宰割。同时，还必须揭破敌寇汉奸的欺骗宣传，不上鬼子汉奸的当。

其次，必须开展积极的斗争，坚决不搬住什么"治安区"！那里是囚笼，是铁釜，是人间活地狱，绝没有中国人民的活路。离开本乡，失去土地，失去田园，失去了人的自由，就是失去了生命的依托。中国人绝不搬住"治安区"！这是一个生死的斗争，必须和顽强的群众游击战争结合起来。

再次，估计到敌人对于"无人区"的残酷烧杀，必须事先准备对策。能挖窑洞者应积极动手，不能者应互相救济，决不能使任何同胞流离失所。秋收下的粮食，应妥加埋藏，不能让鬼子抢去，挟制人民。

我们必须深刻认识反对日寇并村政策，是一个生死存亡的问题，同时也是一个艰苦残酷的斗争。但是，我们是能够胜利的。今天晋东北人民的斗争绝对不是孤立的。我们拥有强大的武装与抗日民主政府，特别是有中国共产党的坚强领导，只要全体人民团结奋战，日寇这一亡国阴谋，是必然会在我们面前遭受彻底的粉碎的。

(原载 1941 年 9 月 29 日《晋察冀日报》)

是索还血债的时候了

——《新华日报》社论

"血债必须用同物偿还。拖欠的（得）愈久，就要付更大的利息。"（鲁迅）读完了北平敌寇摧残我国文化，逮捕青年，残杀教授的通讯（今日本报二版），不禁又想起鲁迅先生的话来。日寇逮捕燕大教授马叙伦先生和烧死辅大陈赓甫等三教授的罪行，在已经是血泪斑斓的旧债上面又加了一重更大更重的新债。这就是法西斯，这就是"东亚共荣圈"内的"新秩序"，这就是日寇的"皇道""文化"，这就是用指挥刀来执行的所谓"思想反正"运动的"军功"！这一切暴行的讨伐，不单在马陈两位教授，不单在北平的学府与青年，不单在全沦陷区的文化、思想、教育，而更直截了当的（地）针对着全中国，不，全人类的精神与文化。法西斯是野蛮的同义语，法西斯的目的就是要使文明进化了的人类复归于野蛮。所以在欧洲、在太平洋、在中国，法西斯铁蹄所到的地方，就紧跟着对文化的仇视，对人类精神财富的毁坏与亵渎。他们的野蛮、冷血、残暴与卑劣，东西法西斯强盗并没有不同和轻重的地方。他们侮辱人的尊严，他们在向全人类的理性挑战，他们要使人类变成没有感情的机械、没有理性的野兽。

日寇对知识分子迫害和对中国文化摧残的暴行，罄竹难书！"世界文化古都已成肮脏龌龊之强盗巢穴"，也不只北平一个地方，法西斯暴力所及之处，就是一个大的屠宰场，就是一个大的集中营。他们一方面用"治安维持法"、"治安出版法"、"检查法"来剥夺人民的自由，一方面又用"祭政一致"、"保存民众精神依托"的"占卜、算命、风水"，以及低级趣味的"色情文学"、"趣味本位"来堕落和损坏民族的品行。法西斯带来了腐败、复古、迷信，法西斯带来了妓院、烟赌、海洛因和"白面"。法西斯是一种霉蚀人类德行的酵母。日本军阀要使全沦陷区变成肮脏败德的池沼，把人类历史推回到黑暗时代，以便于他们无休止的(地)残虐、剥削和榨取。

被逮捕的不止是马叙伦先生一个，被烧死的也不止陈赓甫先生们三位教授，日本强盗在向我们全民族施行暴虐，他在企图消灭我们的民族意识而驯服地做他们的奴隶。我们感到骨肉之亲的同胞遭受屠戮的苦。我们要记住这一仇恨，我们要以用全民族的力量来向法西斯日本索还血债当作自己的责任。冷淡就是罪恶！有人心的中国人可以从那篇通讯的纸背听出同胞啜泣的声音，听到抗议的怒吼！

血债必须用同物来偿还。六年，血已经流遍了中国，现在应该是索还血债的时候了。一天的拖延就意味着多一天的逮捕和虐杀。听着盟邦苏联反攻胜利的消息，遥想着苏联人民重返故国的情景，不单是前线健儿，每个人都该有扶髀之感了吧。把仇恨记在心中，坚实自己的力量，粉碎敌寇正在各地进行的新攻势，更艰苦的(地)坚持敌后抗战，更切实更有效地准备反攻！

（原载 1943 年 2 月 20 日《新华日报》）

中国人民的控诉

——揭露日寇在华施毒罪行

——《新华日报》社论

敌人愈接近死亡，其行为也就愈疯狂残暴，在侵华五年战争中，日寇用了种种惨无人道的手段，来杀害我抗战军民，直欲灭绝中华民族的种族，而最毒辣的暴行，是施用国际公法所绝对不容许的毒气。自"八一三"淞沪之役迄目前的浙赣战场、华北战场，日寇在较大战役中，都用过毒气、毒弹，甚至毒菌。"在过去五年内，日军在中国战场使用毒气，不下千余次。"（见 6 月 6 日路透社华盛顿电）

日寇在我华北战场，五年来所用的暴力手段，更是人神共愤的。除奸淫屠杀及所谓"三光政策"（烧光、杀光、抢光）之外，散发毒气，投掷毒弹，唆使汉奸到处放毒物毒菌，更是司空见惯的事。

远在抗战初期徐州会战之前，敌人就宣传过要对晋冀的游击队及延安投放毒弹，他的阴谋，当即被朱彭总副司令揭露并通告全世界，一时未曾得手。可是日寇在华北"扫荡"中却采用了小规模的毒气战术，五年中无数次的战役中，日寇并未放松过。例如二十八年（1939年）五月冀中河间反扫荡胜利战役中，贺龙师长就因迫敌，中了敌人所放的毒瓦斯，指战员中不幸因中毒过重而殉国者不少。今年以来，日寇的手段更毒辣了，不断用毒菌毒物加害于我军民，想消灭我们的有生力量。在最近浙系战场金华保卫战时，屡次使用毒弹、毒瓦斯进攻。在华北占领区内（特别是晋北一带），曾有计划的（地）强迫民众缴纳老鼠、苍蝇、虱子，喂以鼠疫霍乱菌，在进犯我游击区时散放，或唆使汉奸偷偷潜入我游击区内散放。二月间敌进犯晋西北时，放过鼠疫菌，河曲一带发生过鼠疫，蔓延所及，染及陕北榆林一带，在绥西临河一带也散放过毒菌，今春绥西一带的鼠疫蔓延达月余，也是日寇所下的种子。三月间敌进犯冀中无极、深泽地区时，散放过带有出血性败血症的鼠疫菌的老鼠，幸被我军民发现尚早，未能蔓延。四月间敌扫荡太行山区时，在清漳河下游武乡以东及涉县一带，曾投放大批糜烂性毒气于各种家具上，民众多有误中毒气，以致遍身红肿溃烂者。这些例子，只不过例举日寇暴行于万一，其残暴兽行，是书不胜书的。我们谨代表华北一万万军民和其他战区人民，向全世界控诉。我们还记得六月五日罗斯福总统在招待记者席上，特为日寇在中国战场施用毒气，所发表的"以毒攻毒"的谴责的声明，要求一切爱好和平的人士对日寇予以有力的制裁！我们希望同盟国及全世界一切爱好和平人士对于中国军民，尤其是身处敌后，既乏武器，又毫无防疫防毒设备的华北军民，予以物质上的援助！我们声明：在困难的环境中，不气馁、不妥协地既与日寇生死搏斗了五年，今后，我们将会像以前一样的（地）与日寇搏斗下去，直战到最后胜利。

（原载 1943 年 7 月 21 日《新华日报》）

沦陷区的饥荒

——《新华日报》社论

日寇对我沦陷区的人民，除开直接的烧杀劫掠、剥削压迫之外，还带来了荒淫毒物、瘟疫饥馑。这两年由于日寇在沦陷区加紧扫荡，差役频繁，更造成空前无比的惨不忍闻的大饥荒。从北平释放出来的美侨领袖福开森君说，北平"因为缺乏粮食而死的每天有几百人"。把这个见闻和今天本报第二版所载冀南、冀西一带的通讯相比，就知道一点也不是夸张，在那里真正有"炊骨易子而食"的悲剧，真正有吃泥土、吃草木，甚至连草木也不可得的惨状。

有忍受饥饿的痛苦么？倘使没有，只要一两天不进食，就可以知道饥火的逼人是怎样惨厉。然而这就是我们在日寇铁蹄下的沦陷区同胞们长期所受的生活煎熬。合目凝思，我们想想这种生活怎样能过得下去，怎样能生活得了？

而这种奇灾惨祸，正是敌人给我们的。灾可以救，祸可以免，但是要为沦陷区同胞救灾免祸，就要先驱逐这灾祸的根源；不早日驱逐日寇，沦陷区的同胞是活不下去的，沦陷区的饥荒是救不了的。

（原载 1943 年 12 月 7 日《新华日报》）

关于日寇的卑性兽行

——揭露日寇在华施毒罪行

——《中央日报》社论

抗战以来，日寇在我国境内进行的侵略战争，其野蛮残酷，早已超过一般战争的范围。不设防城市的轰炸，有毒性武器之使用，对于俘虏的虐杀，对于平民尤其是妇孺的残杀凌辱，以及其他奸掳烧杀的暴行，完全是赤裸裸的兽性发挥，是为一个正当的战争行为所不容许的。到了最近，在盟军由各方面对日寇加强压力之时，在日寇没有力量坚守一个据点之时，在我军能以实力克复一个据点之时，敌人出于一种绝望的报复心理与虚无主义，充分发挥兽性，其卑劣残忍殆有史以来所未有。例如，据中央社六月二十二日电，敌人在江南一带自四月二十日开始进行大规模抢掠烧杀，继续数十日之久。又据中央社二十三日电，武冈一县被焚店铺一千八百余间、房屋三千七百余栋，死伤人民四千三百余名，被捕未回音者六千余名，公私谷米被焚者十八万七千石、杂粮六万石，耕牛被杀八千头，妇女被辱二千八百余人。又据中央社十六日电，关东各县情况亦复如此，宁德被掳男女二千余人，七都一乡焚屋四百栋。最近桂省收复各县常常数百里内无人烟，而柳州城收复后只有一片瓦砾。并且敌人又在广州组织特务队，其目的自在杀人放火。总之，敌人已经实行有系统的兽性的政策。

这自然并不奇怪。第一，敌人受长期兽性训练，不仅对我国民如此，即对其本国人民，如强迫做自杀性抵抗，强迫伤兵作战，固已全无人性；而在菲岛被迫自尽的敌国官兵，竟达八万以上，尤伤心害理之极。"上帝令人死前发狂"，现在我国境内之日寇业已完全成为疯犬了。第二，敌人还有一种堕落心理，他看见中国是必胜了，于是凡能损害破坏摧毁中国人之生命财产者，无所不用其极，以增加中国善后复兴的苦难。此种毫无意义的残酷充分表示其卑怯与堕落的劣根性。

我们必须警告，日寇及其在华侨民听着！你们是必败了，中国军民除将你们驱回你们自己固有的巢穴以外，本不愿对你们作何报复行为。现在你们必须知，你们如杀一个中国人，必用十个日本人抵命。你们烧一间中国房屋，你们必作十倍赔偿。而所有日本侨民，敢与日本军阀共同犯罪者，亦必受同样惩罚。我们抗战本不以日本人民为对象，然如日本人民甘心附从日本军阀的兽性，则中国军民亦不能对日本的军阀与人民加以区别。

同时我们愿建议盟邦的参谋机关和战罪调查委员会，必对日寇近来在华兽性暴行加以注意，并采取适当的对付方法。我们必须共同警告日寇，一切战争以外的暴行，必使盟邦对日本内地作战，采取不受任何拘束的毁灭性行动，并加重将来对日本的惩罚。

最后我们要告诉我们的人民、军队和政府。我们的同胞必须好好组织起来对敌人采取有效的自卫。不要以为在敌人刺刀下可以委曲求全，只有离开敌人以后再组织起来尽量打击敌人。我们的军队必须好好保护人民，而在可能的时期，必以最迅速方法杀敌，不使敌人有余裕来毒害我们的百姓。而各级政府对于收复地区抚辑救济和复兴工作，必有充分准备和切实措施，使我们被残害的同胞能迅速得到精神的和物质的爱护。

（原载 1945 年 7 月 5 日《中央日报》）

十九　中国军民的反扫荡、反清乡、反蚕食斗争

八路军在反"扫荡"中爬冰卧雪，寻找战机消灭敌人

1942年大青山反"扫荡"中的八路军指战员

抗日战争进入相持阶段后，中国共产党领导的人们军队迅速发展壮大，敌后军民开辟了广阔的抗日根据地，共产党领导的人民军队成为抗日战争的重要力量。日军为了消灭敌后抗日力量，巩固对沦陷区的占领，并把沦陷区变成日本发动太平洋战争的兵站基地，从1941年起，按"七分政治，三分军事"的原则，对敌后实行政治和军事相配合的"总力战"方针。日军集中在关内半数以上的兵力，对华北和华中抗日根据地进行大规模的"扫荡"和"蚕食"，推行"杀光、抢光、烧光"的"三光"政策，企图彻底摧毁抗日军民的生存基础。从1941年7月到11月，日、伪军先后出动13万余人，分别对我晋察冀、晋冀鲁豫、山东和苏北、苏中等根据地进行"扫荡"。从1942年5月1日起，日、伪军出动5万余人对冀中根据地实

行野蛮的"拉网大扫荡"。华中的汪精卫伪国民政府则推行"清乡运动",在苏中、苏南地区对抗日根据地进行"清乡"、"扫荡"。1942年前后,敌后抗日根据地处于空前困难的时期。

为了扭转困难局面,1941年11月7日,中共中央革命军事委员会发出《关于抗日根据地军事建设的指示》,指出,在新形势下,我之斗争方针是坚持长期分散的游击战争,采取各种斗争方式与敌周旋。我根据地军民在中国共产党的领导下,创造了地道战、地雷战、麻雀战、破袭战、围困战等多种武装斗争形式,充分发挥了人民战争的威力。同时,又派出大批武装工作队深入敌后,发动群众,积极巧妙地打击敌人,打破敌人的"治安强化运动",有力地配合了反"扫荡"、反"蚕食"斗争,粉碎了日寇"确保华北、先保平原"的企图,创造了可歌可泣的动人事迹,保存了抗战的基本力量,成为坚持抗战的中流砥柱。

灵寿之役

——《晋察冀日报》社论

前月二十八日,敌寇曾以千余之众,东西合击,扰乱我阜平,旋被我击退。

本月十四日夜,将敌伪守军大部歼灭,俘虏伪县府新民会官员及日籍指导官并伪警备队凡二百余名,获枪百余支,及其他军需品大部。敌寇榨取奴役之灵寿县城,一时为之色变。

敌人骚扰我们的阜平城,我军攻入敌占领之灵寿城,这是给敌人的有力的回击与报复。以目还目,以牙还牙,予打击者以打击,取偿民族战争中的每一笔血债,这是我边区子弟兵的英雄素质。当着敌寇在北岳区周围扬言"扫荡",加紧其"蚕食"推进的时候,我们边区,特别是北岳区的人民,欣闻我军攻入灵寿城的新的胜利,谨向我子弟兵的英雄们致热诚的敬佩之意!

敌寇明知我边区根据地之不可摧毁,明知他本身临近末日的严重危机,为了遂行他的新的冒险企图,为了加紧掠夺人力物力财力,阴谋实现"华北兵站基地"的计划,对我根据地着重采用着"蚕食"推进的政策。在兵力不足和分散的极端困难条件下,敌人不得已而采取这种政策,在他自以为还是得计的。然而,敌人兵力不足和分散的这一严重弱点毕竟是到处在暴露着。当日寇企图向前"蚕食"推进的时候,其后路却更加空虚了。不管敌寇如何设法总弥补不了这空虚。敌后的空隙和弱点,随着斗争的展开愈加明显,顾前顾后,总难兼顾,如果对着他的空隙与弱点,稍加突击,无不立破,结果必使敌人两下落空。

灵寿之役不是很清楚地证明了这一点吗?在敌人的封锁沟墙的层层围护和堡垒的重重密卫之中的敌占县城,应该是最"保险"不过的"安全区域"了,这应该是"敌人治安"最巩固的城池啊。然而，结果怎么样呢？事实证明这种"治安确保"的敌占城池是太空虚了，禁不起一击，我们的军队可以直抵城边一鼓而下！我们在这里应该奉劝敌人：还是保住你们的老窝要紧，小心看家吧！

所谓"蚕食"推进的政策，老实说来就是敌人顾头不顾尾的政策，这应该算是敌人不得已而采用的一种下策。这种政策的实行，表面上似乎可以猖獗于一时，但他给予敌人的致命危险却更大。这种危险，敌人自己都知道得很清楚。但是，敌寇是明知而不能自救，敌人末路的可怜也就在这里。

灵寿之役的胜利不但给予敌寇进扰我阜平以一个报复的回击，而且这个轻便的一击，也顺便做了一个证明，证明给敌人看看他的后路的空虚，他所占领的一些城池事实上是极不巩固的；也证明给一些近视眼和胆小的人们看看敌人的外强中干、前后不能兼顾的困难达到了什么样的程度。只要我们坚持顽强的对敌斗争，随时警惕，坚决反对敌寇的"蚕食"与"扫荡"，垂死的敌人是无法实现其毒计的。

（原载 1942 年 10 月 16 日《晋察冀日报》）

论日寇春季攻势

——《新华日报》社论

日寇自本月中旬起，在华发动了所谓"春季攻势"，敌骑侵略的区域，包括苏鲁战区、赣北、湘北、鄂中、雷州半岛以及滇西滇南。据军委会发言人包凯组长谈称："倭寇此次大举进犯事前曾有秘密之协议，集会于南京，故其作战目的，当必甚大。"现在苏鲁滇西等地区军事已暂趋沉寂，赣北之寇亦开始回窜安义，惟鄂中长江沿岸之敌尚在骚扰，侵占广州湾之敌亦继续分股进犯。由此可知敌人此次发动的攻势，尚未停止，其作战目的何在，却值吾人注意。

我们曾经指出，不管日寇对整个太平洋战略的决策如何，对我国的加紧进攻，以图粉碎我们的抗战，达到其"解决中国事变"的梦想，是丝毫不会放松的。这一次日寇发动"春季攻势"，也正是一个最鲜明的实例。最近日寇陆军发言人曾说："日本将以一切可以想象之办法，击溃重庆政府，而日军在华中之新攻势，仅系以全力达成此目的的开端而已。"这确实是日寇的狂妄企图。

然而，日寇企图灭亡我国的当前政策，是有其重要的特点的。上引日寇发言人所自供的"将以一切可以想象之办法"击溃我国，也可以说明日寇正在想以各种可能利用的花样或阴谋，用来打击我们。几天前敌军务司长佐藤在议会中表示："今日之战争，乃属外交思想经济等方面配合军事行动之全面战争，在此次战争中，将普遍运用上述诸方面，使敌人屈膝。"这更是显明的补充。

因此，日寇当前政策的特点，就是一种多面性的进攻。我们了解了这一特点，就可以知道这一次日寇"春季攻势"，并非单纯在军事方面，而是以军事行动来有力的（地）配合政治思想经济的进攻，这是首先要弄清楚的。

据我们分析起来，敌寇此次发动攻势，其军事上的意义，是与经济上的意图连在一起的。日寇的目的是在于打击我野战军，确保其占领区，以便加紧掠夺资源，破坏我供应线，并巩固其武汉、南京心脏区的安全，同时更藉此企图粉碎我们袭击敌人或是反攻敌人的战略据点和空军根据地。敌酋田俊六最近于视察浙东战地返日后曾说，日寇占领金华关谷一线的目的，不仅在截断我供应线，"粉碎"我潜入上海的企图，并在掠夺此地区的丰富资源。日寇去年夏季对浙赣线攻势之战略意图，与这次发动的所谓"春季攻势"，基本上目的是相同的。

由此我们可以看出，日寇在苏鲁战区的"扫荡"，目的便在打击我在敌后的部队，吸吮我资源，确保其占领，并巩固其南京巢穴的安全。日寇在湖北的蠢动，也具有掠夺资源与巩固武汉外围的作用，并企图肃清通至宜昌的长江两岸我军，打通其水上运输。在滇西滇南的蠢动，本报前已指出，是带有战略侦察的性质。雷州半岛的登陆，一方面既更便于役使广州湾的法国当局；另一方面便在封锁我南方的海上交通，掠夺我在这条线上的某些物资。这些，都是多面性的进攻的证明。

不仅这样，日寇这次进攻正选择在卡港会议后，英美援华问题，成为中英美舆论界热烈讨论的中心问题的时候，日寇一方面（被略），另一方面即发动对我的军事进攻。日寇发言人于此曾吐露其妄念，说"此次军事行动将使重庆发生严重之反响"。这种企图也说明日寇想藉军事进攻，来进行其外交战思想战，这是彰彰明甚的。

根据这种认识，我们就要深刻悟到，切莫为敌人的屡进屡退麻痹了警惕，应知敌人是在多面的（地）进行对我围困的战略。日寇在殚精竭虑的（地）找寻我们的漏洞空隙，伺机而动。因此，怎样来加强援助敌后的战事，怎样来鼓励和提高前线部队的士气和战斗力，以英勇的（地）迎击敌人，怎样来自力更生，准备反攻，以及怎样来刷新政治，振奋民心，发动民力，都是我们当前要务。只有靠全国一致从事这多方面的努力，才能有力的（地）击破敌人对我"多面性"进攻的鬼（诡）计。敌寇这一天从各方面来的"春季攻势"，应该是我们的警钟！

（原载1943年2月27日《新华日报》）

敌后人民英雄颂

——《新华日报》社论

在这黎明已启的一九四四年的年头，敌后军民一直在艰苦的环境下，有信心地和敌伪搏斗着，他们也在民主和生产运动中努力，开辟出新中国的大道。正如颜露尔上将赞扬我沦陷区的人民所说的："反抗日寇的民众是有史以来最大的力量，他们并且时时在增长中，他们的胜利是一定的！"这就更加坚定了我们的斗志，也鼓舞着全国人民的胜利信心。

过去的艰苦日子里，从华北、华中到华南，广大的敌后人民，不仅粉碎了敌寇无数次的残酷"扫荡"、"围剿"、"抢粮"……打跨（垮）了好些为虎作伥的伪军叛逆，也在患难相助之下熬过了严重的灾荒，血和泪的斗争把他们锻炼得像钢铁一样坚强。可是，我们又怎能忘记他们那种艰难的处境，在敌伪经常的夹攻下，不仅给他们造成深重的灾难，还结下了血海深仇。我们怎能忘记那些在河北完县、易县以及其他地区的，困在抗战祭礼的血泊里的万千人民英雄们！

让我们歌颂这些英雄们的光辉成绩吧！

如果说，苏联的英勇军民，是凭着他们的刚勇练达和机动灵活，来取得对德寇战争的胜利的话，那么我们也应该说，中国敌后战场上的英雄们，也是比他们毫无逊色的。"飞行军"、"神枪手"，这些名词今天都显得太陈旧了。谁能想象得到：他们的忠勇竟然到了这样的程度，任凭日寇使尽毒刑，由鼻孔灌进冷水，又从肚里压出来，这样死去活来的（地）折磨，而白发苍苍的崇高的志士，却依旧泰然处之，从容的（地）说："这桶水还够我漱口咧！"他抵死也不吐出一个字，不说出军队政府人员和物资的隐藏的地方！这样的动天地、泣鬼神的壮烈奇迹，岂不叫那些叛国投敌的人惭愧么？还能有人说这是"传奇式的神话"吗？！

他们在那样困难万分的物质条件下，完全得不到一点接济，却能够发挥创造的天才，运用陈旧落后的武器，产生这样新奇的战术："麻雀战"、"地雷战"、"吸弹巢战术"、"擂（礌）石滚木战术"、"马阵"、"天雷爆炸"……这些本来是从前人民用来反抗专制暴君的武器，可是想不到在二十世纪的对日战争中，却还是发挥了最高的效用！提起了这些英勇的事迹，我们就仿佛听见了那"李勇要成千百万"的雄伟歌声，仿佛听见那些人民英雄们在召唤敌寇的吆喝声："小子们，上来，给你一枪！"你说这是"神话"吗？那些充满着英雄气概的敌后人民，是会拿出这神奇的事实来给你看的，对拥有近代化装备武装到了牙齿的日寇，他们是这样的（地）斗争着，无情的（地）予以消灭。对打起"剿共"旗号的汪记伪军，他们将这些丑类杀得片甲不回。他们的英雄，是应该歌颂的。他们已经组织和武装起来了，如果他们能够得到现代化的武器，一定是更能发挥力量。然而，就在这点上，已经够人深省的了。

我们又要歌颂他们对于祖国的忠诚，和他们的同胞手足之爱。晋西北敌占领区的公民们，他们不仅要严防抢粮的敌寇，还要夜里打好粮食，辗（碾）成米，不管天黑，赶着毛驴，冒死偷过敌人的封锁线，把公粮送给驻守方山一带的子弟兵。他们说："我们在水深火热中过了六年，整天在生死线上挣扎，敌人给我们灌辣椒水、上热锅，任何毒剂，我们都不怕。我们的心并没有死，天天都在眼巴巴盼望着你们，盼望祖国的胜利，收复河山。我们现在不能亲手去杀敌人，但我们愿意把这一点从敌人虎口里保全下来的粮食送给保卫祖国的子弟兵吃，愿你们吃得饱饱的，更多杀几个敌人，更多打几个胜仗！"他们真是像手足相关一样。当晋东南太行区发生灾荒的时候，远隔千里的山东滨海区人民，一再的(地)发动救灾运动，捐钱捐粮，点滴积蓄，来抢救那些辗转于饥饿线上的同胞们。安徽淮北的军民，也在手足相倚的亲切帮助下，灾后还得到丰收。这种精神岂不叫那些走私资敌、囤积脏钱、发国难财、高利盘剥、恃强兼并、从灾民身上喝血的民族罪人们愧死！这种在为民族的生死斗争中，用血胶固起来的人民的团结，是谁也不能抵挡的力量，他们有信心，有勇气，有办法，度（渡）过一切的苦难，迎接胜利的明天，这是民族的至宝，这是胜利的保证。颜露尔将军说得好："他们的胜利是一定的！"

为什么他们能够获得这样雄伟的力量，真真实实的(地)做到"人人皆英雄，个个皆勇士"？那只有一句话来解释：这是民主政治下锤炼出来的果实。

（原载 1944 年 1 月 8 日《新华日报》）

二十　敌后军民克服困难的斗争

八路军第三五九旅指战员在延安南泥湾开荒

　　1941年6月22日，德国法西斯向苏联发动侵略战争。日本帝国主义为配合德国在欧洲的进攻，把中国变成它扩大侵略战争的"后方基地"，加紧了对解放区特别是对华北解放区的"扫荡"和"蚕食"，大搞"治安强化运动"，同时对国民党继续采取诱降的方针。由于日军把其主要兵力用以对付八路军、新四军，蒋介石为代表的国民党政权对根据地实行包围封锁，加之严重的自然灾害，1942年前后，抗日根据地出现了严重的困难局面。

　　1942年，各抗日根据地的面积减少，财政经济也面临着严重困难。八路军、新四军战士有的不得不以树叶、草根充饥，寒冬腊月，许多战士还身穿单衣。由于缺衣少药，伤病员得不到基本的医治，减员严重，八路军、新四军由50万人减少到不足40万人，根据地人口由1亿人减少到5000万人以下。敌后根据地面临着最严峻的考验。

　　为了克服这重重困难，争取抗战的最后胜利，中国共产党在坚持长期分散的游击战争，采取各种斗争方式与敌周旋的同时，为从政治、经济、思想各方面加强根据地建设，制定了克服困难的各项政策和措施。1942年2月1日，毛泽东在中央党校开学典礼会上作《整顿党的作风》的报告；8日，在延安干部会上作《反对党八股》的报告。4月3日，中共中央宣传部做出《关于在延安讨论中央决定及毛泽东同志整顿三风报告的决定》；6月8日，又发出《关于在全党进行整顿三风学习运动的指示》。9月1日，中共中央政治局通过《关于统一抗日根据地党的领导及调整各组织间关系的决定》。1942年12月初，中共中央发出"精兵简政"的指示，要求切实整顿各级组织机构，精简机关，充实连队，加强基层，提高效能，节约人力物力。这是克服根据地日益缩小、财政经济严重困难和生息民力的一项极其重要的政策。

根据地通过整风运动、大生产运动、减租减息、精兵简政和"三三制"政权建设，加强了党对根据地的领导，克服了严重的经济困难，调动了广大农民的生产积极性，促进了农村生产力的发展，提高了行政效率，减轻了根据地人民的负担。1943年敌后抗战形势逐渐好转，八路军、新四军变被动为主动，为转入攻势作战创造了条件。

八路军战士在纺线

一个极其重要的政策

毛泽东

（1942年9月7日）

自从党中央提出精兵简政这个政策以来，许多抗日根据地的党，都依照中央的指示，筹划和进行了这项工作。晋冀鲁豫边区的领导同志，对这项工作抓得很紧，做出了精兵简政的模范例子。但是还有若干根据地的同志们因为认识不够，没有认真地进行。这些地方的同志们还不理解精兵简政同当前形势和党的各项政策的关系，还没有把精兵简政当作一个极其重要的政策看待。关于这件事，《解放日报》曾多次讨论，今愿更有所说明。

党的一切政策，都是为着战胜日寇。而第五年以后的抗战形势，实处于争取胜利的最后阶段。这个阶段，不但和抗日的第一第二年不相同，也和抗日的第三第四年不相同。抗日的第五第六年，包含着这样的情况，即接近着胜利，但又有极端的困难，也就是所谓"黎明前的黑暗"的情况。这种情况，整个反法西斯各国在目前阶段上都是有的，整个中国也是有的，不独八路军新四军的各个根据地为然，但是尤以我军的各个根据地表现得特别尖锐。我们要争取两年打败日寇。这两年将是极端困难的两年，它同抗日的开头两年和中间两年都有很大的不同。这种特点，革命政党和革命军队的领导人员必须事先看到。如果他们不能事先看到，那他们就只会跟着时间迁流，虽然也在努力工作，却不能取得胜利，反而有使革命事业受到损害的危险。敌后各抗日根据地的形势，截至今天为止，虽然已比过去增加了几倍的困难，但还不是极端的困难。如果现在没有正确的政策，那末极端的困难还在后头。普通的人，容易为过去和当前的情况所迷惑，以为今后也不过如此。他们缺乏事先看出航船将要遇到暗礁的能力，不能用清醒的头脑把握船舵，绕过暗礁。什么是抗日航船今后的暗礁呢？就是抗战最后阶段中的物质方面的极端严重的困难。党中央指出了这个困难，叫我们提起注意绕过这个暗礁。我们的许多同志已经懂得了，但是还有若干同志不懂得，这就是必须首先克服的障碍。抗战要有一个团结，在团结中有各种的困难。这个困难是政治上的困难，过去有，今后还可能有。五年以来，我党用了极大的力量逐步地克服着这个困难，我们的口号是增强团结，今后还要增强它。但是还有一个困难，就是物质方面的困难。这个困难，今后必然愈来愈厉害。目前还有若干同志处之泰然，不大觉得，我们就有唤起这些同志提起注意之必要。各抗日根据地的全体同志必须认识，今后的物质困难必然更甚于目前，我们必须克服这个困难，我们的重要的办法之一就是精兵简政。

精兵简政何以是克服物质困难的一个重要的政策呢？很显然，目前的尤其是今后的根据地的战争情况，不容许我们停留在过去的观点上。我们的庞大的战争机构，是适应过去的情况的。那时的情况容许我们如此，也应该如此。但是现在不同了，根据地已经缩小，在今后的一个时期内还可能再缩小，我们便决然不能还像过去那样地维持庞大的机构。在目前，战争的机构和战争的情况之间已经发生了矛盾，我们必须克服这个矛盾。敌人的方针是扩大我们这个矛盾，这就是他的"三光"政策。假若我们还要维持庞大的机构，那就会正中敌人的奸计。假若我们缩小自己的机构，使兵精政简，我们的战争机构虽然小了，仍然是有力量的；而因克服了鱼大水小的矛盾，使我们的战争的机构适合战争的情况，我们就将显得越发有力量，我们就不会被敌人战胜，而要最后地战胜敌人。所以我们说，党中央提出的精兵简政的政策，是一个极其重要的政策。

但是，现状和习惯往往容易把人们的头脑束缚得紧紧的，即使是革命者有时也不能免。庞大的机构是由自己亲手创造出来的，想不到又要由自己的手将它缩小，实行缩小时就感到很勉强，很困难。敌人以庞大的机构向我们压迫，难道我们还可以缩小吗？实行缩小就感到兵少不足以应敌。这些就是所谓为现状和习惯所束缚。气候变化了，衣服必须随着变化。每年的春夏之交，夏秋之交，秋冬之交和冬春之交，各要变换一次衣服。但是人们往往在那"之交"不会变换衣服，要闹出些毛病来，这就是由于习惯的力量。目前根据地的情况已经要求我们褪去冬衣，穿起夏服，以便轻轻快快地同敌人作斗争，我们却还是一身臃肿，头重脚轻，很不适于作战。若说：何以对付敌人的庞大机构呢？那就有孙行者对付铁扇公主为例。铁扇公主虽然是一个厉害的妖精，孙行者却化为一个小虫钻进铁扇公主的心脏里去把她战败了。柳宗元曾经描写过的"黔驴之技"，也是一个很好的教训。一个庞然大物的驴子跑进贵州去了，贵州的小老虎见了很有些害怕。但到后来，大驴子还是被小老虎吃掉了。我们八路军新四军是孙行者和小老虎，是很有办法对付这个日本妖精或日本驴子的。目前我们须得变一变，把我们的身体变得小些，但是变得更加扎实些，我们就会变成无敌的了。

（原载1942年9月7日《解放日报》）

二十一　联合国的创建

1945年10月24日联合国正式成立
（图为在旧金山召开的大会会场）

1942年1月1日，为了迅速战胜德、意、日法西斯，中、美、英、苏等26国的代表，在华盛顿发表了《联合国家宣言》。1943年10月，苏、美、英三国在莫斯科举行外长会议，会上通过了由美国政府起草，经美、苏、英、中四国签字的《四国关于普遍安全的宣言》，宣布四国政府"承认有必要在尽速可行的日期，根据一切爱好和平国家主权平等的原则，建立一个普遍性的国际组织。所有国家无论大小，均得加入，以维持国际和平与安全"。这是世界反法西斯战争期间，四国政府第一次共同宣布，一致赞同要在战后建立一个普遍性的国际组织。

在1943年11月28日至12月1日，在苏、美、英三国首脑德黑兰会议上，罗斯福提出了关于建立国际组织的较为具体的计划。罗斯福强调，新的国际组织应该是世界性的，而非地区性的。罗斯福的建议得到丘吉尔和斯大林的同意。12月24日，罗斯福再次郑重强调："英国、苏联、中国、合众国及其盟国代表了全世界3/4以上的人口，只要这四个军事大国团结一致，决心维护和平，就不会出现一个侵略国家再次发动世界大战的可能。"这就是举世闻名的"四警察"思想，这一思想成为后来确定联合国安理会常任理事国的基础。

1944年8月至10月，苏、英、美三国和中、英、美三国先后在华盛顿橡树园举行会谈，讨论并拟定了组织联合国的建议案。1945年4月25日，来自50个国家（波兰因故未参加）

的代表在美国旧金山召开了联合国国际组织会议。6月26日,50个国家的代表签署了《联合国宪章》。同年10月24日,中、法、苏、美和其他多数签字国递交了批准书后,宪章开始生效,联合国正式成立。中国在1945年派代表团出席了旧金山会议,中国共产党的代表董必武参加了代表团,并在《联合国宪章》上签了字。

联合国的创建对于团结一切力量迅速战胜法西斯集团、维护世界和平具有重要意义。从此,联合国即成为最有权威和影响的国际性组织,在处理国际事务中,具有不可替代的作用。

中国政府八名代表签字笔迹

联合国家的历史使命

王世杰

我们今天庆祝联合国日,在这个庆祝当中,中国人民的感觉,是无上的愉快,可是我们的愉快,是一种"痛定思痛"的感觉,因为再过三个星期,此间的作战即将届满五整年。在此五年之中,十分之九的时间,中国是单独作战,毫无盟国,直至六个月前,中国的立场使得为其他二十六个国家的接受而成为彼此的共同立场。所以"联合国日"之于中国,比较对于其他任何联合国家,其意义更为深远,其给予中国人民的安慰和自信心实在也更深刻。

我们最愉快的时期,往往也就是最需要反省的时期。每一个有思想的人,今天都应该想一想这一个二十七个国家的大联合,在一方面究竟能创造什么,在他一方面究竟能防止什么。为统一联合国战时战后的政策和行动，我们对于这一个问题，必须有一个十分明晰的建议。

就创造方面来说，我们希望一个良好的世界秩序能从这个大联合产生出来。在这个世界秩序之中，所有爱好和平的民族都能获得自由，而每一个自由的国家，都能获得安全。这两个目的——自由与安全，是过去五年来鼓励中国奋斗的泉源，在目前也就是鼓励所有联合国家奋斗的泉源。这两个目的，如果有任何一个不能完全实现，我们的大联合便不能称为一个成功的联合。

至于二十七国的联合，究竟能防止什么，将来的历史家也许会这样宣布说：近数十年来许多人的两大恐怖，已由这一个大联合消除了。第一，希特勒党徒所高唱的是亚利安人至上主义，日本军阀所煽动的是对白种人的仇恨。联合国击败了希特勒主义和日本主义以后，这些种族的傀儡，亦将随之而消灭。那么白种与有色人种之间的"种族战争"，便不再为人类未来的威胁了。其次（第二），共产主义的苏联，既已以忠实的盟邦地位与非共产主义的英美各国并肩作战，而联合国家之内有产者和无产者又正团结一致共同抗敌，那么这一个二十七国的大联合，应该可以蔚成一种伟大的调和力量，使人类的另一种恐怖，即所谓"阶级斗争"逐渐消灭于无形。

本年一月，联合国签字之后，本人已抱有此种见解。所以我当时即称此种结合，为"神圣之合"。我们今天真正的是庆祝一件大事，此一大事的伟大影响，只有历史能告诉我们。

联合国家的领袖们和人民，既肩负着这种伟大的历史使命，便只有不惜任何牺牲，并且无视一切困难，向着胜利迈进。

（原载1942年6月11日《新华日报》）

祝联合国大会开幕

——《中央日报》社论

我们曾指出国际和平机构的原则有三：正义、团结、力量。我们愿本于这三个原则，重申我们的希望，作为我们对于今日在旧金山举行的联合国大会开幕典礼的祝词。

（一）国际和平秩序一如国内和平秩序，要保持于不敝，必有力量为最后的制裁。十四年来，日德侵略主义者相率以强权政治宰割邻邦，平分世界。他们唯力是视，他们唯利是图。国际法上的一切程序，都成了他们拖延时间加强战备的手段。在他们战备完成的时候，国际法上的程序还待进行，而他们征服邻邦的闪击战事早已发动。自潘阳事件、阿比西尼亚事件、澳大利亚事件、捷克事件，这一串事件连续发生之后，爱好和平的人类才痛切感觉：国际和平秩序除了有充分准备而能敏捷行动的力量，别无保持的方法。因此，为和平而战的战斗，首先起于中国，更次第起于英国、苏联和美国，终竟汇合为伟大无比的力量，进军罗马，进军柏林，更将进军东京，以扑灭第二次世界大战的战火。今日联合国大会在旧金山开幕，(是)全世界爱好和平的人类伟大无比的力量的表现，表现我们有力量摧毁暴力的侵略主义者，更表现我们有力量收拾战祸，争取和平且予以有效的保证。我们可以简捷的（地）说：联合国大会的开幕，是反侵略各国举其全力以结束战争并将转化作战的力量为国际和平的保证之里程碑。

然而依人类史的教训，纯以力量为基础的和平秩序是不能长久的。这一教训在国内法与国际法上都可以举出无数的例证。而国际关系更与国内社会关系有异。国际关系的原则是团结与合作，而不是命令与服从。联合国固然要争取和平，却不能命令和平。率直的（地）说：世界永久和平必须以平等主权国家的同意为基础，始有以异于德日侵略主义者所谓"大欧洲计划"和"大东亚共荣圈"。这个道理是铁一般的坚固，血一般的鲜明。我们深信联合国大会必能充分发挥主权国家平等的精神，使全世界大小各国的意志结晶于联合国宪章的每一条目，使依据宪章而成立的联合国组织实副其名成为国际民主主义的大家庭。

（二）国际和平秩序一如国内和平秩序，要保持于不敝，必以法律与正义为准绳。但在健全的法制国家里面，每一政治问题都可以作为法律问题而解决。而在国际社会里面，每一法律问题都是政治问题。这并不是说今日国际法上每一问题的解决都要用法律的制裁。调停与和解制度在国内法上亦有其广泛的领域。不过是国内法与国际法究有不同之一点，国内法有制裁作为最后的保证，而国际法的领域之内终竟有制裁所不能到达的处所，最后保证只有战争。然而好战就是黩武，避战就是侵略主义者有可乘之隙。这是国际和平秩序的弱点。正因为国际法有此弱点，所以强权政治不易绝迹于人寰。

旧金山联合国大会是国际立法会议。我们希望这一伟大的国际立法会议为一切国际政治问题确定法律解决的轨辙。倘若从今以后，国际关系上每一政治问题都可以作为法律问题而解决，则国际和平秩序必可以永久保持。换句话说，国际和平机构要有力量，但是这一力量必须是基于正义的力量，且依于法律的轨辙而行使。惟有如此，国际和平秩序终获得确实的保证。

（三）我们要率直的（地）指出：顿巴敦（敦巴顿）橡树会议建议案有其最后的关键，会引起多数国家政府和民众的批评。这一最后的关键就是整个国际和平机构的存立全盘于常任安全理事国的合作。五大国的合作如有动摇，则整个国际和平机构就会相随而破坏。我们于此不能不承认此一批评(也可以说是忧虑)之有理。然而我们知道：指导人类行为的规范，道义的领域是远较法律的领域为广,道义的权威是远较法律的权威为高。国际法一如国内法,乃是道义的形式。没有道义,则法律就等于空谈。世界需要法律,世界更需要道义。法律是国际纷争解决的轨辙,道义是强权政治消弭的根源。

我们中国反抗强权政治,反抗暴力哲学,始终以道义为凭依。在一九三九年以前,我们中国依于道义而申诉于国际联盟。到一九三九年以后,我们中国依于道义而致力于国际和平机构的建立。坦白的(地)说,我们中国的抗战,经过了一个国际法律完全毁灭的绵长黑暗时期,然而我们中国绝没有一刻的失望。我们中国的抗战始终有光明的希望作引导。我们中国的抗战始终为此一光明的希望而努力。这一光明的希望就是国际道义。我们始终相信正义胜过强权,也始终确信国际道义最后必能从日德侵略主义者狂暴的火焰之中再建国际和平秩序。今日联合国大会开幕于旧金山,证明了我们的信念。

总之,没有力量即不能保证和平,而力量必基于正义。没有团结不能发生力量,而团结必基于正义。正义胜过强权,乃有今日联合国大会的成功。我们高呼:联合国大会万岁!我们更预祝:联合国宪章万岁!

(原载 1945 年 4 月 25 日《中央日报》)

二十二　美英等废除在华不平等条约

中美代表签订新约
（左为中国驻美大使魏道明，右为美国国务卿赫尔）

1941年5月下旬，美国国务卿赫尔在致中国外交部长的信中表示："希望在和平状态恢复的时候，能和中国政府以有步骤谈判和订立协定的程序，迅速地做到取消一切有特殊性质的权利。"美国将与英国磋商，取消在华领事裁判权，"以增强中国对日作战的效能"。在得到英国同意后，1942年10月9日，美国副国务卿威尔斯将取消在华领事裁判权及有关特权的文告面交中国驻美大使魏道明。次日，英美两国同时宣布，废除在华之不平等条约，此后，中、美、英三国就订立新约问题，在重庆举行谈判。10月底，巴西、加拿大、挪威、荷兰、阿根廷等国先后与中国商订新约，放弃在华特权。

1943年1月11日，中国驻美大使魏道明与美国国务卿赫尔在华盛顿签署了《中美关于取消美国在华治外法权及处理有关问题之条约与换文》，简称《中美新约》。同日，国民政府代表宋子文与英国代表薛穆、黎吉生在重庆签署了《中英关于取消英国在华治外法权及其有关特权条约》，简称《中英新约》。

中美、中英新约的签订，标志着西方列强在中华大地上肆虐横行整整一百年的治外法权最终被卷进历史的坟墓，洗雪了中国人民被治外法权奴役的百年国耻。这是中国人民长期斗争的结果，也是中国政府和人民坚持抗战，使中国国际地位提高并得到英美等大国承认的深刻体现。不过有必要指出的是：中美、中英新约也并非至臻完美、百分之百平等的条约。例如当时英国签约时，始终拒绝交还香港和九龙。1943年5月，中美签订《关于处理在华美军人员刑事案件换文》中规定："凡美国陆海军人员，如或在中国触犯刑事罪款，应由该军军事法庭及军事当局单独审判。"这实际上还是承认在某些领域内美国享有治外法权。中国人民真正当家做主，彻底废除治外法权，还是在新中国成立以后。

国民政府在抗日战争时期之所以能够收回治外法权，主要原因有以下几个方面：一是中国人民长期坚持抗战，改变了过去软弱可欺的形象，提高了中国的国际地位。中国人民为世界反法西斯战争作出了重大贡献，赢得了国际社会的广泛同情、支持和尊敬。1942年初发表的《联合国家宣言》首先由罗斯福、丘吉尔、李维诺夫和宋子文在美国白宫签署，表明中国作为战时"四大国"之一首次出现在国际舞台上。二是自1938年10月抗日战争进入战略相持阶段以来，由于日本对国民政府采取政治诱降为主、军事打击为辅的策略，导致国民政府奉行消极抗日、积极反共的反动路线。三是当时日本为了加强汪伪政权的政治欺骗作用，于1943年1月9日与汪伪政府签订了《关于交还租界及撤销和废除治外法权之协定》，这给英美等国以强大压力，从另一侧面加速了英美与国民政府的谈判进程。

美英废止在华治外法权

——《解放日报》社论

正当我国纪念国庆之际，美英政府先后声明：愿和我国政府进行谈判，缔结关于废除在华治外法权的条约。这一重要声明已经获得我国朝野的热忱欢迎，和世界各国正义人士的一致赞扬。

在华治外法权，系我国在国际上所受的不平等待遇之一种，久为我国民族志士及各国公正人士所指摘。抗战以来，我国一致团结、英勇不屈、对日本法西斯侵略者进行坚决抗战的伟大精神，引起了举世的景仰，援华运动弥漫全球，以平等待我之呼声亦随之高涨。迨至太平洋战争爆发，我国与美英成为盟国，并肩作战，共同担负起击败暴日、重建远东和平的责任。于是我国与英美间过去一个时代所遗留下来的不正常关系，更有改正之必要。尤其是我们的共同敌人——暴日，藉口美英在华治外法权等不平等条约，宣传"在同盟国家里面并无平等可言"，并且自己假装作"民族解放者"，在我国沦陷区和南洋占领区进行"反英美运动"，大施挑拨离间，企图拆散盟国的团结，以遂其吞并亚洲独霸世界的野心，其手段非常阴险毒辣。

现在美英声明废止在华治外法权，这就是剥夺日寇谎骗武器的有力步骤之一。美英声明增进了美英中三大国家在抗战中的团结，而且使一切被法西斯侵略者所蹂躏或威胁的弱小民族国家，辨清敌友，为了自己的生存与解放坚决奋起，站在同盟国方面，对法西斯侵略者作战。这对于加强整个世界反法西斯阵营，实有其重要的作用。

美英声明废止在华治外法权,增强了战后中英美三国积极友好合作的基础。《大西洋宪章》描出了战后自由、民主、和平的世界的轮廓,这个世界的一个重要因素,便是各民族国家间的平等地位。美英这次声明废止在华治外法权,是符合《大西洋宪章》的精神的。只有积极发扬这一精神,才能使美英中三大国家在抗战中加紧团结,争取胜利,在战后继续互相合作,共谋远东和世界的繁荣福利。也只有继续发扬这一精神,施之于其他弱小民族国家,才能提高世界反法西斯营垒中其他成员的战斗热忱。这是我们对美英政府当局热烈希望的。

我国军民,在此美英盟邦声明废除治外法权之际,回顾百年来积弱的过去,应知我国国际地位,在五年多的抗战中已经比之从前大为提高了。我国国际地位所以能够提高,乃是因为我们对世界公敌——法西斯侵略者日本强盗作了英勇无比的抗战。我们几百万民族烈士的血绝不是白流的。我们所以能够对日寇英勇抗战,乃是因为我们有全国的团结;没有全国的团结,则抗战不能设想,我国国际地位的提高亦不能设想。我们应该更英勇的(地)坚持抗战下去。应该宝贵团结、爱护团结,像自己的生命一样。继续团结下去!这样,我国的国际地位将更加提高,使战后的新中国成为"独立的(地)与各友邦发生平等互惠关系的中国"(《中共中央为抗战五周年纪念宣言》)。望我全国同胞一致努力!

(原载1942年10月22日《解放日报》)

争取历史创造的主动

郭沫若

美英继苏联之后,对于我国取消了不平等条约,而成立了新约。这是世界史的事件,不仅是中国一国的喜庆。

但就我们中国而言,不用说是经过了五十年的奋斗,尤其是最近五年半的血战,所获得的有光辉的成就。

让这使我们欢欣鼓舞的成就,作为我们更加努力奋斗的基点、革新作风的勉力吧!

中国革命的目的是"在求中国之自由平等"。而这平等、这自由,不用说不仅是名义上的东西,而要是实质上的东西。

我们不仅要求别人以平等待我,而且要求以平等自待。

我们不仅要求条约缔结的平等,而且要历史创造的平等。

我们要在政治经济社会学术文艺思想各方面都能够与先进的民主国家并驾齐驱,然后才能够达到真正的平等地位。

要有真正的平等,然后才能有真正的自由。要有真正的自由平等,然后才能够平担共同创造世界历史的使命。

这途程是相当长远的。

轴心国存在一天是自由平等的阻碍。法西斯主义存在一天是自由平等的阻碍。我们要消灭它!这种历史创造的主动权,也须得平等地争取到我们的手里。

(原载1943年2月5日《新华日报》)

二十三　中国共产党第七次全国代表大会

毛泽东在中国共产党第七次全国代表大会上作《论联合政府》政治报告

1945年初,国际形势发生了重大变化。1945年5月2日苏联红军攻克柏林,5月8日德国宣布无条件投降。在太平洋战场,日军节节失利,盟军日益逼近日本本土。中国的抗日也出现了喜人的形势,特别是中国共产党领导下的敌后抗日根据地军民继续展开局部反攻,华北和华中各大城市都处在八路军、新四军的战略包围之中,中国人民打败日本帝国主义已指日可待。战后的中国建立一个什么样的国家,是继续实行国民党一党专政,还是建立各个阶级、阶层的民主联合政府,成为国内共同关注的话题,这也是决定中国命运的关键时刻。

为了争取抗日战争的最后胜利,促使抗战胜利成为人民的胜利,建立和平、民主的中国,

1945年4月23日至6月11日，中国共产党在延安召开第七次全国代表大会。大会制定了"团结一致，争取胜利"的方针。

毛泽东致开幕词，他说："我们这个大会要打倒日本帝国主义，把全中国人民解放出来。这个大会是一个打败日本侵略者、建设新中国的大会，是一个团结全中国人民、团结全世界人民、争取最后胜利的大会。"在会上，毛泽东作《论联合政府》的政治报告。报告指出，世界反法西斯战争的胜利已经为时不远了，抗战胜利以后，在中国存在着一个独立、自由、民主、统一、富强的光明前途和另一个半殖民地半封建的、分裂的、贫弱的黑暗前途的斗争。共产党和中国人民的任务就是争取实行第一种前途。报告制定了中国共产党的政治路线和具体纲领。会上，朱德作《论解放区战场》军事报告，刘少奇作《关于修改党章的报告》，周恩来作《统一战线》的重要发言。

中国共产党第七次全国代表大会向全国人民指明了打败日本侵略者、建立新民主主义中国的目标，制定了中国共产党具体的纲领和政策。经过这次大会，全党在思想上、政治上、组织上达到了空前的团结和统一，为争取抗日战争的最后胜利和实现中国的光明前途，提供了保证。

《中国人民胜利的指南》节选

—— 读毛泽东同志的《论联合政府》

—— 《解放日报》社论

毛泽东同志在中国共产党第七次全国代表大会上面，作了政治报告，题目叫作《论联合政府》。这个报告，提出了中国人民的基本要求，分析了国际形势与国内形势，对比了抗日战争中两条不同的路线，规定了中国共产党的一般纲领与具体纲领，规定了在国民党统治区、沦陷区与解放区的工作任务，最后，指示了怎样团结全党来实现党的任务。这个五万余言的文献，以马克思主义的科学方法，总结了八年（抗战实为十四年）来抗战的经验，总结了二十四年来新民主主义运动的经验，总结了百年来中国民主运动的经验，分析了国际国内的形势，分析了日寇的国内外形势、国民党统治区与解放区的形势，还分析了中国共产党党内党外的形势，规定了各方面的政策和任务。总起来是一句话："走团结与民主的路线，打败侵略者，建设新中国。"总起来是一个任务："中国急需把各党各派和无党无派的代表人物团结在一起，成立民主的临时的联合政府，以便实行民主的改革，克服目前的危机，动员和统一全中国的抗日力量，有力地和同盟国配合作战，打败日本侵略者，使中国人民从日本侵略者手中解放出来。然后，需要在广泛的民主基础之上，召开国民代表大会，成立包括更广大范围的各党各派和无党无派代表人物在内的同样是联合性质的民主的正式的政府，领导解放后的全国人民，将中国建设成为一个独立、自由、民主、统一和富强的新国家。"

毛泽东同志这个中国人民的舵手，在欧洲反法西斯的战争已经基本上胜利结束，全世界的目光转到东方的反法西斯战争的战场上来，以及转到战后世界的问题上来的时候，代表中国共产党的中央委员会，向全党提出这个政治报告，其重要性就不仅限于一个中国共产党的范围，不仅限于中国一个国家的范围，而且对于全世界都有其重要性。毫无疑义，在全中国、全世界，不论是共产党人或非共产党人，不论是我们的朋友或敌人，都会深刻注意这个文献，都会加以仔细的研究，都会得出自己的结论。

要想仔细论述毛泽东同志在这个精深博大的报告中所说到的一切重要问题，在这里因为篇幅所限，不能不有所待。我们只就读后所感，写出几点，供大家研究时参考。

四万万五千万人的中华民族，百年以来处在半殖民地半封建的落后的悲惨的状态中。这个占世界人口五分之一到四分之一的大民族，应该怎样才能求得自己的解放？应该怎样才能使这个伟大的中国，建设成为独立、自由、民主、统一与富强的国家，而不是停留在不独立、不自由、不民主、不统一、不富强的痛苦重重的状态中？八年来抗战的经验，二十四年来新民主主义运动的经验，一百年来民主运动的经验，中国人民经过了各种各样的实验，历次的失败、挫折与成功，得出了一条明确的结论，就是必须而且只可能建立一个新民主主义的政治制度。这就是"真正适合中国人口中最大多数的要求的国家制度，因为，第一，它取得了和可能取得数百万产业工人，数千万手工业工人和雇佣农民的同意；其次，也取得了和可能取得占中国人口百分之八十，即在四亿五千万人口中占了三亿六千万的农民阶级的同意；又其次，也取得了和可能取得广大的城市小资产阶级、民族资产阶级、开明士绅及其他爱国分子的同意"。违反中国人民的这个意志，不要这三种人的同意，可以吗？是决不可以的。大地主大资产阶级专政的、封建的、法西斯的、反人民的国家制度，把国家民族引入极其悲惨的道路。国民党反动统治集团，违背了孙中山先生的新三民主义，建立了这种反动的国家制度，其结果是招来了日本强盗的侵略，从黑龙江退到卢沟桥，又从卢沟桥退到贵州省，而在国民党的区域，则闹得民生凋敝，民怨沸腾，民变奋起，这样来谈"抗战必胜，建国必成"岂非离题万里？解放区遵照了新民主主义的道路，建立了新民主主义的地方性的联合政府，抗战就取得胜利；人民就有了自由；军队就加强了几十倍；农民与地主，工人与资本家，都能调节相互矛盾的利益，合力同心来发展生产，改善生活；知识分子就有了事做，而且所做的事都真正对人民有益；少数民族各得其所；反法西斯的盟邦人士也受到尊重。共产党所一贯主张的，一九二七年以后为国民党反动统治集团所抛弃的，这条新民主主义即新三民主义的道路,是抗战胜利、建国成功的惟一道路,这是非常明白的了。如果在一九二四年以前一些时候,这个问题还只是人们心中的一种想望,那么,经过了大革命、土地革命,特别是八年的抗战之后,这个想望已为正面和反面的无数的事实所证明。毛泽东同志老老实实的(地)实事求是的(地)把这个经验总结了出来,这种老老实实的实事求是的方法,也就是马克思主义的方法。正因为毛泽东同志用马克思主义的方法把中国人民最重要的问题做出总结,所以他的论点是驳不倒的,任凭什么反动派怎样叫嚣,也是无用的。

新民主主义,这是抗战胜利的主义,这是建国成功的主义。而大地主大买办大银行家的失败主义、法西斯主义,是抗战必败的主义,是把中国投入黑暗深渊的主义。新民主主义这样一种思想,是无数的事实中得出来的真理,而这一真理、这一思想,就像一条线一样,贯穿在毛泽东同志的整个的报告中。毛泽东同志,把这种思想的各方面,政治方面、经济政策方面、军事政策方面、外交政策方面等等,都依据活生生的事实,把它发挥。自从毛泽东同志的《新民主主义论》出版以来,已经五年,毛泽东同志把这五年来各方面工作的丰富经验,加以总结,并且进一步指出:中国各阶层的人民,以及爱好和平、反对法西斯的盟国,在新民主主义的中国之中,有自己怎样巨大的福利与美满的将来。因而这个总结,动员了人民来争取光明的中国,反转来指导和促进运动的向前发展。

(原载 1945 年 5 月 5 日《解放日报》)

二十四　日本无条件投降

波茨坦会议会场

1945年初，第二次世界大战的结局日渐明朗，德国的战败已成定局，而日本也是穷途末路。1945年2月4日至11日，美国总统罗斯福和英国首相丘吉尔与苏联人民委员会主席斯大林在克里米亚岛的雅尔塔举行二次大战期间最重要的一次三巨头会议，这就是世界现代史上著名的雅尔塔会议（亦称为克里米亚会议）。会议商讨了苏联参加对日作战等问题。

1945年5月2日，苏联红军攻克柏林，8日，德国宣布投降。7月26日，中、美、英三国发表敦促日本投降的《波茨坦公告》，通告日本政府立即宣布无条件投降。日本首相28日发表声明，对《波茨坦公告》置之不理，并计划收缩兵力，实行"本土决战"，鼓吹"一亿玉碎"，企图作最后的挣扎。8月6日和9日，美国空军在日本广岛和长崎分别投下一颗原子弹。8月8日，苏联对日本宣战，并参加《波茨坦公告》。9日，百万苏联红军分东、北、西三路对日本关东军展开猛烈攻击。经过20多天作战，解放了我国东北，歼灭日军67万人。8月9日，毛泽东发表《对日寇的最后一战》。10日和11日，朱德总司令连续发布命令，命令各解放区抗日武装部队，向其附近各城镇交通要道之敌军及伪军伪政权送出通牒，限期向我军投降。美国调动运输力量把远在西南、西北的国民党主力部队运到占领区，抢夺胜利果实。

在中国抗日军民、苏军、美军的打击下，日本政府决定接受《波茨坦公告》。1945年8月15日，日本天皇向全国广播了《停战诏书》，宣布日本投降。9月2日，在东京湾美国军舰密苏里号上,举行了日本投降签字仪式。9月9日,在南京举行了中国战区日本投降仪式。中国抗日战争和世界反法西斯战争取得了最后的胜利。

抗日战争是中国近代史上最伟大的民族解放战争,抗日战争的胜利,是近代中国反侵略战争的首次完全意义上的胜利,显示了中华民族团结、进步的伟大力量,促进了中国人民的觉醒,是中华民族伟大复兴的新起点。中国的抗日战争是世界反法西斯战争的重要组成部分,中国人民承受了巨大的民族牺牲,中国抗战在战略和战役上都有力地配合了世界反法西斯战争,为世界反法西斯战争的胜利作出了不可磨灭的贡献。中国人民在抗日战争中创造出的惊天地、泣鬼神的事迹,将永远彪炳史册。

毛泽东为抗战胜利的题词

中美英三国对日公告

——《中央日报》社论

今天我们郑重的(地)发表了中美英三国政府领袖对日本促使其无条件投降的公告,这一震动世界和平东亚安全而处置日本的惟一合理说法,是联合国为了世界,是日本人民为了他民族生存民权发展和社会经济恢复维持的惟一自处之道。我们欣见中美英以全力执行开罗会议宣言(《开罗宣言》),更欢迎所有联合国家以全力支持鼓励中美英对日作战而及早结束这旷日持久的战争，我们同时期望日本人民接受三国公告而诚意遵循，以免除他们遭受迅速完全毁灭的结果。

日本人民如能奋发有为，推翻他们军阀的残忍控制，挽回他们军阀的自杀政策，接受三国公告的十三条，则东方半个世界的战争自可迅速结束。但是中美英三国并不等待着日本人民接受公告，侥幸于战争中迅速结束。三国正在完成攻日的一切准备，正在计划攻日的决战战略。不独三国的陆海空军正在指向东京而前进，并且所有联合国家正在支持鼓励三国陆海空军指向东京而前进。日本如不能或不肯立刻接受三国公告，则全世界为正义和平而奋斗的伟大力量，都要对他施用无情的有形的压力，达到迅速完全毁灭日本的结果。

中国抗战从始就不以日本人民为敌。蒋主席在"七七"八周年纪念广播词之内仍然坚持这个宗旨。但是我们中国受日本侵略主义之祸最深，所以知日本侵略主义之害最切。我们知道，日本侵略战争机构一天存在，日本就一天不是和平国家，世界民族就一天不可以与他们和平相处。因此，彻底毁灭日本侵略者是联合国家的主要目的。而美英苏三国的攻日战斗，乃是以伟大无比的物质与精神力量，为全体联合国家共同需要而进行。三国既有此伟大无比的物质精神力量，必能执行三国公告的十三条，使开罗会议宣言毫无疑义的（地）实现。

开罗会议宣言的目的，在于解散日本帝国，使日本民族安分守己于固有的四个岛，使日本侵略主义者占领的地域，依于历史的根据，依于海洋自由的原则，依于战略的需要，由联合国家作合理的处置。我们在本月二十四日社论中曾经陈述我们的解释和意见。我们更从三国家公告证明我们的解释和意见是处置日本的惟一合理方法，也就是日本人民自处的惟一方法。还有一个显明的事实，就是三国公告的订立，是波茨坦会议中的美英两国政府领袖与中国政府领袖磋商的结果。我们不能不说这一公告是波茨坦会议的成就之一。我们更可以推定苏联政府领袖参加磋商。同时表现了联合国家对日处置的亲密无间的共同意思。

最后，我们特别兴奋的一点，就是三国公告澄清了侵略者最近制造的一切和平攻势，同时杜绝了日本侵略主义者最近推行的"战后之战"阴谋计划，因此一举而粉碎于无形。凡是为了世界反侵略战争而争取战争胜利并希望世界和平安全的人们，都因此而欢慰。凡是嫉视世界反侵略战争的胜利而期待世界纷争混乱的人们，都因此而恐怖。由于三国公告的发布，对日战争的胜利是有完全的把握了。这是半个世界之福，也就是整个世界之光。这一道光芒，照破了日本侵略主义者核心与周围一切阴暗和一班魑魅，缩短了当前的战争，消弭了未来的灾祸，这使三国公告具有最宝贵的价值和最沉重的重量。我们就在这一宣告上，特别感觉着兴奋。

（原载 1945 年 7 月 28 日《中央日报》）

论无条件投降

——《新华日报》社论

日寇终于承认无条件投降了。

日寇无条件投降的原则美英中三国已经在波茨坦联合宣布，而后来苏联也表示同意公告中明白的规定了。在日寇已经承认无条件投降后，公告中所规定的一切自然要更明确地、更具体地实施起来。

首先正如公告中所说的，对于一切战罪人犯，必须加以严厉的惩罚。中国人民坚持，自一九三一年的"九一八"事件以来的一切对于侵略战争应该负责的日本反动政治家、军需资本家，一个也不能放过。中国人民能够指出这些犯了血腥罪恶的人的名单，并有权利裁判他们。

公告中规定日本的主权"限于本州、北海道、九州、四国及吾人所决定的其他小岛之内"，并规定"本领土经盟国之规定必须占领"，这些条款自然应该立即实施。公告中也提出，必须彻底消除统治日本的穷兵黩武式的势力。因此，日本法西斯主义、军阀主义及其所产生的政治、经济社会的原因，必须毫不留情的（地）铲除。日本军队必须完全解除武装。以军部操纵大权的半封建的专制制度必须扫除净尽。日本的军事工业必须根本毁灭。只有这样，才能断绝日本杂乱世界的祸根，造成一个民主和平的日本。公告中规定把阻止日本人民民主趋势之复兴及增强之所有障碍予以消除，因此把日本从反动的军阀和独占资本家手里交到日本人民手里，这应该是日本无条件投降的必然的结果。也只有这样，才能保证今后远东的和平、世界的和平。

回顾看到在中国战场上，战区从北到南，绵延数千里，不仅有二百万日军，而且还有一百万以上的伪军，现在敌人一旦宣布无条件投降，情形的复杂是可想而知的。更由于若干区域，已久在敌后和伪政权的统治之下，政治经济和社会生活上必有无数情况要处理。但首先最紧急的问题当然还是在军事方面。在这方面，我们现在可以指出下列数点：（一）日本军队必须全部解除武装的原则，毫无问题的（地）要在中国战场上实施。同样的，我们也不能放过伪军部队，因为他们甘心投敌，为虎作伥，过去已经放弃了无数反正的自新的机会。因此他们也必须像敌军一样，立即全部解除武装，决不容许他们换上番号旗帜，摇身一变就洗净自己的罪过。在这方面，欧洲的有些国家的经验是可以借鉴的。像在希腊解放后，过去和德军合作的军队，在宽大的待遇下继续保留其武装，结果他们就用这武装来加害于人民。（二）这一切敌伪部队必须在规定的时间内立即向当地抗日部队放下武器宣布无条件投降。（三）当然不能容许任何一个地区的敌伪军队拒绝放下武器，对于这种顽抗的部队都已解除武装后，才能认为日本向同盟国家的无条件投降完成。

在日本无条件投降后，立即有无数的问题待我们处理。但如何实现无条件投降，自然是最紧迫的现实的问题。对于这一切问题，已经抗战了八年[①]的中国人民，是有最充分的发言权利的。

（原载1945年8月11日《新华日报》）

日本投降了

——《大公报》社论

剑外忽传收蓟北，初闻涕泪满衣裳。
却看妻子愁何在，漫卷诗书喜欲狂。
白日放歌须纵酒，青春作伴好还乡。
即从巴峡穿巫峡，便下襄阳向洛阳。

（杜甫）

日本投降了！抗战结束了！在八年苦战之余，得见这胜利的伟大日子到来，我们真是欢欣，真是感激，在笑颜上淌下泪来。

中华民族不是没有光荣的历史，中华民族更不是一个卑屈的民族，但是近百年来，尤其自甲午战争这五十年来，中国受这个后起的邻邦的侵略压迫，真是耻辱重重，计不胜计。此时活着的中国人，六十岁以下的人，自从记得事情以来，谁不是满头脑满心灵的日本对我们的劫夺欺压以至不堪言说的凌辱？中国本无负于日本，且毋宁还有灌溉提携之谊；但是日本一旦羽翼丰满，便以侵略中国甚至灭亡中国为国策，自此便矜伐夸大，沾沾以强国自喜，再十年而击败帝俄，又十年而投机欧战，劫得帝德在东方的赃物，日本遂俨然成为世界的巨强了。日本于此时既实际的（地）宰治了我们的东北，又踞夺了山东半岛，他尚不以此为满足，《二十一条》要求豁然表露灭亡中国的野心，虽然签订了《九国公约》，而绝无遵守的诚意。请日本军阀想想，"九一八"之夜你们干的什么事？自炸南满路，突袭北大营，就那样到处烧杀劫掠，在不抵抗之下，吞没了整个东北，你们那时真是踌躇满志，得意洋洋，毁约背义，惟利是视。试问本庄繁、林铣十郎、荒木贞夫之辈在人类史上犯了多么大的罪恶？由那时起，一挑衅，再挑衅，今天山海关，明天热河，今天古北口，明天进长城，

---

① 抗日战争实为14年。

步步进逼。既已获得《塘沽协定》，而仍步步进逼，攫得了丰台，便跳到卢沟桥，终于把中国逼到最后的忍耐线，逼出了中国的抗战。试问酒井隆、土肥原贤二、冈村宁次之徒又犯了多么大的最恶？既诉诸战争，日本军阀的手段如何呢？甲午之战，日本军队把旅顺的中国人杀得精光，只留十二个人掩埋其万千同胞的尸体！在这次战事中，日本军阀大屠南京，伏尸十五万！松井石根那贼徒又犯了多么大的最恶！自此以往，这八年来，随着日本军阀的铁蹄，北起大青山，南至海南岛，东起海滨，西至鄂西，迂回至湘桂以迄黔南，真是步步血殷，处处罪行。桂黔线上，尸臭犹存，既濒最后失败之际，在我们所收复的昌柳桂三城，都是一片瓦砾，孑遗无存。日本军阀的暴戾凶残，比之西方的纳粹，简直有过之而无不及。到今天，豪强半世纪的日本失败了，海路（陆）空三军解甲投降。勃然而兴，蹶然而倒，其命运正如日本的樱花，开时极为绚烂，极盛时便倏然凋谢。日本人说："花是樱花，人是武士。"都是极端无常的象征。樱花盛开时便倏然凋谢，武士最猛勇时就是他捐躯疆场的一刹那。在日本人初以中国字制造文字的时代，就有了一首诗，其起首与结尾的两句："色与香都是要散的呀！""我们的人生谁能维持永久呢？"那不正是日本命运的写照吗？日本国家的命运真像那个样子，是由明治起，由明治，而大正，而昭和，不满三代，短短七十几年，而今蹶然倒扑了！

　　日本是失败了。纵然日本这样侵略我们，压迫我们，甚至凌辱我们，而在今日，我们处于胜利的地位，但我们对于日本民族，只有悲悯，只有哀矜，而绝对没有骄狂之情。我们本有"闻胜不骄"的古训，蒋主席告全国军民同胞，更引基督"待人如己"、"要爱敌人"的名言相勉，"我国同胞须知'不念旧恶'及'与人为善'为我民族传统至高至贵的德性，我们一贯声言，只认日本黩武的军阀为敌，不以日本人民为敌"。若冤冤相报，无有已时，那绝不是人类相处及世界安宁之道。老实说，我们除了深恶痛绝日本军阀的严重错误及万恶罪行外，却从不鄙视日本人民。看昨天昭和宣布投降诏书时的东京景象，以及内外军民一致奉昭的忠诚，实在令人悲悯，甚至值得尊敬。日本这民族是不平常的，只要放弃了穷兵黩武的思想，打开了狭隘骄矜的怀抱，在民主世界的广野上，日本民族是可以改造、可以复兴的。

　　日本投降了！中国抗战胜利了！世界和平重现了！中国人在今天可以抬头看人了！我们焉得不喜？受八年的长期苦难，遭累万的生命牺牲，得见今日。我们畅饮胜利之酒，同时流下感激之泪。我们最高统帅的英明领导，以他那副坚强的意志，使国家历万险而不挠。我们感激全国的英勇将士，以他们前仆后继、奋斗牺牲，使国家在屡败屡战中获得最后胜利。我们感激全国忠诚爱国的同胞及奉公尽战的官吏，以这大群人的忠贞守职，给千灾百难的抗战构成不拔的基础。我们感激盟国及其人民的同情、援助，以及共同作战，没有广大的世界的民主阵营，中国抗战是难以获得胜利的。我们感激罗斯福故总统、杜鲁门总统、丘吉尔首相、史达林（斯大林）委员长，以及各盟邦的政治家学者将士们的指导与帮助，没有这些，中国抗战是难以获得胜利的。我们有说不尽的感激之情，这感激之情，在每个中国人的心头，将会构成伟大的力量，使中国在抗战胜利的路上更走上建国成功之途！

由抗战到胜利，历时八年多，在抗战初期，有谁做过今天的梦？以本报同人来说，"七七"变起，平津失陷，我们的津版先断；"八一三"变起，大战三月，淞沪沦陷，我们的沪版又停；翌年武汉撤退，我们的汉版迁渝；太平洋战起，我们的港版沦陷；去年敌军长驱入桂，我们的桂版也绝。八年来颠沛流离，只剩渝版，坚卫抗战大纛，以迄最后胜利到来！八年来所期望的胜利到来了，为今日的中国人民，真是光荣极了！这是第一点感想。我们以前忧虑胜利的艰难，近两年来，任何人都知道胜利是必然能得到了，但大家却又有一种悄然的深忧，就是，胜利既属必然，但我们如何使国家不乱呢？今天日本投降了，一使我们的胜利实现，同时也使我们内乱的危机大大减少。人人在忧虑内乱，而内乱的危机是在反攻期间。而今日本投降，以后沦陷区的光复，是和平收复，自然大减内乱的危险。这最是此时国人所关心的。解决国家问题，民主宪政是一条坦途。国民党既决心还政于民，国民政府也准备结束训政，民主宪政的实现，应该是水到渠成的事了。

在我们欣庆胜利到来之时，国内也有一个令人兴奋的新闻，就是，蒋主席致电毛泽东先生，请其克日来渝，共商国是。这真令人兴奋欣慰。当此重大时会，国家今后的几年治乱，人民固然全体有责，而其转捩与善导，毕竟握于一二贤明领袖人物之手。蒋主席即掬诚相邀，期共商讨；毛先生自然也应该不吝一行，以定国是。果使国家的统一与团结完成于一席谈，那真是喜上加喜，不但八年抗战为不虚，且将奠定国家建设的千年大计！忠贞爱国的中国人，都在翘待毛先生的惠然肯来了！

杜子美闻捷诗，有"青春作伴好还乡"之句。抗战胜利了，使流离播迁的人人能够快乐还乡，我们的胜利就可以算是胜利了。我们以闻捷而喜，并为还乡而祝！

（原载 1945 年 8 月 16 日《大公报》）

二十五　审判日本战犯

同盟国设立在东京的远东国际军事法庭

中国人民经过长期抗战，终于打败了日本侵略者，1945年8月15日，日本宣布投降。中国人民在抗日战争中付出了3500万人的伤亡代价，经济、文化损失不计其数。中国人民的抗战对于彻底战胜法西斯集团、对于世界和平作出了巨大的贡献。

抗战胜利后，中国人民关注对日本战争罪行的处理，主张惩办犯有战争罪行的日本战犯。1946年1月，盟军最高统帅部颁布成立远东国际军事法庭。4月，远东国际军事法庭设立。中国派法官参加了11国组成的远东国际军事法庭，中国法官对日本战犯的罪行的调查和取证，对犯有破坏和平罪的日本甲级战犯的处理上发挥了不可替代的作用。远东审判于1946年5月3日在日本东京开庭，1948年11月12日宣判，整个审判进行了两年半。

远东国际军事法庭审判战犯时，日本首相兼陆军大臣东条英机等28名发动战争的责任者被定为甲级战犯。在审判期间，被告中前外务大臣松冈洋右和前海军大臣永野修身病死，被"免于起诉"。"九一八"事变当事人之一大川周明因精神病"中止"审判。远东国际军事法庭判决，25名被告全部有罪。其中东条英机及原陆军大将土肥原贤二，原中国派遣军总参谋长、陆军大臣板垣征四郎，原上海派遣军司令官、南京大屠杀事件的罪魁祸首松井石根，原陆军大将、缅甸派遣军司令官木村岳太郎，原陆军中将武藤章，原首相、外相广田宏毅等7名甲级战犯被判处绞刑。1948年12月23日，在巢鸭监狱处决7名绞刑犯。

远东国际军事法庭对于犯有战争罪行的战犯进行审判，并进行了处理，对于伸张正义、维护世界和平具有重要意义。但是，由于美国为了自己的战略需要，在审判中有意包庇日本政府的责任，不仅在审判过程中开脱了不少日本战犯，而且从 1950 年起，不顾有关国家抗议，陆续释放了贺尾兴宜、重光葵、荒木贞夫等首要战犯，为日本右翼势力否认历史侵略罪行和妄想复活军国主义留下了隐患。特别是 20 世纪 80 年代以后，随着日本经济的迅速发展，日本国内的极端民族主义思潮出现，右翼势力认为战胜国对战败国的审判缺乏国际法的依据，企图翻案。这股极端的民族主义思潮，影响日本国家的走向，危害世界和平，值得警惕。

彻底惩罚战争罪犯

—— 《中央日报》社论

联合国大会的使命，不独是创造国际和平机构，并且是再建国际法与国际正义，使全世界爱好和平的国家重享法律与正义范围之内的自由。在国际法与国际正义再建的过程之中，首先要彻底的（地）惩罚战争的罪犯。第二次世界大战的战争罪犯，最大的罪责固然是掀起全球性的全面战争，尤其是处心积虑而创及履及的（地）破毁国际的法律与正义。这些罪犯必须受最严厉的惩罚，才可以满足全世界爱好和平的人类的期望，保证国际政治暴力哲学从此敛迹。

日德意战争罪犯相率以破坏国际法律与正义为能事。他们的基本观念可用希特勒的话语来说明。希特勒说："我不顾忌一切。没有所谓国际法，也没有国际法条约，可以阻止我利用一切可利用的便利。"他说："没有所谓永存的条约。凡自信其不能遵守而不签署一个条约者，就是愚人。"他说："我不分什么敌人和友人。"他又说："没有什么叫作中立。"希特勒这一类破坏国际法律正义以造成国际紊乱的观念，不胜枚举。我们只须（需）翻开劳士林所辑《毁灭之声》这一本厚书，即令在墨索里尼已经处死、希特勒已经战死之后的今日，仍然是满怀愤恨的。

在抗战之前及抗战的初期，我们中国政府与人民都知道国际联盟之没有充分能力，也都知道《九国公约》和《白里安—凯洛格非战公约》之没有具体制裁，但是我们身受国际法律与正义毁灭的痛苦，我们惟有坚决拥护国际联盟与国际和平公约，表示我们抗战的目的是在于维护和平再建和平，表示我们抗战的目的是在于反对国际紊乱的状态与非法的行动。因此我们坚决主张联合国彻底惩罚这些破坏国际法律与正义的战争罪犯，毫不容赦其中任何一人。

我们愿重新征引一九四一年一月十五日美国赫尔国务卿的声明。赫尔声明说："三个国家,一个跟着一个,以其言论与行为,明白表现他们的决心,要摧毁和破坏文明世界在法律下的秩序,走上武装征服和降伏他国并暴戾统治他们的牺牲者的道路。人类今日面对着有组织的、凶狠的、无情的一贯征服的运动,并不是地方的战斗与孤立的冲突。我们面对着法律道德所不能制裁的暴力,这些暴力并没有任何的限界。他们唾弃法律与秩序的每一原则,他们所欲侵略的各国惟有严正遵循这些原则。"赫尔声明的信念,也正是我们中国政府和人民一贯的信念。我们中国八年来严正遵循法律正义的原则,绝没有一时一刻放弃。我们今日还须指出日本军阀之摧毁国际法与国际公约,更比希特勒、墨索里尼为先。我们中国在为了跟国际法律正义的维护与再建的奋斗之中,坚决主张彻底惩罚战争罪犯特别是日本军阀及其一切爪牙、一切正凶和帮凶,毫不容赦其中任何一人。

我们还希望联合国十分的(地)警惕。日本军阀的性格是横蛮而投机。他们的横蛮有如希特勒。他们的投机,亦好像墨索里尼。他们今日的死战死守,充分表现他们的横蛮。然而他们横蛮的困斗,却正是为了他们乘柏林陷落而联合国共庆欧陆和平的机会,作锐利的和平攻势,以施逞其挑战联合国友谊而松弛联合国共同作战努力之阴谋。我们中国政府及人民因此更坚决主张彻底惩罚日寇一切战争罪犯,包括凶狂作战与毒辣阴谋的两类。

苏联史达林(斯大林)委员长"五一"文告说:"德国已完全孤立伶仃的(地)站着,不能指望他的盟友日本了。"德国的失败,也陷日寇于完全孤立伶仃无指望的境遇。在这一境遇之中,日寇首先运用的,就是和平攻势的阴谋。我们要警戒他的阴谋,并要惩罚他一切政治阴谋的罪犯。我们今日特别为此期望旧金山大会的注意。彻底惩罚这些战争罪犯,乃是再建国际法律与正义所必需。

(原载1945年5月30日《中央日报》)

南京大屠杀的罪魁祸首之一谷寿夫在雨花台被执行死刑

在南京大屠杀中进行杀人比赛的向井敏明、野田毅和田中军吉被法庭判处死刑

再论处置日本

——《新华日报》社论

日本接受《波茨坦公告》（也称《波茨坦宣言》），宣布无条件投降之后，我们就唤起同盟国的注意，必须坚持《波茨坦公告》的原则，彻底根绝日本法西斯军阀主义所凭藉的一切政治上军事上经济上的权力（见八月十九日本报社论）。现在，时日荏苒，日本本土及其侵略地区还没有完全占领，大陆上和南洋诸岛的日本武装部队还没有交出武器，而在日本本土，日本式巴多格里奥和日本式邓尼兹政权正在竭力的（地）争取时间，企图保全和隐藏自己的政治上经济上军事上的力量。八月十四日的所谓日皇颁诏，邓尼兹式的东久迩宫内阁的人选与措施，完全而露骨地表示了这一个阴谋。昨日报载东京广播曲解《波茨坦宣言》，新加坡敌酋发表述说"大东亚战争"的目的是在"建设东亚，增进各民族福利"……在此，你看一切无条件投降之后的日本官方文告之中，有那（哪）一点承认了军事上的彻底失败？有那（哪）一点悔悟的诚心？更有那（哪）一点表示了愿意接受《波茨坦宣言》，根绝法西斯军阀主义和建立民主政治的决意？他们讳言军事失败，为了要保全日本军队不可击败的神话；他们否认对华战争和太平洋战争的侵略的非正义的本质，为了要继续欺骗人民，避免日本人民的对战争罪犯的责任的追究；他们强调"国体精华"、"恢复国力"，为了"献身奉公"，以便积蓄力量，再来一次复仇性的战争；他们两面三刀，挑拨同盟国关系，在中国的大陆上表示愿意把武装交缴给实际上不可能来接收的部队……为了要离间主要同盟国间的团结，挑起中国内战，以便争取空隙，博取同情，预先布置再来一次侵略战争的准备。日本军阀和所谓"稳健派"的团结，在投降之前和投降之后并没有任何性质上的差分。为了保全法西斯种子，为了徐图再起，为了压迫人民，为了要在远东埋伏、隐藏和维护一个反民主的势力，他们的目标是一致的。日本在军事上尚未彻底受到打击，本土尚未被完全占领之时宣布投降，所以他们国内的情况并不和战败后的德国完全一样。他们国内的反动势力还很强大，还很团结，还有讨价还价的资本，还有从容布置的时间，在整个太平洋现状之下他们也还存在着一种可供他们进行政治阴谋的空隙。危机是严重的，我们必须警惕，我们要用全世界人民的力量，来彻底地铲除这一个足以为害未来的阴谋。

我们坚决主张：一定要根据《波茨坦公告》的精神原则，彻底管制日本，从根剔除足以造成再一次侵略战争的政治上军事上经济上的一切成因，粉碎一切军国主义势力，剥夺天皇的独裁权力，严格（厉）惩治战争罪犯及其各附庸国爪牙，扶植日本人民反法西斯的民主力量，这样才能在赢得战争之后赢得和平，这样才能使这次战争成为太平洋上的最后一次战争，这样才能使在这次战争中流了血的战士和人民得到应有的报酬。

中国受日本帝国主义者侵略的历史最久,祸害最深,牺牲最惨,因此中国人民有权利要求全同盟国倾听中国人民主张彻底惩处和彻底根绝日本法西斯军阀主义者的呼声。我们要求盟国立即解散反动的、由战争罪犯组织的东久迩宫军财合抱内阁。我们要求盟国立即解除日寇的武装,没收日寇一切军事生产,彻底而迅速地惩治战争罪犯。我们要求同盟国立即召开东方的波茨坦会议来决定管制日本的基本方针。我们要求占领日本的盟军立即彻底取消日本现存的一切反民主的法西斯组织、团体、法令,大胆地扶植日本人民的反法西斯势力,因为只有这样才能有效地保证远东持久的和平。

对法西斯宽容,对所谓"稳健派"寄予同情和期望,是对于战死了的英灵的亵渎。

(原载1945年8月23日《新华日报》)

后　　记

　　本书"九一八"事变至"七七"事变部分，由中国人民大学马克思主义学院中共党史系李良志教授编撰；"七七"事变至太平洋战争爆发部分，由北京理工大学社科部裴匡一副教授编撰；太平洋战争爆发后至抗日战争胜利部分，由首都师范大学"两课"教研部史桂芳教授编撰。全书由李良志审定、统稿。本书于2005年抗战胜利60周年时由河南大学出版社出版；为纪念抗战胜利73周年，河南大学出版社决定再次出版此书，由李良志将原稿的三分之一篇幅拆换，另写了本书序言，并添加图片约50张。对河南大学出版社再次出版《抗战时评》，我们致以特别感谢。

李良志

2018年元月于北京中国人民大学校外住宅时雨园